주식투자 **절대불변**의 **법칙** 89

Original English language edition published by Career Press,
3 Tice Rd., Franklin Lakes, NJ 07417 USA.

101 Investment Lessons
from the Wizards of Wall Street

주식투자 **절대불변**의 **법칙** 89

마이클 신시어 지음 | 김명렬 옮김

사과나무

역자 김명렬

1954년 서울에서 태어나 고려대학교를 졸업한 후 연극 활동을 하다가 10여년 전부터 출판기획 및 번역활동에 전념하고 있다.
옮긴 책으로 〈더이상의 세일즈 방법은 없다〉 〈엑스칼리버 프로젝트〉 〈코칭경영의 도〉 〈자신감은 코끼리도 들게 한다〉 〈보통 사람 1억 연봉, 세일즈가 답이다〉 〈Selling to Win〉 등이 있다.

주식투자 절대불변의 법칙 89

1판 1쇄 인쇄 2005년 6월 5일
1판 1쇄 발행 2005년 6월 10일

지은이 마이클 신시어
옮긴이 김명렬
본문 디자인 김성엽
펴낸곳 도서출판 사과나무
펴낸이 권정자
등록 1996년 9월 30일(제11-123)
경기도 고양시 행신동 샘터마을 301-1208

전화 (031) 978-3436
팩스 (031) 978-2835
e-메일 bookpd@hanmail.net

값 14,000원
ISBN 89-87162-68-0 03320
*잘못 만들어진 책은 바꾸어드립니다.

월가의 고수들에게 배우는 교훈

사람들은 제2의 마이크로소프트 혹은 델과 같이 높은 수익을 내는, 소위 말하는 대박 종목 회사를 찾으려고 주식시장에 투자한다. 그러나 경험에 의해 나는 그것이 실제로 얼마나 어려운 일인지 잘 알고 있다. 나는 1년 남짓 동안 큰돈을 주식시장에 투자했다.

처음에는 모든 것이 순조롭게만 보였다. 1년이 지난 즈음에는 직장을 그만두고, 파리에 조그만 아파트를 구입하고, 세계여행을 다니겠다는 꿈을 꾸었다. 그러나 내가 보유한 텍사스 휴대폰 주식회사의 주식이 단기간에 75% 이상 하락함으로써, 나의 꿈은 산산조각 나고 말았다. 가장 심한 폭락장 때는 15달러까지 주가가 폭락했다. 회사가 판매 실적을 부풀렸다는 루머가 돌았기 때문이었다. 진실을 왜곡한 회사를 월가가 얼마나 빨리 응징하는지를 깨달은 것은 바로 그때였다.

당황한 나는 그 회사의 주식을 모두 팔아치우고, 신용카드 대출을 받아 증거금을 청산했다. 상당히 많은 주식을 보유하고 있었기에 큰 손해를 감수해야만 했다. 특히 투자 금액의 절반은 증권회사에서 대출받은 돈이었다.

나는 한달 동안 천재였지만, 나머지 기간 동안에는 패배자가 된 것이다. 이 큰 손해는 내가 주식시장에서 얻게 된 첫 번째 교훈이었다.

내 아버지는 할아버지처럼 증권 중개인이었으며, 시카고 초기의 중개회사인 신시어 앤 컴퍼니를 설립하기도 했다.

인생의 다른 여러 가지 일들과 마찬가지로, 직접 경험해보기 전에는 아무 것도 배우지 못한다. 주식시장에서 일어나는 일들을 이해하는 유일한 방법은, 피 같은 내 돈을 주식시장에 투자하는 방법뿐이다.

당신이 소유한 모든 주식이 오르고, 승리자가 된 듯한 기분에 도취해 있을 때는 거의 아무 것도 배우지 못한다. 주식 투자에 필요한 것이 무엇인가를 깨달을 때는, 가진 주식을 모두 날려버리고, 주위 사람들이 당신의 투자 능력을 의심하는 눈초리로 당신을 힐끔거리며 바라볼 때다.

여러분은 주식시장에서 돈을 잃은 사람이 쓴 책을 왜 읽어보아야만 하는지 궁금해 할 것이다. 그렇다, 나는 돈을 잃었다. 그것도 크게 잃었다. 그러나 포기하는 대신에 나는 깨달음을 얻었다. 그리고 주식시장에 관한 책, 잡지 그리고 신문기사를 닥치는 대로 읽었다. 기꺼이 자신의 성공담과 실패담을 들려주는 펀드매니저들을 비롯한 전문 투자가들을 만났다. 존경받는 유명한 투자가들, 월가의 천재들을 만나 얘기도 나누어보았다. 그렇게 배운 지식들을 토대로 나름대로의 투자 교훈을 정리해 보았다.

이 책에는 30명이 넘는 전문가들뿐만 아니라, 이 책에 인터뷰를 소개한 20명의 최고 투자 전문가들로부터 배운 전략과 정보가 담겨 있다. 나는 가급적 전문용어나 복잡한 공식은 쓰지 않기로 각별히 노력했다. 주식투자에서 꼭 지켜야 할 지침서인 이 책을 읽음으로써 당신은 조사 방법, 다각화된 포트폴리오 구성법, 주식 거래, 돈 관리, 도움을 받아야 할 때를 인식하는 방법, 그리고 주식 거래에 있어서의 함정을 피하는 방법 등을 배우게 될 것이다.

나는 여러분이 이 책에서 소개하는 존 보글, 셀비 데이비스, 데이빗 드레만, 엘레인 가자렐리, 메이슨 호킨스, 빌 밀러, 루이스 나벨리에, 윌리엄 오닐, 짐 오쇼네시, 랄프 웨인저, 그리고 마틴 휘트먼 등등 월가의 거물 스승들로부터 많은 것을 배우게 되리라 믿는다.

그들은 투자에서 무엇을 찾아야 할지, 자신들이 저지른 실수와 교훈, 그리고 주식시장에서 돈을 버는 비결을 얘기해줄 것이다.

이 책은 주식 투자 성공에 도움을 주려는 것을 큰 목적으로 한다. 몇몇 내용은 이미 월가에서는 잘 알려진 내용이지만, 당신에게 깨달음을 주는 새로운 교훈들도 포함되어 있다. 그리고 몇몇 교훈은 서로 모순되기도 한다. 그러나 이 교훈들은 강세장에서는 당신의 수익을 극대화시켜줄 것이고, 약세장에서는 최소한의 리스크로써 투자하는 방법을 가르쳐줄 것이다. 어떤 경우든, 당신은 승리자가 될 수 있다.

내 경우, 주식시장에서 잃은 것을 모두 회복할 수 있었고, 나아가 큰돈을 벌기까지 했다. 그리고 다른 사람들이 나와 같은 실수를 범하지 않기를 바라는 마음에서 이 책을 쓰게 되었다. 나의 유일한 소망은 최고의 전문가들로부터 배운 지식을 이용해, 당신이 주식시장에서 돈을 벌게 되기를 바라는 것뿐이다. 만약 당신이 실제로 교훈에 따라 행동하게 되었다면, 이 책은 그 목적을 다한 것이다.

마이클 신시어

Contents

서문 | 월가의 고수들에게 배우는 교훈 5

1_ 자신에게 맞는 투자전략을 선택하라 13
2_ 자신만의 투자노트를 만들어라 19

• 월가 고수와의 인터뷰 | 제임스 P. 오쇼네시 21

3_ 자신이 선택한 투자전략에 집중하라 25
4_ 감정 때문에 포트폴리오를 망치지 말라 27
5_ 실수로부터 배워라 30

• 월가 고수와의 인터뷰 | 랄프 웨인저 33

6_ 자신만의 독자적인 판단을 하라 38
7_ 최악의 경우에 대비하라 40
8_ 인내심을 가져라 43
9_ 긍정적인 태도를 가져라 45

• 월가 고수와의 인터뷰 | 존 W. 로저스 47

10_ 모든 매매에 대해 책임을 져라 51
11_ 확신을 가지고 매매하라 53
12_ 새로운 아이디어를 받아들여라 55
13_ 집중할 수 없을 때는 매매하지 말라 58
14_ 재미로 매매하지 말라 60
15_ 당황하지 말라 62

• 월가 고수와의 인터뷰 | 로버트 로드리게스 65

16_ 주식과 사랑에 빠지지 말라 71
17_ 주식에 인생 전부를 걸지 말라 73

18_ 과거를 생각하며 시간을 허비하지 말라 75
19_ 과도한 리스크를 허용하지 말라 77

• 월가 고수와의 인터뷰 | 윌리엄 버거 80

20_ 지나치게 보수적이지 말라 86
21_ 시장을 거스르려고 하지 말라 88
22_ 탐욕을 버려라 90
23_ 주식시장에 관한 모든 것을 읽어라 93
24_ 매수하기 전에 조사하라 95

• 월가 고수와의 인터뷰 | 윌리엄 J. 오닐 98

25_ 주가 수익률(PER)을 완벽하게 파악하라 103
26_ 주식 차트를 공부하라 106
27_ 기본적 분석을 이용하라 109
28_ 사업 평가 방법을 배워라 112

• 월가 고수와의 인터뷰 | 메이슨 호킨스 115

29_ 경제상황과 국제 정세를 주시하라 119
30_ 주주총회에 참석하라 122
31_ 결산 보고서를 정독하라 124
32_ 특정 종목이나 특정 업종의 전문가가 되라 126
33_ 사이버 주식투자를 고려해 보라 129
34_ 증권회사를 십분 활용하라 131
35_ 당신의 돈을 관리하는 사람을 파악하라 133

• 월가 고수와의 인터뷰 | 장 마리 에벨라드 135

36_ 잘 아는 분야에 투자하라 140

Contents

37_ 정보지의 모든 것을 믿지 말라 142
38_ 전문가들의 충고를 무작정 따르지 말라 145
39_ 지나치게 낙관적인 기업체 임원을 경계하라 147
40_ 첫째도 분산, 둘째도 분산, 셋째도 분산 149
41_ 자산 배분에 관심을 기울여라 152
42_ 뮤추얼 펀드에 투자하라 154

• 월가 고수와의 인터뷰 | 돈 필립스 157

43_ 인덱스펀드에 투자하라 162
44_ 현금 보유를 심사숙고하라 164
45_ 포트폴리오를 정기적으로 조정하라 166
46_ 채권에도 관심을 가져라 168

• 월가 고수와의 인터뷰 | 엘레인 가자렐리 171

47_ 일찍 시작하라 176
48_ 정액 투자법을 이용하라 179
49_ 잃어도 좋을 여유 자금만 투자하라 182

• 월가 고수와의 인터뷰 | 로버트 섀본 185

50_ 당신의 투자 한계 기간을 고려하라 190
51_ 당신의 리스크 허용치를 파악하라 192
52_ 당신의 투자내역을 면밀히 관찰하라 195

• 월가 고수와의 인터뷰 | 존 C. 보글 198

53_ 실적 보고서를 쓰레기 취급하지 말라 203
54_ 잘 알고 또 좋아하는 회사 주식을 매수하라 205
55_ 전문가들이 매수하는 종목을 알아내라 208

• 월가 고수와의 인터뷰 | 윌리엄 H. 밀러 211

56_ 우량 기업의 주식을 매수하라 217

57_ 우수한 경영진을 갖춘 회사에 투자하라 220

58_ 직감으로 투자할 때는 명확한 자료로 뒷받침하라 224

59_ 미래에 투자하라 227

60_ 내부자들이 무엇을 하는지 알아내라 231

• 월가 고수와의 인터뷰 | 에릭 구스탑슨 233

61_ 당신의 꿈을 무시하지 말라 238

62_ 당신의 투자철학에 맞는 매도 전략을 세워라 241

63_ 낮은 가격에 사고 높은 가격에 팔라 245

64_ 높은 가격에 사서 더 높은 가격에 팔라 248

• 월가 고수와의 인터뷰 | 개리 필그림 251

65_ 손절매를 하라 256

66_ 매수와 매도 목표가를 설정하라 259

67_ 매매 회수를 최소화하라 261

68_ 작게 시작하라 263

• 월가 고수와의 인터뷰 | 셸비 데이비스 265

69_ 관망하며 기다려라 270

70_ 사업하는 마음으로 투자하라 272

71_ 떨어지는 칼날을 잡지 말라 274

72_ 당신이 매도한 주식을 잊지 말라 277

• 월가 고수와의 인터뷰 | 스피로스 세갈라스 279

Contents

73_ 모의 투자로 연습하라 283
74_ 위탁 증거금에 의지하지 말라 286
75_ 데이 트레이딩을 하지 말라 288
76_ 시장의 타이밍에 맞추려 하지 말라 291

• 월가 고수와의 인터뷰 | 데이빗 N. 드레만 294

77_ 선물 거래를 하지 말라 299
78_ 싸구려 주식을 매수하지 말라 302
79_ 정보에만 의존해 주식을 매수하지 말라 304
80_ 거품에 투자하지 말라 307

• 월가 고수와의 인터뷰 | 루이스 나벨리에 310

81_ 행운을 낭비하지 말라 315
82_ 너무 뜨거운 주식은 피하라 318
83_ 루머에 흔들리지 말라 321
84_ 불법적인 일은 하지 말라 323
85_ 친구와 주식 거래를 하지 말라 325

• 월가 고수와의 인터뷰 | 마틴 J. 휘트먼 327

86_ 공모주에 투자하지 말라 331
87_ 경고 신호를 무시하지 말라 333
88_ 옵션을 매수하지 말라 335
89_ 주식시장에서 돈을 버는데 너무 늦은 때는 없다 339

맺는 말 | 내가 주식시장에서 배운 교훈들 340

01

자신에게 맞는 **투자전략**을 선택하라

많은 사람들은, 주식 투자를 해보겠다고 결심하지만, 그 다음에는 어떻게 해야 될지를 모른다. 당신이 제일 먼저 취할 행동은 투자전략을 세우는 일이다. 거의 모든 전문가들은, 주식시장에서 성공하려면 자기만의 투자전략이 필수적이라고 말한다.

투자전략이란 무엇인가? 그것은 당신이 주식시장에서 결심하는 것을 도와주는 계획이다. 전문가들은 특정 주식이 오를 것인지 떨어질 것인지를 예상하는 기준을 가지고 있으며, 이것을 근거로 주식 투자를 한다. 주식시장에서의 모든 투자 결정은 이 전략에 의한 것이다.

좋은 주식을 찾기 위해선 투자전략이 매우 중요하다. 많은 사람들이 잘못된 정보와 적절치 못한 충고에 쉽게 흔들린다. 그러나 자기 나름대로의 확고한 투자전략을 가진다면, 주식을 매수할 때 더욱 신중해질 것이다.

당신은 이 책에 소개된 전문가들과의 인터뷰를 읽으며 각기 다른 투자스타일에 관해 배우게 될 것이다. 한편으로는, 다음의 성공적인 투자전략을 살펴보며, 어떤 전략이 당신에게 적합한지 깨닫게 될 것이다.

가치투자

가치투자를 말할 때는 벤저민 그레이엄을 언급하지 않을 수 없다. 가치투자가는 각 회사의 내재 가치에 비해 상당히 낮은 가격으로 팔리는 알짜 주식을 찾는다. 가치투자가들은 다른 투자가들로부터 외면 받거나, 관심 밖의 회사를 찾는다. 가치투자가들은 약세장에서 가장 싼값에 좋은 주식을 찾는 사람들이다.

모든 사람이 낮은 가격에 거래되는 좋은 주식을 찾고 싶어하지만, 가치투자가들은 한 회사의 내재 가치와 적정 가격을 판단하는 데 많은 시간을 들인다. 그들은 주관적인 수치와 객관적인 수치를 이용하기도 한다. 예를 들어, 가치투자가들은 주가 대 수익률(PER)이 낮은 주식을 선호한다. PER는 해당 회사의 주가를 1주당 12개월 수익으로 나눈 비율이다. 예를 들어, 현재 주가가 주당 40달러이고, 지난 12개월에 걸친 그 회사의 수익이 주당 2달러였다면, 40달러를 2달러로 나눈다. 그렇게 해서 나온 20이라는 숫자가 PER이다.

가치투자가들은, 주식의 가치에 비해 가격이 낮은 주식을 찾는 것이 가치투자 전략의 핵심이라고 말한다. 그들은 아무도 관심 갖지 않거나 몇 년 동안 낮은 가격대에 머물러 있는 주식을 사들여 그들이 생각하는 적정 가격에 이를 때까지 인내심을 가지고 기다린다. 또한 그들은 단지 주식을 산 것이 아니라, 그 회사 전체를 사들인 것처럼 생각한다.

성장투자

성장투자가들은 현재 성장하고 있으며, 앞으로도 더욱 빠르게 성장할 회사를 찾는다. 평균 이상의 영업 실적, 수익, 시장 점유율을 기록하고 있는 회사라면, 대기업이든 소규모 회사든 모두 해당된다. 연간 최소한

15~20% 성장하며, 장차 그 정도 수준의 성장을 지속할 수 있는 회사를 특히 선호한다. 또한 그 회사의 수익과 영업 실적이 계속 성장한다면, PER가 높은 것에는 개의치 않는다. 가치투자가들과 마찬가지로, 성장투자가들도 한 회사의 수익이 장차 얼마나 빠르게 성장할 것인지를 판단하기 위해 객관적이고, 또 주관적인 계산을 한다.

성장투자 전략에는 여러 가지가 있다. 예를 들어, 추세 투자가들은 생명공학과 같은 높은 가격을 형성하는 매우 공격적인 주식을 찾는다. 그런 회사의 주식이라면 가격이 아무리 높아도 매수한다. 높은 가격에 매수하더라도 더 높은 가격에 매도할 수 있다고 생각하기 때문이다. 추세투자가들은 배짱이 좋은 사람들이다. 그들은 큰돈을 벌기 위해 기꺼이 자신들이 선호하는 주식의 등락에 올라타려 한다.

또 다른 성장투자가들은 빠르게 성장하는 회사를 원하지만, 오직 가격이 적당할 때만 그 회사의 주식을 매수한다. 이 투자가들은 '적당한 가격의 성장주'를 찾는다. 이런 투자가들은 가격의 등락이 너무 심하기 때문에 추세 투자주는 멀리 한다.

역투자 전략

역투자가들은, 가치투자가들과 마찬가지로, 일시적으로 사람들의 관심에서 벗어나 있고 주가가 낮은 주식을 찾는다. 주식시장에서 외면당하지만, 영업 실적이 좋고 미래 전망이 좋은 회사를 선호한다.

그러나 가치투자가들과는 달리, 역투자가는 심리적인 요인들을 중요하게 생각한다. 그들은 투자가의 감정과 직관이 주가에 큰 영향을 준다고 믿으며, 주식시장에는 군중심리가 존재한다고 주장한다. 투자가들이 당황하거나, 과민반응을 보여 주식이 강한 충격을 받으면, 역투자가들이 개입한다. 다른 투자가들이 멀리하는 알짜 주식을 낮은 가격에 매수할 수 있는 좋은 기회라고 보기 때문이다.

역투자가들은 극단적으로 PER가 낮은 중대형 회사의 주를 좋아한다. 강력한 역투자 옹호론자인 데이빗 드레만은 낮은 PER 주식을 판단하기 위해 많은 객관적 자료를 동원한다. 그런 다음 그 그룹에 속하는 주식들 중 하위 20%에 속하는 주식들을 선택한다. 또한 그는 높은 수익 성장과, 높은 배당주를 찾는다. 그러나 이런 것들은 그가 상당 기간에 걸쳐 시장의 평균 수익률을 능가할 주식을 찾아내는 데 사용하는 몇 가지 두구에 불과하다.

성공적인 역투자가가 되기 위해서 군중의 흐름과는 기꺼이 반대로 나아갈 수 있어야만 한다. 주식시장 전체가 쳐다보지도 않는 주식을 나 홀로 매수해야 되는 경우가 한두 번이 아니기 때문이다.

계량적 전략

계량적 분석가. 보편적으로 콴츠(quants)라고 불리우는 그들은, 특정 기업군에서의 최고의 주식을 찾아내기 위해 컴퓨터 프로그램과 계량적 분석에 지나칠 정도로 의존한다. 그들은 고도의 기술을 신봉하는 숫자 벌레들이다. 또한 기본적으로 주식의 매수 매도 결정을 컴퓨터에 의존한다. 이 전략을 따르는 사람들은 완벽한 주식을 찾기 위한 완벽한 컴퓨터 모델을 만드는 것이 그들의 목표이다. 그들은 주식 선택에 있어서 철저히 감정을 배제하고, 의사가 환자를 돌보는 것과 같은 태도로 임해야만 된다고 믿는다. 투자를 결정함에 있어서 철저하게 컴퓨터에 의존하는 것도 이런 이유 때문이다.

나벨리에 & 어소쉬이츠의 사장 루이스 나벨리에는 지속적으로 그의 컴퓨터 프로그램을 변화시킨다. 성장 주식이든, 가치 주식이든 컴퓨터에 입력해놓은 기준에만 맞으면 매수한다. 그들은 최고의 주식을 찾아내는 데 있어서 각기 다른 기준을 적용하기도 하지만, 그들 대부분은 매매할 주식의 선택을 컴퓨터에 맡겨둔다는데 공통적이다.

다우 전략

가장 보편적으로 주식시장의 동향을 파악하는데 이용되는 전략이다. 다우지수에 포함되는 30개 회사를 이용하는 투자전략이 다양하게 사용되고 있는데, 그중 한가지는 배당률이 높은 주식 10개 종목을 매수해 1년 동안 보유하고, 매년 그와 같은 투자를 반복하는 투자전략이다. 투자자문 겸 기고가인 마이클 오히긴스는 저서 〈다우를 이용하라 *Beating the Dow*〉에서 이러한 전략을 소개했다.

데이빗 가드너와 톰 가드너는 오히긴스의 저서에 소개된 다우 배당 전략에 대해 보충 설명을 했다. 그들은 포트폴리오에 다우 주식 10종목 대신 4종목을 선택하고, 매 18개월마다 종목을 바꾸는 것이다. 이 전략의 장점은 주식 선택 과정을 자동화하고, 시간과 지식을 최소화한다는 것이다.

만약 당신이 일반 투자가라면, 앞에 말한 전략들 중 어느 전략이 가장 효과적인지를 알고 싶어할 것이다. 그 대답은, 그 전략들 모두가 시장의 어떠한 변화에도 관계없이 효과적이라는 것이다.

다른 사람에게는 성공적인 전략도 당신에게 맞지 않는다면, 그 전략은 큰 도움이 되지 못할 수도 있다.

가장 중요한 점은, 당신 자신에게 맞는 투자 스타일을 분석해 봐야 된다는 점이다. 만약 당신이 성공적인 투자가가 되기를 원한다면 이것은 필수적이다.

어쨌든 하룻밤 동안에 당신의 투자 철학을 그럴 듯하게 꾸며 내놓지는 말라. 당신을 위해 효과적이 되어줄 투자 철학과 투자전략을 갖추는 데에는 오랜 시간이 걸릴 수도 있다.

02

자신만의 **투자노트**를 만들어라

거의 모든 전문 투자가들은 개인적 투자 철학과 전략에 근거한 여러 가지 규칙을 정한다. 랄프 웨인저는 그의 저서 〈사자 나라의 얼룩말 *A Zibra in Lion Country*〉에서 그 점에 대해 일목요연하게 썼다.

"만약 집중할 수 있는 몇 가지 투자규칙을 갖게 되면, 당신은 수천 종목의 주식에서 등을 돌리고, 관리가 가능한 자신만의 포트폴리오에 집중할 수 있다. 몇 가지 규칙은—그것을 꼭 투자노트에 적어놓아야 한다—상황이 어려울 때 당신에게 확신을 안겨줄 것이다. 투자노트는 매도를 결정하는 어려운 결심에 도움이 되어주고, 일정한 투자 규칙을 지킴으로써 상황이 나아지도록 해줄 것이다. 또한 그것은 열기가 사라지려 할 즈음에야 뛰어 올라타는 어리석음으로부터 지켜줄 수 있다."

만약 당신이 주식 투자의 초보자라면, 어떻게 규칙을 정해야 하는지 궁금할 것이다. 그것은 쉬운 일이다. 예를 들어 이 책에 소개된 월가 고수들과의 인터뷰만 읽어보아도, 상당수 성장투자가들은 매년 20% 이상 성장한 회사 주식을 매수한다는 규칙을 지키고, 가치투자가들은 주가 대 수익(PER)이 15를 넘는 주식은 매수하지 않는다는 규칙을 지키고 있음을 알게 될 것이다.

매수 매도 규칙, 그리고 어려움으로부터 당신을 지켜줄 규칙들을 만들어 보라. 이 책에 소개된 많은 규칙을 토대로 당신만의 규칙을 만들 수 있다.

〈투자심리 설명 *Investment Psychology Explained*〉의 저자 마틴 프링은 자신만의 규칙이 손실을 완전히 막을 순 없어도, 당신이 좀 더 객관적인 거래를 할 수 있도록 도와준다고 썼다. 규칙을 지킴으로써 당신은 두려움과 탐욕이 판단을 흐리는 것을 막을 수 있다. 또한 마틴 프링은 여러 가지 좋은 규칙을 정해놓는다 할지라도, 그 규칙을 따르지 않는다면 아무 소용 없다는 점을 강조한다. 나아가 당신의 자금 상황, 투자 철학, 혹은 해당 기간 시장의 변화 등에 비추어, 정해놓은 규칙들을 주기적으로 검토해보는 것도 필수적이라고 얘기한다. 그러나 신중한 생각 없이 규칙들을 바꾸는 것은 역효과가 날 수 있다고 경고한다.

Interview

| 월가 고수와의 인터뷰

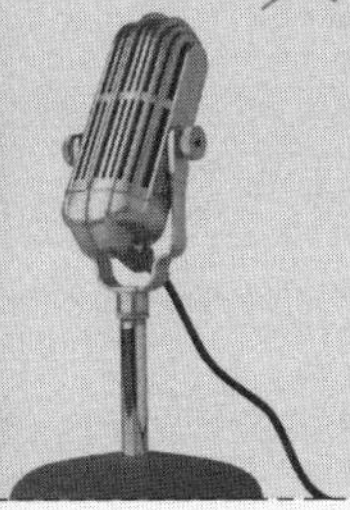

제임스 P. 오쇼네시

오쇼네시 캐피털 매니지먼트 주식회사의 회장 겸 CEO
코너스톤 성장 가치 펀드의 펀드매니저
저서 〈월 스트리트의 이해〉 〈최선의 투자〉

제임스 오쇼네시가 주식시장에서 저지른 가장 큰 실수는 젊은 시절 주식시장에서 옵션 거래로 돈을 두 배로 벌었다는 점이었다. "만약 당신이 스무 살 때 주식시장에서 돈을 두 배로 불렸다면, 당신은 자신을 피터 린치, 벤저민 그레이엄, 워런 버핏을 하나로 합쳐놓은 인물이라고 생각할 것입니다." 오쇼네시는 웃으며 이렇게 얘기한다. "그리고 스물다섯 살이 되기 전에 〈포브스〉지 선정 세계 최고 부자 400인 명단에도 오르게 될 것이라고 생각합니다." 그는 자신이 시장보다 더 똑똑하다고 생각했던 것이 큰 실수였다고 말한다.

그후 정보를 토대로 주식을 매수했는데, 옵션 거래로 얻은 수익의 상당 부분을 날려버렸다. 그때 그는 직감으로 주식을 매수하는, 너무도 많은 사람들이 저지르는 것과 똑같은 실수를 범했었다고 얘기한다.

"인간은 천성적으로 투자가로서는 실패하도록 되어 있습니다. 직관과 육감을 믿고 잘못된 방향으로 가기 때문입니다. 많은 사람들이 이 주식 저 주식을 찾아 뛰어다니고, 이 얘기 저 얘기를 들으러 뛰어다닙니다. 하지만 그 결과는 재앙일 뿐입니다."

그는 그런 실수를 한 뒤 합리적인 투자전략을 찾아 그것에 집중해야 된다는 점을 배웠다. 그리고 최고 투자가들의 공통점은 일관성이라는 점도 깨달았다.

오쇼네시는 자신의 투자전략을 세우기 위해 어느 것이 가장 효과적인지를 살펴보았다. 그러한 노력으로 얻은 것은 무엇일까? 그가 어떤 주식의 가치를 판단할 때 지켜본 단 하나는, 주가 대 매출 비율(PSR)이었다. 그의 광범위한 조사 연구 활동은 그가 '핵심 승리 전략 그룹'이라고 부르는 전략들을 발전시키는데 도움이 되었다.

오쇼네시는 주식 선택을 위해 다른 기준도 이용한다. 그는 수익 성장률이 지난해보다 높은 주식을 원한다. 또한 자본금이 1억5천만 달러 이상인 회사를 좋아한다. 마지막으로 그는 한 해의 가격 평가가 지난해보다 좋은 주식 상위 50종목의 주식을 매수한다. "본질적으로, 당신이 이 전략을 투자에 적용하면 S&P500의 12.5%에 비교해, 19% 이상의 이익률을 얻게 됩니다. 그리고 1951년 이후, 10년 단위로 비교해보아도, 단 한 번도 S&P의 평균 수익률에 뒤진 적이 없었습니다."

일단 포트폴리오가 구성되면 1년에 한 번씩 조정해야 한다고 그는 말한다. "포트폴리오 시즌이 시작될 때마다, 각 주식의 비중을 동등하게 가져갑니다. 당신이 50종목의 주식을 볼 때면, 개별적인 주식이 아니라, 한 그룹의 활동을 지켜보는 것과도 같습니다. 우리는 결코 개별 주식에 큰 기대를 걸지 않습니다. 하나의 주식에 대한 사랑에 빠지는 일도 결코 없습니다. 조정을 끝낸 후, 우리의 기준에 맞지 않는 주식이라면 매도합니다."

오쇼네시는 성공적인 전략을 이용한다 해도, 개인 투자가들은 돈을 잃게 되는 것으로 끝날 것이라고 얘기한다. "무엇인가를 하는 방법을 아는 것과, 그것을 실행하는 것 사이에는 큰 차이가 있다는 점을 잊지 마십시오. 우리는 개인 투자가들이 시장에 나가 시스템을 지키지 않으리라는 것을 알고 있습니다. 그들은 이렇게 말합니다. '이 전략들은 출발점으로서는 아주 좋아. 그렇지만 내가 좋아하는 주식이 어느 것인지는 내가 결정해.' 인간의 천성은 주식을 선택하는 데 있어서, 다른 사람들보다 내가 낫다고 생각하도록 인식되어 있습니다."

오쇼네시는 인간의 직관은 자신이 이기는 주식을 선택할 수 있는 능력을 가진 것이 분명하다는 확신을 안겨준다고 얘기한다.

"우리가 파는 것은 투자 규칙이고, 우리가 파는 것은 일관성입니다. 그것이 투자의 비결입니다. 주식시장에서의 성공은 95%는 좋은 전략을 이용해 투자하는 것이고, 나머지 5%는 그 전략에서 절대로 벗어나지 않는 성실성과 규칙을 가지는 것입니다."

오쇼네시에 의하면, 좋은 투자는 몇 백년 동안 변하지 않았다고 한다. 그는 18세기 초에 영국의 위대한 수학자이며 물리학자였던 아이작 뉴튼도 사우스 씨(South Sea) 트레이딩 컴퍼니에 투자했다가 전재산을 날렸다고 한다. 많은 사람들은 그 주식에 돈을 쏟아부었고, 시인들은 그 회사에 관한 시를 쓰기까지 했다. 오쇼네시는 농담처럼 말한다. "주식을 매도해야 될 가장 좋은 징조가 있다면, 사람들이 당신의 주식에 관한 시를 쓰는 것입니다. 그 회사가 붕괴되리라는 것은 너무도 명백한 사실이니까요."

오쇼네시는 사우스 씨는 오늘날의 인터넷 회사들과 같다고 얘기한다. "만약 내가 야후에 대해 얘기한다면, 사람들은 그 얘기에 압도당하고, 또

강렬한 호소력에 끌려 5천 배를 주고서라도 그 주식을 매수하려고 할 것입니다." 그는 상황을 날카롭게 파악한다. "주식시장은 경제 법칙을 중시합니다. 한 주식에 터무니없는 가격을 치른 사람이라면 경제적 충격을 받겠지만, 그렇지 않은 사람들은 잘 해갈 것입니다."

그는 인터넷 주식은 PSR가 너무 높기 때문에 피한다. "역사적으로 볼 때, 그런 평가는 파멸의 길뿐이라는 것을 압니다. 나는 개별 회사가 어떤 실적을 쌓을지는 모릅니다. 야후는 아직도 500% 이상 가격이 치솟을 수도 있습니다. 그러나 야후의 주식은 언젠가는 주가가 하락하게 되리라는 점은 분명히 알고 있습니다."

처음에 오쇼네시도 규칙을 지키는 것이 매우 어려웠다. "나에게는 가장 어려웠던 것은 배우는 것이었습니다. 나는 아직 주식투자를 위한 12단계 프로그램을 공부하고 있다고 농담을 합니다. 그리고 이렇게 얘기하지요. '저는 로버트라고 하는데요, 주식을 거래하고 싶어요'라고요. 나는 절대로 시장보다 똑똑하지 않다는 점을 배웠습니다. 우리는 투자 학교에 있습니다. 만약 내가 사실(facts)들만을 따르고 그에 적절하게 투자했더라면, 나는 큰돈을 벌었을 것입니다."

돈을 벌려는 개인 투자가들이라면, 자신에게 맞는 전략을 찾아야 하고 또 그것에 집중해야 한다.

03

자신이 선택한 **투자전략**에 집중하라

주식시장에서 성공하는 데는 한 가지 전략이나 몇 가지 규칙을 정하는 것만으로는 부족하다. 10여명의 펀드매니저와 자산 운용자와의 대화를 통해 나는 성공적인 투자가가 되는 비결을 찾아냈다. 실수는 적고 돈은 더 많이 벌며 매년 지속적으로 주가 지수를 능가하는 최고 투자가들의 수익 비결을 찾아낸 것이다.

성공적인 투자가들은 각기 다른 전략과 규칙을 사용해 온갖 종류의 주식을 사고 팔지만, 그들의 한 가지 공통점은 무슨 일이 있어도 원칙을 고수한다는 점이었다. 상승세이든 하락세이든, 금리가 높거나 낮거나, 경제상황이 좋든 나쁘든 그러한 것들은 문제가 되지 않았다. 전문가들은 치밀하고 일관성있게 자신들의 투자전략에 매달렸던 것이다.

오쇼네시 캐피탈 매니지먼트의 CEO 짐 오쇼네시는 책을 집필하는 과정에서 같은 결론에 도달했다. 가장 성공적인 투자가들일수록 그들의 투자전략에서 절대로 벗어나는 경우가 없었음을 보여주었다.

규칙을 지킨다는 것은 쉬운 일이 아니다. 오쇼네시는 그 점에 대해 이렇게 얘기한다. "성공적인 투자가가 되는 길이 그렇게 간단하다니 놀랍지 않습니까? 그러나 다이어트나 책 쓰는 일, 혹은 담배를 끊는 것, 그 모두가 이론상으로는 쉽습니다."

주식시장에서의 성공 비결은 간단해 보이지만, 성공하기 위한 규칙을 지킨다는 것은 어렵다. 심리학자이며, 스타인버그 글로벌 에셋의 펀드매니저 존 셔트 박사는 규칙을 지키는 사람이 된다는 의미에 대해 설명한다.

"계획을 세우고, 주위 상황이 어떻게 변하든 그 계획에 따라 밀고나가는 것을 의미합니다. 당신은 망한다는 두려움, 탐욕과 걱정 같은 감정들을 통제할 수 있어야 합니다. 그리고 모든 펀드매니저들은 몇 가지 규칙을 세우고, 그에 따라 활동합니다."

다시 말해, 투자전략을 선택하고 몇 가지 규칙을 세웠다면, 당신은 그 전략에 집중하고 정해놓은 규칙들을 따라야 한다. 최고의 투자가들은 전략을 바꾸는 경우가 드물고, 거의 예외를 허용하지 않는다. 만약 당신이 규칙을 지킬 인내심을 갖지 못했다면, 이 세상 최고의 전략도 당신에게 도움이 되지 못한다.

만약 당신이 규칙을 지키지 못하는 사람이라면 어떻게 해야 될까? 그런 경우라면 당신은 전문가들이 관리하는 뮤추얼 펀드나 인덱스펀드에 투자하는 것이 더 바람직하다. 투자할 돈을 많이 가졌다면, 차라리 투자자문을 고용하는 문제를 고려해보라. 어쨌든 대부분의 전문가들은, 주식시장은 큰돈을 벌 기회를 제공하지만, 규칙을 지키지 못하는 사람에게는 결코 호락호락하지 않다고 얘기한다.

04

감정 때문에 **포트폴리오**를 망치지 말라

월 스트리트의 오래된 격언 중에 "투자가들이 직면하는 최악의 적은 주식시장이 아니라, 자기 자신이다"라는 말이 있다.

전문가들에 의하면, 많은 투자가들이 주식 매매에 있어서 지나치게 감정적이기 때문에 돈을 잃게 된다고 얘기한다. 마틴 프링은 자신의 돈을 재정적인 시련에 밀어넣을 때면, 당신의 감정도 함께 밀어넣는 것이라고 말한다. 투자가들의 진정한 전쟁은 시장이 아니라, 끊임없는 감정의 흔들림을 콘트롤하는 방법을 배우는 것이다.

주식시장에 대한 가장 일반적인 감정적 반응 두 가지는 두려움과 탐욕이다. 시장이 붕괴될 것이라는 두려움은, 투자가들로 하여금 당황케 하며 보유중인 주식이나 뮤추얼 펀드를 팔아버리도록 만든다. 시장이 갑자기 하락세로 돌아서면 겁먹은 투자가들은 거의 반사적으로 증권사나 뮤추얼 펀드에 전화해, 그들이 보유하고 있는 모든 것을 매도해버린다. 간혹 두려움에 휩싸인 투자가는 가장 나쁜 시기에 팔아버리는 최악의 결정을 내리기도 한다.

투자가들로 하여금 천장까지 높게 치솟은 주식을 꼭 붙들고 있도록 하는 욕심도 해롭기는 마찬가지이다.

탐욕스러운 투자가는 적은 수익을 챙기는 것을 거부하거나, 혹은 최대의 수익을 올리기 위해 더 상승하기를 기다리느라 주식이 그들의 손가락 사이로 빠져나가는 것을 방치해둔다. 그러한 투자가들이 팔려고 했을 때면, 그 주식은 이미 하락세로 돌아선 경우도 있다.

또한, 대부분의 투자가들은 감정적 문제를 그대로 안고 주식시장에 들어온다. 심리학자이며 스타인버그 글로벌 에셋의 펀드매니저인 존 셔트 박사의 얘기를 들어보자. "어떤 사람들은 도박을 원한다. 주식시장에서는 옵션, 선물거래, 투기적인 주식을 이용해 도박을 벌일 수 있습니다. 그러나 그런 식으로 흥분은 얻을 수 있을진 몰라도 수익을 기대할 수는 없습니다. 손실을 원하는 사람들이 할 수 있는 일은 가장 위험한 주식을 매수하는 것입니다. 그러면 그들은 돈을 날리게 될 테니까요."

어떤 경우에는 자기도취적인 투자가는 주식시장에서 가장 뜨겁게 상승하는 주식을 매수하고, 약세로 돌아설 징조가 나타나기만 하면 매도해버릴 가능성이 높다. 이것은 결코 좋은 전략이라고 할 수는 없다. 그럼에도 이 전략으로도 돈을 벌 수는 있다. 셔트 박사는 시장에서 온갖 종류의 심리적 실수를 다 저지르면서도, 수익을 남길 수 있다고 얘기한다.

감정이 투자 포트폴리오를 망쳐놓는 것을 방지하기 위해 투자가들이 취할 수 있는 조치는 무엇일까?

첫 번째 조치는, 상당한 시간을 들일지라도 당신의 강점과 약점을 분석하는 것이다. 셔트 박사도 그 점에 동의하며 이렇게 말한다. "당신은 어느 정도 자기자신을 알고 시작해야만 됩니다. 그래야만 자신의 약점이 무엇인지를 알게 되니까요."

그러나 자기분석은 말처럼 그렇게 쉬운 것이 아니다. 사람들은 자기자신의 성격을 자세히 들여다보는 것에 대해 본능적으로 거부감을 느낀다는 것이다. 자신의 문제점을 보는 것보다는, 다른 사람들의 문제점을 보는 것이 항상 쉽기 때문이다.

자기분석을 마친 다음의 두 번째 조치는, 감정을 개입시키지 않도록 자신을 다잡는 일이다. 많은 전문가들은 주식시장에 돈을 투자할 때, 감정을 배제할 것을 배운다. 그리고 감정에 흔들린 투자에서는 항상 어려움에 빠졌다고 고백한다.

당신이 돈과 감정을 분리시키는데 어려움을 겪는다면, 당신에게 도움이 되어줄 장치들이 있다. 셔트 박사는 한 주식에 손절매 조치를 해두는 것도 큰 도움이 되어준다고 얘기한다. 손절매 조치가 취해진 주식은, 그 주가가 미리 정해둔 수준으로 하락하면 즉시 매도된다. 이 방법은 크게 잃는 것을 막아준다.

셔트 박사에 의하면, 효과적인 두 번째 방법은 정액 매입법, 즉 일정 금액을 주기적으로 투자하는 방법이라고 말한다. 이 방법은 해당 주식의 실적에 관계없이 수익을 낼 수 있기 때문에, 많은 사람들에게 이상적인 투자 방법이 되어준다고 얘기한다.

그리고 모든 투자에 대해 매매일지를 상세히 기록해둘 것을 추천한다. 매매에 어려움을 겪는 사람들은 자신들이 손해를 보았다는 점을 부인하는 경향이 있기에, 수익과 손해에 관한 매매일지 작성은 진실을 파악하는데 도움이 되어준다. 마지막으로, 만약 당신이 주식시장에서 계속 돈을 잃고 있다면, 당신은 투자 자문을 고용하거나 전문적으로 관리되는 뮤추얼 펀드에 투자할 수 있다.

05

실수로부터 배워라

완벽한 세상이라면, 우리는 절대로 실수를 저지르지 않을 것이다. 하지만 그것은 불가능하기에 우리가 할 수 있는 일은, 자신이 저지른 실수로부터 배우는 것이다.

그라우처 막스는 그 점에 대해 분명히 얘기한다. "우리는 다른 사람들의 실수로부터 배워야만 된다. 우리 스스로 모든 실수를 경험해볼 시간이 없기 때문이다."

모든 사람들이, 세계 최고의 트레이더들까지도 실수를 저지른다. 내가 자산운용 전문가들에게 혹시 실수를 저질러본 적이 있느냐고 물었을 때, 일반적으로 그들은 웃으면서 "매일 저지른다" 라고 대답했다. 그것이 가장 보편적인 대답이었다. "수백 번은 된다" 라고 대답한 사람들도 있었으며, 한 사람은 다음과 같이 얘기함으로써 그 대답을 대신했다. "나는 이미 저지른 실수는 잊고, 앞으로 나아가려 합니다."

대부분의 전문가들은 실수는 투자 과정의 자연스러운 한 부분이며, 그것을 신속히 받아들일수록, 더욱 성공적이 되리라는 점을 알고 있다.

〈시장의 마법사들〉의 저자 잭 슈웨이거는 투자에서 돈을 잃게 되었다는 것이, 꼭 당신이 실수를 저질렀다는 의미는 아니라고 얘기한다. "당신이 모든 점에서 정확하게 했다 할지라도, 당신의 결정들 중 일부는 잘못된 것으로 밝혀질 것입니다. 그러나 당신이 실수했다는 의미는 아닙니다. 자신의 게임 계획에 따라 모든 것을 처리했다 할지라도, 질 수 있습니다. 하지만 사람들은 이기면 올바른 결정으로, 지게 되면 잘못된 결정으로 받아들입니다. 그러나 당신은 잘못된 투자 결정을 하고서도 이길 수 있고, 좋은 투자 결정을 하고서도 질 수 있습니다."

슈웨이거는 만약 당신이 주식 선택 과정에서 지속적으로 당신의 규칙에 따른다면, 매 거래마다 항상 이기지는 못할지라도 장기적으로 보면 수익을 올리게 된다고 얘기한다.

전문가들은 실수를 유익한 배움의 경험으로 받아들인다. 〈인베스터스 비즈니스 데일리〉 발행인 윌리엄 오닐은 그 점을 이렇게 설명한다. "당신이 전문가이건 혹은 초보 투자가이건 상관없습니다. 누구든지 실수를 저지르게 될 테니까요. 당신은 그 실수에 대해 어떻게 하시겠습니까? 당신은 다른 곳으로 시선을 돌리고, 그런 일은 없었던 것처럼 시치미를 떼시겠습니까? 시장에서는 그렇게 하지 마십시오."

전문가들은 큰 실수를 한 번 저지르는 것보다 감수할 수 있는 작은 실수를 여러 번 저지르는 편이 낫다고 말한다. 전문 트레이더들은 다음 날 또다시 시장으로 돌아갈 것이기에, 결국에는 그들이 이기게 될 가능성이 크다는 것이다. 그렇기 때문에 당신은 단 한번의 투기에 전액을 거는 위험부담을 져서는 안 된다. 이것은 치명적인 실수인 것이다.

많은 사람들은 무심코 저지른 작은 실수를 큰 실수로 몰고가는 경향이 있다. 예를 들어, 어느 투자가가 가격이 하락하는 주식의 매도를 거부하는 경우를 살펴보자. 약간의 손해를 감수하는 대신에, 그는 그 주식의 가격이 손익 분기점에 도달하든지, 혹은 그 이상으로 오를 것을 확신하며, 오히려 그 주식을 더 사들인다. 그러나 불행하게도, 어떤 주식은 결코 그와 같은 결과를 이끌어내지 못한다.

전문가들은, 실수는 피할 수 없는 것임을 잘 알고 있다. 중요한 점은 실수를 적게 저지르는 것이다. 실수를 방지하는 방법들 중의 한 가지는, 실수 노트를 작성해 기록하는 것이다.

ISTP의 펀드매니저 댄 레너드는, 자신이 저지른 모든 실수와 그것으로부터 배운 점을 목록으로 만들어 보관한다. 많은 전문가들이 그와 비슷한 행동을 한다. 그들은 자신이 저지른 실수를 객관적으로 비판하고 분석해, 다시는 그러한 실수가 발생하지 않도록 조치한다. 노트를 준비해 항상 메모하는 습관은, 투자에 따른 문제점들을 분석하는 데에도 큰 도움이 되어준다.

실수를 최소화하기 위해서는, 자신이 세운 규칙에 따르고 전략에 집중해야 한다. 전문가들에 의하면, 각자의 계획에서 빗나간 투자를 했을 때 실수가 많아진다고 얘기한다. 또 다른 방법은, 유능한 친구에게 당신의 모든 주식 거래의 분석을 도와달라고 부탁하는 것이다. 객관적인 제3자가 당신의 투자에 실수가 있었는지를 살펴봐주는 것도 큰 도움이 될 수 있다.

Interview

| 월가 고수와의 인터뷰

랄프 웨인저

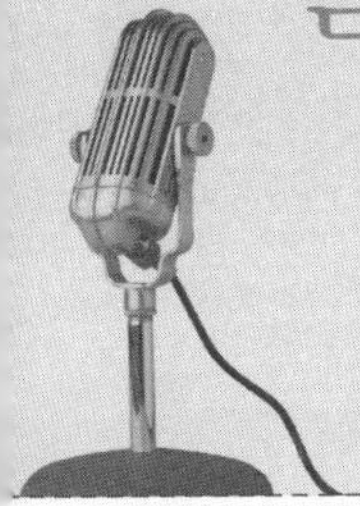

웨인저 에셋 매니지먼트 회장
에이콤 펀드의 펀드매니저
저서 〈사자 나라의 얼룩말〉

30년 전 랄프 웨인저가 에이콤 펀드를 시작했을 때, 미국의 주식시장은 오랜 동안 침체된 약세장이 지속되던 때였다. 시장에서는 아무런 일도 일어나지 않았고, 주식을 매수하는 사람도 거의 없었다.

그러던 어느날 오후, 그의 친구 한 사람이 중대한 발표를 하겠다는 휴스톤 오일 & 미네랄이라는 회사 사람들과 시카고에서의 만남에 그를 초청했다. 웨인저를 비롯한 10여명에 이르는 사람들은 마지못해 그들의 이야기를 들어보기 위해 그 회의에 참석했다. 휴스톤 오일 사람들은 텍사스에서 우연히 막대한 양의 석유가 매장된 유전지대를 발견하게 되었다고 발표했다.

그러나 웨인저를 초청했던 친구는 회의가 한참 진행중일 때, 술을 마시려고 바에 가고 없었다. 반면 웨인저는 자리에 남아 그들의 얘기를 끝까지 들어보았다. 그리고 결국에는 그들의 주식에 투자했다. 그 다음

3~4년에 걸쳐, 그 회사의 주가는 치솟았고, 그 덕분에 웨인저는 투자액의 10배에 달하는 수익을 올릴 수 있었다. "나는 누구든지 투자 대상이 되는 조그만 석유회사 50곳 이상을 찾을 수 있으리라고 확신합니다. 그리고 나는 우연히 정확한 투자를 했던 것뿐입니다." 웨인저의 말이다.

웨인저는 굉장한 기회가 나타나는 그런 귀한 순간에 대비하고 있어야만 한다고 얘기한다. "가끔씩 당신의 인생을 완전히 뒤바꿔줄 중요한 무엇인가가 나타나는 법입니다. 당신은 그런 기회를 강요할 수도 없고, 또 그런 기회가 자주 나타나는 것도 아닙니다." 대박을 터뜨릴 수 있는 결정적인 순간은 일생에 두세 번 나타날 뿐이라고 덧붙여 얘기한다. "당신은 정신을 집중해 잘 들어보고, 당신의 신념에 따라 행동해야만 됩니다. 그러면 올바른 결과가 나타납니다."

휴스톤 오일 주를 매수하겠다는 그의 결정은 우연한 행운 그 이상이었다. 그는 에너지 가격이 계속 상승하리라는 점을 이미 알고 있었다. 그는 에너지를 사용하는 회사보다는, 생산하는 회사에 투자하는 것이 더욱 현명하다고 생각했었고, 휴스턴 오일이 그의 시야에 들어오자 즉시 행동을 취했던 것이다.

웨인저는 공격적이고 성공적인 임원을 채용한 회사를 좋아한다. "우리는 애널리스트들로 하여금 해당 회사와 그 회사의 경쟁사들과 얘기해보고, 그 사업이 전망이 좋은 사업인지 그렇지 않은지를 판단하도록 훈련시킵니다. 그리고 매 3개월마다 지속적으로 우리의 판단이 정확했는지를 체크합니다. 기본적으로 우리는 그 주식이 돈이 될 수 있다는 점을 확신해야만 됩니다. 만약 당신도 그 주식을 낮은 가격으로 매수하고, 판단이 정확했다면, 큰돈을 벌 수 있습니다."

오랜 기간에 걸쳐, 그가 사용하는 이러한 접근법은, 1978년부터 1985

년 사이에 주가가 1333%로 뛰어오른 크레이 연구소를 포함해 여러 개의 대박 주식을 선택하는 데 도움이 되어주었다. "세이무어 크레이는 그 당시 세계 최고의 컴퓨터 디자이너들 중 한 사람이었습니다." 웨인저의 얘기이다. "20년 전 그는 수퍼 컴퓨터를 생산하기 위해 IBM을 떠났습니다. IBM도 덤벼들었다가 실패하고만 일을 해낼 수 있다고 생각하고서 말입니다. 나는 결국 크레이와 같은 엔지니어에게 투자하는 것은, 토마스 에디슨에게 투자하는 것과 같은 기회를 움켜잡는 것이라고 판단했습니다. 만약 그 주식이 하락한다면…… 그것은 단순한 손실일 뿐입니다. 그러나 투자를 포기했는데 그 회사가 성공을 거둔다면, 평생을 두고 한탄할 것 아닙니까."

크레이 연구소는 웨인저가 얘기하는 '최종 테스트'를 통과했다. 그것은 몹시 흥분되는 기회이기에, 그의 뮤추얼 펀드의 운영을 포기하게 되는 최악의 경우까지도 감수하겠다는 의미였다.

웨인저는 항상 새로운 투자 기회를 찾는다. 특히 그는 작지만 큰 승리자가 될 수 있는 회사를 찾는다. 가격은 적절하면서도, 독특한 점이 있는 회사를 찾는다. 급격한 성장, 혹은 커다란 성공을 거둘 수 있는 새로운 상품을 개발하는 회사를 찾는다.

주식을 선택한 다음이면, 웨인저와 그의 동료들은 최소한 매 주 그 회사를 모니터한다. 그들은 여러 가지 방법을 동원해 자신들의 기대보다 높거나 낮은 수익을 올릴 것인지 지속적으로 그들의 결론을 확인한다. "중요한 것은 우리가 왜 이 주식을 보유하고 있는가? 라는 점입니다." 웨인저가 얘기한다. "수많은 선택 가능한 주식들 중에서, 한 주식을 선택한 데에는 타당한 이유가 있어야 합니다. 그러기에 애널리스트들은 우리가 매수한 주식에 대해 그 이유를 간단히 리포트로 보고해야 합니다. 최소한 그날은 확신할 수 있어야만 되는 것 아닙니까. 만약 애초에 주식을 매수할 때의 주요 요인이 더 이상 타당하지 않거나, 분명치 않다면 우리는 그 주식을 매도합니다."

대부분의 전문가들과 마찬가지로, 웨인저의 선택이 항상 승리를 거둔 것만은 아니다. 그는 한때 강세를 보였으나, 파산으로 끝나고 만 몇몇 주식을 언급했다. "당신은 쓰레기를 치우는 것처럼, 그러한 주식들을 투매해야만 됩니다."

그러나 웨인저는 자신의 실수에 매달리지 않았다. "마이클 조던은 바스켓을 향해 슛을 합니다. 그리고 그의 슛은 성공하기도 하지만 실패하는 경우도 있습니다. 만약 당신이 훌륭한 선수라면, 지속적으로 자신의 실수만을 생각하지는 않습니다. 중요한 점은 당신이 그 게임에서 어떻게 뛰었느냐는 점이니까요."

웨인저는 그 주식이 하락한다 해도 놀라지는 않는다. "시장은 추세를 가지고 멈출 때까지 계속 상승합니다. 그러다가 멈추면, 사람들은 주위를 돌아보며 이렇게 묻습니다. '제정신을 가진 사람이라면 어떻게 주식을 이렇게 비싸게 살 수 있었을까?' 라고요."

웨인저가 리스크를 최소화하는 비결은 다각화에 있다. "예를 들어, 만약 당신이 에이콤 펀드에 투자하게 되면, 당신의 포트폴리오에 250종의 주식이 포함됩니다. 하나의 잘못이 당신의 수익을 파괴하지는 못합니다." 그러한 이유로, 웨인저는 일반 투자가라면 뮤추얼 펀드를 선택하는 것이 좋다고 말한다.

"뮤추얼 펀드는 큰 장점이 있습니다." 웨인저의 얘기이다. "첫 번째는 다각화이고, 두 번째는 간단한 관리입니다." 만약 당신이 1년 동안에 50차례의 매매를 한다면, 당신의 일정표는 엉망이 되어버릴 것이다. "세 번째 장점은, 전문적인 관리입니다. 그리고 네 번째는, 누군가를 비난할 수 있다는 핑계거리입니다. 당신이 주식 투자에서 신경쓰는 가장 큰 위험은 무엇입니까? 사랑하는 사람의 눈에 당신이 바보로 비친다는 것 아닙니까. '여보, 이건 내 실수가 아니었어. 시카고에 있는 그 바보 같은 놈이 우리 돈을 몽땅 날려버린 거야!' 이렇게 책임을 제3자에게로 돌려버릴 수 있다는 점은 매우 큰 의미를 가집니다. 그렇지 않다면 당신은 좌절감을 포함해 더 큰 리스크를 떠안을 수도 있기 때문입니다."

개인 투자가들이 주식시장에 입문할 때는 뮤추얼 펀드에 투자하는 것이 좋은 방법이다. 어느 면에선 자신이 투자할 주식을 스스로 고를 수 있을 때 투자가들이 커다란 만족감을 느끼는 것은 사실이다. 웨인저가 제안한다. "당신 스스로도 할 수 있습니다. 유능한 애널리스트들이라고 해서, 어떤 마법의 시스템을 갖춘 것은 아니니까요."

웨인저는 주식을 매수할 때는 합리적인 이유가 있어야 한다고 얘기한다. 당신이 어떤 이유로 어느 주식에 투자하든지, 잘 파악하고 이해하는 회사에 투자해야만 된다. "그럴려면 당신이 직접 뛰는 것이 유리합니다."

웨인저의 의하면, 가장 성공적인 투자가는 매매를 자주 하지 않고, 인내심을 가지고 장기간에 걸쳐 보유하는 투자가이다. 그는 매매를 너무 자주 하면, 수수료와 세금이 당신의 수익을 깎아먹는다고도 얘기한다. 그리고 마지막으로 웨인저는 이렇게 덧붙인다.

"특별한 경우가 아니라면, 변경되지 않을, 합리적인 투자 계획을 세우십시오."

06

자신만의 **독자적**인 판단을 하라

최고의 투자가 들 중 상당수는 다른 사람들의 의견에 절대 흔들리는 않는 매우 독자적인 인물들이다. 전문가들은 다른 사람들의 의견에는 관심을 적게 가지고, 사실과 조사에 더 많은 관심을 기울여야 한다고 제안한다. 시장은 항상 논리적으로 나아가는 것은 아니기에, 주식시장에서의 성공을 원한다면, 독자적으로 생각하는 것이 그 어느 때보다 중요하다는 것이다.

독자적이 된다는 것은 아무 누구도 거들떠보지도 않는 주식에 투자하는 용기를 가진다는 것을 의미한다. 예를 들어, 불경기 때 부동산을 매입하거나, 강세장이 한창 진행중일 때 현금화는 데에는 독자적인 판단과 용기가 필요하다. 당신은 반드시 풍요로운 보상을 받을 것이다.

퍼스트 퍼시픽 어드바이저의 최고 투자 책임자인 로버트 로드리게스는, 대중들에게 휩쓸려 투자할 경우 수익은 크지 않다고 말한다. 그의 최고의 성공은 나이키의 주식을 오늘날의 가격으로 환산하면, 주당 1달러에 매수한 것이다. 그 당시 월가에서는 아무도 그의 선택을 이해하지 못했다. 어떤 투자 전문 잡지에서 나이키에 대한 부정적인 기사까지 싣는 바람에, 그는 더욱 궁지에 몰리게 되었다. 쉬운 일은 절대로 아니었다. 그렇지만 로드리게스는 월가와 언론의 의견에 맞서 자신이 옳다고 믿는 바를 따랐다. 그후 나이키 주식이 45달러로 뛰어오르며, 그가 보유중인 주식들 중 가장 성공적인 주식으로 밝혀지자, 그의 판단이 옳았음이 입증되었다. 그는 독자적인 생각을 했기에, 자신의 고객들에게 많은 돈을 벌어줄 수 있었던 것이다.

많은 전문가들은, 비록 다른 사람들의 태도와는 반대되는 것이라 할지라도, 당신은 오직 자신이 옳다고 믿는 바에 따라 행동해야만 된다고 얘기한다. 만약 당신이 옳다면, 시장도 결국에는 당신이 생각하는 방식으로 돌아설 것이다.

07

최악의 경우에 대비하라

대차대조표를 분석하거나, 정기적인 보고서를 읽어보는 것보다는, 성공을 꿈꾸는 것이 훨씬 더 편하고 즐겁다. 당신은 커다란 희망과, 큰돈을 번다는 기대감을 안고 시장에 들어선다. 그러나 현실적인 투자가들은 아무리 나쁜 상황이 일어날지라도, 항상 그보다 더 나빠질 수도 있다는 점을 인식하고 있다.

크레센트 포트폴리오의 매니저 스티븐 로믹은 그 점에 대해 이렇게 얘기한다. "개인 투자가들은 투자로 인해 손해볼 수도 있다는 가능성을 인식해야만 됩니다. 그것은 돈을 벌 수 있다는 가능성과 똑같이 중요합니다." 많은 개인 투자가들은 투자에서 성공을 거두었을 경우에만 관심을 둔다. 반면에 로믹과 같은 전문가들은, 실패했을 경우에 더 초점을 맞춘다.

대부분 종목이 상승하는 강세장에서도, 당신의 주식은 하락할 수 있다. 나쁜 뉴스가 당신의 주식을 휘청거리게 할 때, 당신은 인내심을 가지고 그 주식이 최고점에 도달할 때까지 몇 개월, 혹은 몇 년을 기다려야만 할지도 모른다. 예기치 못하게 붕괴해버려, 투자가들에게 몇 백만 달러의 손실을 안겨준 주식의 예는 수도 없이 많다.

경영 상태가 좋은 회사로 유명했던 옥스포드 헬스 플랜 사의 주식이 겪은 일이 바로 그것이었다. 옥스포드 사는 단 하루만에 62%가 폭락했다. 그것은 10년 동안 최고의 하락으로 기록된 사건이었다. 애널리스트들은 그 회사의 등급을 높게 평가했고, 그 회사의 영업 실적은 항상 관심의 대상이었으며 수익도 성장하는 중이었다. 그러나 컴퓨터 오류로 인해, 옥스포드는 청구서 지불을 제대로 하지 못했다. 회사는 그 문제를 해결하겠다고 약속했다. 그러나 일단 그 얘기가 퍼져나가자, 기관 투자가들은 팔아치우기 시작했다. 하지만 개인 투자가들에게 그 소식이 알려졌을 때는 주당 76달러에서 33달러로 떨어졌다. 그리고 몇 개월 후에는 17달러가 되었다.

큰돈을 벌 수 있는 기회를 잡기 위해, 어떤 투자가들은 결과를 생각지 않고 큰 위험부담을 짊어진다. 나는 타일을 사기 위해 한 건축자재 가게를 찾았을 때, 직원 한 사람에게 도움을 요청했다. 그 사람은 나를 타일을 취급하는 부서로 안내해준 다음, 자신은 1987년의 주식시장 붕괴 때의 피해자의 한 사람으로서, 한때는 공격적인 옵션 트레이더였다고 했다. 그 당시 그는 극단적으로 공격적인 콜옵션 매매에 나섰다. 그는 자신이 돈을 잃게 되는 유일한 경우는 시장이 20% 이상 하락하는 경우뿐이라고 판단했다. 그리고 당시에는 그것이 전혀 불가능한 상황으로 여겨졌다.

그러나 1987년 10월 19일, 시장이 실제로 붕괴되었을 때, 그를 비롯한 수천 명의 투자가들은 재산을 날렸다. 단 하루 만에 그는 모든 수익을 잃었다. 파산을 선고한 다음, 그는 자신의 사업체도 팔아버려야만 했다. 은퇴를 불과 몇 년 남겨놓지 않았을 때였음에도, 그는 생계를 위해 일자리를 찾아야 했다. 단 하루 만에, 그는 안정된 비즈니스맨에서, 생계를 위해 몸부림치는 봉급쟁이가 되고 말았다. 플로리다 해변에서 여유있는 노년기를 즐기겠다는 그의 꿈은 산산조각 나고 말았다.

그는 몇 가지 실수를 저질렀던 것이다. 첫째, 많은 전문가들은, 주식시장에 통달하고 매우 공격적인 투자가들만이 콜옵션 매매에 나설 수 있다고 얘기한다. 나아가, 일단 옵션을 매수하기로 결정했으면, 시장 붕괴라는 최악의 경우에도 대비했어야 했다고 얘기한다. 그 사람은 과거에 상당히 많은 돈을 벌었기에, 그런 일이 일어날 수도 있다는 생각을 전혀 못했던 것이다. 주식 투자가들은 조정기 혹은 시장 붕괴를 이겨낼 수 있지만, 옵션 거래자는 그렇지 못한 것이다.

많은 전문가들은 항상 투자의 위험부담을 생각하며, 최악의 상황을 염두에 두어야 한다고 강조한다. 그리고 중요한 점은 주가 상승보다 주가 하락에 신경을 집중해야만 된다고 말한다.

08

인내심을 가져라

대부분의 월가 고수들에 의하면, 가장 성공적인 투자가들에게서 찾아볼 수 있는 공통적인 특징은 '인내심'이라고 한다. 인내심을 가진 투자가들은 한 주식을 매수하기 위해 완벽한 기회와 타이밍을 기다린다. 인내심을 가지면, 당신은 시장의 시끄러운 소리는 무시해버리고, 몇 개월 혹은 몇 년 동안 수익을 덧붙이도록 기다리며 주식을 오랫동안 보유하게 된다. 예를 들어, 버크셔 헤서웨이의 회장이며 투자계의 대스승인 워런 버핏은 몇 년 동안이나 보유한 후에야 주식을 매도하는 것으로 유명하다.

"매도하고 싶어질 주식은 아예 매수하지도 않는다"는 뉴욕의 여걸 앤 샤이버의 얘기를 들어보았을지도 모른다. 38세 때 5천 달러로 투자를 시작한 그녀는 주식을 계속 매수하기만 했다. 그리고 101세 때 세상을 뜰 때의 그녀의 포트폴리오는 2200만 달러에 달했으며, 매년 17.5%의 정기적인 수익을 올렸다. 그녀의 유산은 예시바 대학교에 기부하는 것으로 끝났다.

그녀에게 그토록 큰 성공을 안겨준 비밀은 무엇일까? 국세청의 회계 감사관이었던 그녀는, 미국에서 부자가 되는 가장 빠른 길은 주식 투자라는 점을 깨달았다. 그녀는 한 번에 단 몇 주씩만을 사서 그것을 팔지 않고 수십 년 동안 보유했다. 아인슈타인이 이 세상의 여덟 번째 기적이라고 부른 복리의 위력에 의해, 샤이버는 대부호로 변신했다.

샤이버와는 달리, 많은 투자가들은 자신들의 투자에 대해 즉각적인 수익을 기대한다. 어떤 투자가들은 1년이 아니라, 1개월 내로 혹은 1주일 내로 30%의 수익을 올릴 수 있기를 기대한다. 특히 강세장에서는, 많은 투자가들이 자신들의 주식이 충분한 실적을 올려주기를 기대한다. 초보 투자가들과 전문가들을 구분짓는 차이는 시장의 동요에 인내심을 발휘하느냐 그렇지 않느냐이다. 많은 투자가들은 즉각적인 수익을 기대하기에, 몇 개월 혹은 몇 년 동안 기다리는 데 어려움을 느낀다.

불행하게도, 일반 투자가들이 인내심을 갖는 것은 쉽지 않다. 전문가들이 사용하는 한 가지 방법은, 그들의 주식이 5년 혹은 10년 후에 어떤 실적을 기록할지 상상해보는 것이다. 이런 식이라면, 시장의 단기적인 등락을 무시하고 큰 그림에 집중하기에 훨씬 편하다. 투자가들은 경험을 쌓아갈수록, 궁극적으로는 인내심이 자신들을 성공으로 이끈다는 점을 깨닫는다.

09

긍정적인 태도를 가져라

이 세상에서 가장 성공적인 사람들의 상당수는 긍정적인 태도를 가진다. 토마스 에디슨은 알칼리 전지를 완성하기까지 10년이라는 세월을 보내며, 5만 번도 넘는 실험을 했다. 그는 부정적인 말에는 귀도 기울이지 않았으며, 어떠한 어려움이 발생해도 포기하지 않았다. 대부분의 성공한 사람들처럼 그는 자신이 하는 일을 믿었으며, 그 무엇도 그가 꿈을 실현시키는 것을 막지 못했다. 에디슨은 기적이 일어나기를 기다리지 않았다. 그 자신이 기적을 일구어냈다.

상당수 전문 투자가와 펀드매니저들은 자신들의 일에 대해 긍정적일 뿐만 아니라, 열정적이기도 하다. 스타인 로우 성장펀드의 매니저 에릭 구스탑슨은 열정의 중요성을 설명해준다. "내가 알고 있는 성공적인 투자가들은 모두가 시들지 않는 열정을 가졌습니다. 당신이 무슨 일을 하건, 그 일에 대한 절대적인 열정을 가지는 것이 성공의 비결입니다. 위대한 투자가들은 주식시장과 주식투자에 대해 바로 그런 열정을 가졌습니다. 그들은 이 사업에서 성공하기 위해 전력을 다하며, 또한 그들이 하는 일을 사랑하기도 합니다."

실제로 이 책에 인터뷰가 실린 전문가들을 만나 대담할 때마다, 나는 그들의 열정을 느낄 수 있었다. 그들은 평가절하되었거나 관심을 끌지 못하는 주를 찾아내고 경영진과 대화하고, 새로운 회사를 조사 분석하고, 대차대조표를 분석하는 등의 일을 즐긴다. 대부분의 자산운용 전문가에게 이 일은 가장 도전적이고 자극적인 일이며, 가끔은 큰 즐거움을 얻기도 한다. 그들은 다른 전문가들과 수익률 경쟁을 즐기는 듯했다.

전문가들은 노력의 결과로써 좋은 보수를 받지만, 그들은 돈 이상의 것에 동기 부여를 받는 것으로 보인다. 월가에서 일하는 사람이 아니라면 이해하기 어려운 얘기이다. 그러나 내일 당장 은퇴할 수 있다 해도, 손을 놓아버릴 펀드매니저는 찾아보기 힘들 것이다. 많은 월가의 전문가들은, 다른 사람들의 돈을 관리하는 일을 즐거워하기에 그 자리를 지키는 것이다.

시장이 매일 당신의 예상과 어긋나게 움직일 경우, 긍정적인 태도를 유지하기 쉽지 않다. 그럼에도 불구하고 당신이 부정적이라면, 거센 파도에 맞서는 결과가 되고 만다. 일반적으로 경제는 성장하고 세상은 앞으로 나아가며, 수익은 상승한다.

어느 펀드매니저의 얘기를 들어보자. "당신은 상황이 좋아질 것이라는 점을 믿지 않는다면, 시장에 대한 잘못된 생각을 가지게 될 것입니다."

대부분의 전문가들은 긍정적인 생각의 위력을 믿지만, 투자에서 성공하기 위해서는 그 이상의 것이 필요하다는 것을 알고 있다. 그들은 언제나 자신들의 투자를 조사 분석해서 구체적인 데이터로 내놓는다.

다시 한번 강조하건대, 긍정적인 태도를 가져라! 그러나 절대로 방심은 말라. 한 전문가는 그러한 태도를 '조심스러운 낙관주의'라고 부른다.

Interview

| 월가 고수와의 인터뷰

존 W. 로저스

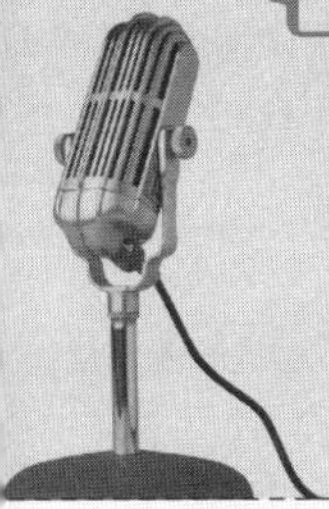

아리엘 캐피털 매니지먼트의 사장
아리엘 성장펀드의 펀드매니저

존 로저스가 그의 회사 로고를 거북이로 정한 것은 투자에서 이기는 길은 인내심이라는 믿음에서였다. 그는 부(富)란 장기간에 걸쳐 이루어지는 것이라고 믿는다. 그 철학을 항상 염두에 두고, 로저스는 3년 혹은 5년 이내에 성장 가능성 있는 회사를 찾는다.

가치투자가로서 그는 낮게 평가된 주식을 찾기도 한다. "무엇보다도 가치가 중요합니다. 우리는 부지런히 조사하며, 경영진을 만나보고 또 숙제를 충실히 합니다." 그는 기본적으로 회사의 내재가치에 비교해 낮은 가격으로 매매되는 소규모 회사를 찾는다.

한 주식의 내재가치를 알아보기 위해, 로저스는 PER와 다른 데이터를 참조한다. 다음에는 그 회사의 가치, 즉 그 회사가 매물로 시장에 나왔을 경우 합리적인 사람이 지불할 가격을 계산한다. 로저스는 두 가지 방법으로 시장 가치를 결정한다.

"우리는 시장에 나온 비슷한 회사가 어떤 가격에 팔렸는지를 봅니다. 예를 들어, 만약 우리가 약국 체인을 보유하고 있다면, 대형 약국이 소형 약국을 사들일 경우 얼마를 지불하는지를 살펴봅니다." 로저스가 시장 가치를 결정하는 두 번째 방법은 그 회사의 미래 현금흐름을 분석하는 것이다. 그는 노련한 증권 애널리스트들에게 그 일을 맡긴다.

일시적으로 월가의 관심 밖으로 밀려났거나, 방치되거나 혹은 잘못 평가되고 있어 주식을 낮은 가격에 매수할 수 있는 회사는 로저스에게는 결정적인 매수 기회이다. 그 다음 그는 시장이 그 회사의 진정한 가치를 인식할 때를 기다린다.

로저스에 따르면, 성공적인 투자가가 되기 위해서는 "다른 사람들이 매도하는 주식을 사고, 다른 사람들이 꺼리는 분야를 연구하고, 역으로 투자하는 용기를 가져야만 합니다. 두 번째는 당신이 잘 아는 분야에 매달려야 하고, 진정으로 이해하는 회사에 매달려야만 합니다. 그리고 워런 버핏이 말하는 '능력의 한계'에서 너무 멀리 벗어나서는 안 됩니다"라고 말한다.

로저스는 능력의 한계라는 메시지는, 자신이 받았던 조언들 중 최고의 조언이라고 얘기한다. "당신은 모든 일을 시도할 수는 없습니다." 그가 설명한다. "천부적인 역투자가가 되고 자신만의 규칙을 지키는 사람이 되기 위해서는 주식 투자를 사랑해야 됩니다. 또한 주식에 관한 글을 읽는 것을 좋아하고, 경쟁을 즐겨야 하고 흔들리지 않는 독자성을 가져야만 합니다."

그는 위험을 피하기 위해 몇 가지 조치를 한다. "우리는 지속적인 수익을 올리고, 전망 있는 사업을 하며, 장래에도 지속적으로 좋은 수익을 낼 것으로 기대되는 그런 회사를 찾으려고 노력합니다."

주식을 낮은 가격으로 매수하는 것도 중요하지만, 로저스는 투자할 회사의 건전성에 대해서도 신중히 고려한다. "우리는 한 회사에 투자하기 전에, 우리의 경쟁자들보다 더 많은 시간을 들여 그 회사 상품의 질과 사람들의 특성을 파악하려고 노력합니다." 로저스가 얘기한다. "그 목적은 불황기에도 12~15% 정도 성장할 수 있는 우수한 품질을 유지하며, 경영 상태가 매우 우수한 회사에 투자하기 위해서입니다."

로저스는 경영진이 유능한가, 또 성실한 사람인가도 살펴본다. "우리는 한 회사에 투자할 때, 직원들이 그 회사에서 경력을 쌓아가기를 원하고, 환경과 공공봉사에도 관심을 가지며, 올바른 일을 하려고 노력하는 사람들인가 하는 것을 봅니다."

다른 펀드매니저들과 마찬가지로, 로저스도 실수로부터 배웠다고 얘기한다. 그는 자신이 저지른 가장 큰 실수는, 가정용품들을 제조 판매하는 패일리스 캐시웨이즈에 투자했던 것이라고 얘기한다. "그 사업은 우리 예상과는 달리 기복이 심했고 지속적으로 성장할 능력이 없었습니다. 또한 경쟁자도 많다는 점을 깨닫게 되었습니다." 로저스의 얘기는 계속된다. "우리는 그 경험에서 배웠습니다. 우리가 투자할 회사는 경쟁자가 뛰어드는 것을 막아줄 장치를 가졌고, 경제 상황이 좋을 때뿐만 아니라 안 좋을 때도 지속적인 수익을 낼 수 있는 능력을 가졌음을 확신해야만 된다는 점입니다."

로저스는 한 회사의 주식이 저평가된 상황을 벗어나면, 그 주식을 매각한다. "평가라는 관점에서 한 회사의 주식이 높게 평가 되었다면, 즉 PER가 높고 그 회사의 시장 가치에 비해 높은 가격에 매도된다면, 우리는 그 주식을 즉각 팝니다. 둘째, 경영 상태가 악화된다거나, 더 이상 그들에게서 열정을 찾아볼 수 없다면 그때도 우리는 그 주식을 매도합니다."

로저스는 최고경영자가 바뀌거나, 그 회사가 전문 분야가 아닌 회사를 흡수 합병할 경우에도 긴장한다. "그러한 상황은 우리에게 큰 걱정을 안겨줍니다."

로저스는 개인 투자가들이 어제 좋았던 주식을 매수한다면 큰 실수를 저지를 수 있다고 충고한다. "그들은 경제 잡지의 커버 스토리로 실린 주식을, 혹은 신문에서 보았던 주식을 매수합니다. 그 주식에 관한 얘기가 널리 알려졌다면, 이미 늦은 때입니다. 모든 사람이 그 정보를 보고, 얼마나 좋은 회사인지를 이해하게 되었을 때면, 돈은 이미 다른 사람들의 주머니로 들어간 다음입니다."

개인 투자가들을 위한 로저스의 조언은 간단하다. 뒤를 보지 말고 앞을 보라는 것이다. 그는 개인 투자가들도 조사 보고서를 쉽게 접하게 되었고, 그들 나름대로의 조사를 할 수 있다고 얘기한다. "사람들은 20달러에 산 주식이 18달러로 하락하면, 매우 실망하고 불행해합니다. 그리고 다른 사람들이 팔기 시작했고 또 애널리스트들도 매도 추천을 하기에 팔아 버립니다."

그러나 적절한 조사를 하고 인내심을 갖춘 개인 투자가라면 1~2년 앞을 내다보며, 그 회사가 문제점을 해결하고 다시 정상 궤도에 오를 것인지를 판단합니다. "단기적인 시장의 시끄러운 소리는 당신의 판단 시스템에서 밀어내고 앞을 볼 수 있어야만 합니다." 로저스는 그것이 성공에 이르는 열쇠라고 얘기한다.

10

모든 매매에 대해 **책임**을 져라

당신의 돈이 어떻게 운용되는지 항상 정확히 알고 있어야만 한다. 신뢰하는 주식 중개인, 투자 자문, 혹은 자산운용 전문가 등, 그 누구의 손에 당신의 돈을 맡겼다 할지라도 당신의 돈에 대해서는 당신이 책임을 져야 한다. 당신이 어떤 작전 세력의 피해자가 아닌 바에야, 당신이 경험한 쓰라린 손실에 대해 다른 사람을 비난해본들 아무 소용도 없다. 그렇기 때문에 당신 돈이 어떻게 다루어지는지를 당신 스스로 알아야만 하는 것이다.

만약 당신이 다른 누군가에게 투자 결정을 맡길 경우, 당신 계좌를 관리하는 그들의 배경, 철학, 신용을 파악하고 있어야만 된다. 당신의 돈이 어떻게 투자되고 있는지에 대해 자세히 물어보는 것을 두려워해서는 안 된다.

그 점에 대해 이렇게 생각해보자. 당신은 돈 관리를 맡길 누군가를 고용했다. 그러면 당신은 고용주이기에 당신의 질문에 대한 정직하고 납득할 만한 대답을 기대할 것이다. 만약 당신이 의구심을 느낀다면, 믿음직

스런 사람을 찾을 때까지 계속 다른 사람들을 면담해야만 된다.

만약 당신이 주식 중개인에게 돈을 맡긴다면, 계좌에 대한 임의 재량권은 당신 자신이 가져야만 된다. 만약 당신이 주식 중개인에게 임의 재량권을 주면, 그는 당신을 대리해 무제한적인 매매를 할 것이기 때문이다. 브로커들은 매매 횟수에 따라 보수를 받기에, 비윤리적인 브로커는 자신의 커미션을 챙기기 위해 불필요할 매매도 한다. '휘젓기'라고도 부르는 이러한 일은 그렇게 드문 일이 아니다. 만약 계좌가 크고 직접 매매에 뛰어들 시간이 없다면, 당신은 중개인에게 최소한 모든 거래 내역을 자세히 보고해줄 것을 요구해야만 된다.

당신의 돈에 대해 당신만큼 관심을 가지는 사람은 없다. 그 점을 염두에 두고, 다른 사람에게 당신의 돈을 관리하도록 맡겼을지라도, 투자에 대해 항상 정확히 보고 받을 권리를 절대 포기해서는 안 된다.

11

확신을 가지고 매매하라

심리학자이며 스타인버그 글로벌 에셋의 펀드매니저인 존 셔트 박사는, 성공적인 투자가들의 특징을 파악하는 연구를 했다. 그 결과 조사 대상이 된 최고의 투자가에게서 한 가지 공통적인 특징을 찾아낼 수 있었다. 그것은 자신감이었다.

셔트 박사는 그의 저서 〈돈을 지배하는 정신 *Mind Over Money*〉에서, 최고의 투자가들은 자신들이 잘할 것이라고 기대하고, 또 마치 성공할 것처럼 행동했다고 적고 있다. 그리고 실제로도 그들은 잘했다. 자신감은 시장에서의 성공을 위한 '좋은 생각' 정도가 아닌, 매우 '중요한 생각'이라는 것이다.

어떤 사람들은 자신감을 자만함과 혼동한다. 당신이 자신감을 가졌을 때면, 자신의 방식만이 옳다고 생각지 않는다. 나아가, 자신감을 가진 사람들은 겸손하다. 그 무엇도 증명해 보일 필요가 없다. 그들은 자신이 하는 일을 믿으며, 또한 그것이 잘되리라는 점을 믿는다. 그것이 바로 '조용한 자신감'이다.

많은 펀드매니저들에 의하면, 템플턴 펀드의 설립자인 전설적인 인물 존 템플턴 경도 그런 특징을 가졌었다고 한다. 그의 동료였던 한 사람은, 매우 불안한 시장 조정기 동안, 템플턴이 보유한 주식 두 종목이 폭락했을 때의 일을 생생히 기억한다. 사무실의 모든 사람이 난감해할 때, 템플턴은 조용히 상황을 평가해본 다음, 지금이 멋진 도약의 기회라고 생각한다고 얘기했다. 그것은 낮은 가격에 주식을 더 많이 살 수 있기 때문이라는 것이다.

가끔 사람들은 자기 자신을 믿기 어려울 때가 있다. 그것은 반대되는 여러 가지 증거에 대항해, 자신이 옳다고 생각하는 바를 밀고나가야 하기 때문이다. 입증할 수는 없지만 모든 것이 잘되리라는 것을 확신하기 위해서는 경험과 비전이 필요하다.

만약 당신이 그러한 흔들리지 않는 자신감을 가졌다면, 그 점에 대해 감사해야만 된다. 그것은 매우 귀하고 또 소중한 선물이기 때문이다.

12

새로운 **아이디어**를 받아들여라

규칙이 투자의 성공을 위한 열쇠 중 하나지만, 때로는 성공적인 투자가들은 획기적인 아이디어를 찾거나 새로운 연구를 하게 되면, 기꺼이 전략을 바꾸기도 한다. 새로운 아이디어는 예상치 못한 기회를 제공해주기 때문이다.

새로운 아이디어를 받아들이기 위해서는 패러다임에 대한 연구를 할 필요가 있다. 미래학자이며 〈미래의 끝 *Future Edge*〉의 저자인 조엘 바커는 패러다임이란 ▲한계를 설정해주고 ▲성공하기 위해 그 한계 내에서 어떻게 행동해야 될지를 얘기해주는, 이 두 가지 일을 하는 "여러 가지 규칙"이라고 얘기한다.

아이디어란 패러다임의 변화에서 찾을 수 있다. 그러나 불행하게도, 많은 사람들과 조직은 패러다임의 변화를 너무 뒤늦게서야 인식한다.

패러다임 변화의 아주 좋은 예가 1980년대의 IBM이다. IBM은 반세기 동안 컴퓨터 본체 시장의 명백한 리더 자리를 지키고 있었다. 수십 년 동안, 미국의 기업들은 컴퓨터라면 오직 IBM의 상표가 붙어 있는 컴퓨터만을 구매했다. "IBM 컴퓨터를 구매했다고 해고당한 사람은 단 한 명도 없었습니다." 그 시대의 컴퓨터 전문가들은 이런 식으로 얘기했었다. IBM은 가장 수익이 많고, 가장 존경받는 세계 최고의 기업이었다.

그러나 1980년대 초, 문제점들이 떠오르기 시작했다. IBM의 고위 경영진들은 컴퓨터 업계의 다른 부분들은 무시하고, 오직 자신들의 부문에만 집중했다. 그들이 가장 잘 알고 있는 사업 방식은 대형 컴퓨터였다. IBM의 고위 경영진은 그들의 전지전능한 회사를 위협하는 것이 있으리라곤 생각해볼 수도 없었다.

마이크로소프트의 스무 살짜리 애송이가 개인용 컴퓨터(PC)에 사용하는 소프트웨어를 개발해, IBM으로부터 시장을 빼앗아가기 시작했을 때도, IBM의 경영진들은 소비자들이 오직 그들의 대형 컴퓨터만을 원한다는 패러다임에 매달려 있었다. 사람들이 그들의 책상 위에 컴퓨터를 놓고 싶어한다는 것은, 1980년대 초반의 IBM으로서는 상상도 할 수 없는 일이었다. 그들이 애플과 경쟁할 수 있는 개인용 컴퓨터를 성공적으로 개발했을 때까지도, IBM 경영진은 새로운 방향을 보는 것을 거부했다.

1980년대와 1990년대 초반에 IBM이 저지른 실수는 주식시장 가치로는 75억 달러에 해당하는 엄청난 것이었다. 그들의 주가는 175달러에서 40달러로까지 하락했다.

IBM이 계속 옛것을 고집하는 동안, 컴퓨터 업계의 다른 회사들은 방침을 바꾸고 IBM을 뒤에 남겨두고 앞으로 나아갔다. 그나마 다행인 것은, 오늘날의 IBM은 완전히 다른 회사가 되었다는 점이다. IBM이 관료주의적 방식을 버리고, 성공적으로 미래에 대비해 재조정하기에는 많은 시간이 필요했지만 그들은 해냈다.

많은 사람들에게 있어서, 투자 방식을 변경하는 것은 쉬운 일이 아니다. 실제로 새로운 투자 아이디어가 나타났을 때 일반적으로 "우리가 왜 바꾸어야만 되지? 우리는 항상 잘해 왔잖아"라는 반응을 보인다.

IBM의 사례에서 보는 것처럼, 가끔은 당신이 가장 성공적이라고 보여질 때가 변화하기에 가장 좋은 때일 경우가 있다.

당신이 사용하는 전략에서 문제점을 발견했다면 객관적으로 분석해 무엇이 잘못되었는지를 정확히 파악하고, 과감하게 필요한 변화를 이끌어 낼 필요가 있다. 그러기 위해 얼마나 많은 노력과 시간이 필요하다 할지라도, 변화가 당신의 장래 수익을 증가시켜준다면, 노력해볼 만한 가치가 있다.

13

집중할 수 없을 때는 매매하지 말라

많은 투자가들은 주식 매매에는 철저한 정신집중이 필요하다고 말한다. 가정 문제 때문에, 여름휴가를 계획하느라 정신이 산란하거나, 혹은 서두른다면 부주의한 매매로 인해 실수를 저지를 가능성이 크다. 정신을 집중할 수 없을 때는 매매를 피해야 한다. 또한 손실을 만회하기 위해 이겨야만 된다고 절박하게 느낄 때도, 주식 매매를 피해야 한다.

대부분의 사람들은 압박감을 느낄 때면 냉정한 판단을 할 수 없다. 그 결과, 어떤 주식 중개인들은 다급한 분위기를 꾸며내며 당신에게 무엇인가를 사야만 한다는 확신을 심어주려 한다. 세일즈맨들도 이 기술을 이용해 사람들에게 자동차 컴퓨터 혹은 주식을 사들일 것을 강요한다. 그들은 숨넘어가듯 이렇게 속삭인다. "만약 오늘 사지 않으신다면, 두 번 다시 이런 기회를 만나실 수 없을 겁니다."

어떤 세일즈맨들은 누구든지 살 수밖에 없도록 압박하는 데 능통하다. 그들이 얘기를 끝냈을 즈음이면, 당신은 은행으로 달려가 당신의 돈 전부를 인출하고 싶은 충동을 느낄 것이다. 일생일대의 기회를 놓칠 것만 같은 두려움, 많은 투자가들이 주식시장에서 돈을 잃게 되는 원인 중 한 가지가 바로 이러한 두려움 때문이다. 만약 당신에게 진정으로 일생일대의 기회가 찾아왔다면, 그것은 주식 중개인이나 세일즈맨을 통해서가 아닐 것이다.

나는 서두르다가 실수를 저지른 적이 여러 번 있다. 어느 날에는, 병원 진료 약속 시간이 되어 막 떠나기 직전에, 시장가로 매수 주문을 낸 다음 문을 박차고 뛰어나갔다.

그날 밤 내가 낸 주문을 검토하던 중, 나는 회사 이름을 잘못 기재한 것을 깨닫고 큰 충격을 받았다. 컴퓨터 하드웨어 회사인 게이트웨이 주식의 매수 주문을 내려 했었는데, 몇 년 전부터 수익을 내지 못하는 바이오테크 회사의 이름을 써 넣었던 것이다. 그 다음날, 실수를 바로잡았을 때는 이미 수백 달러를 날린 뒤였다.

마음이 차분하고 머리가 맑을 때가 아니라면, 주식을 매매하지 말라. 그것이 최고의 조언이다. 매매하기 전에 약간 더 시간이 필요하다고 느낄 때면, 완전히 준비될 때까지 기다려라. 만약 주식 매매가 너무 큰 스트레스를 준다고 느낄 때면, 전문적으로 관리하는 뮤추얼 펀드를 찾거나, 투자 자문을 고용할 수도 있다. 이런 식이라면 약간의 보수를 주고, 스트레스가 심한 투자 결정을 전문가에게 맡길 수 있다.

14

재미로 매매하지 말라

당신이 즐거움을 찾는다면, 주식시장에는 그 모든 것이 있다. 게임처럼 흥분과 경쟁 그리고 보상이 있다. 이기면 당신의 노력에 대해 현금으로 보상받고, 실수하거나 관리를 소홀히 하면 돈을 잃거나 게임판에서 쫓겨날 수 있다. 주식시장은 돈이 많고, 흥미진진한 실전 게임을 원하는 사람들에게는 거부할 수 없는 매력적인 곳이다.

그러나 주식시장을 현실 게임을 벌이는 곳으로 이용하는 데에는 부정적인 측면도 있다. 첫째, 영화를 보거나 외식을 하는 것보다는 훨씬 큰 비용이 든다는 점이다. 만약 주식시장의 스릴을 원하면서도 너무 많은 돈을 잃게 될까봐 두려워한다면, 투자 클럽에 가입하는 것도 한 방법이다.

전혀 돈이 들지 않는 선택도 있다. 주식 전문 사이트에 들어가 관심의 대상이 되는 주식의 동향을 살펴보는 것이다. 많은 사람들에게 공통적인 관심사를 나누는 것만으로도, 그곳에 모일 이유를 제공해주는 것이다. 큰돈을 위험에 걸지 않고도 즐거움을 찾을 수 있다는 것은 전혀 해롭지 않은 일이다.

주식시장이 즐거움을 줄 수 있는 곳이기는 하지만, 강한 스트레스를 안겨주는 투자는 즐거움만 있는 것은 아니다. 많은 사람들이 부자가 되는 길은 빠른 매매 기술과, 게임 수행 전략이라고 믿고 있지만, 대부분의 사람들은 천천히 부유해지는 법, 그것이 그다지 흥미롭지 못할 수도 있다. 그러나 많은 수익을 안겨줄 수 있다.

15

당황하지 말라

전문가들은 당황함을 갑작스러운 압박감에 의한 두려움 때문이라고 말한다. 주식시장에서의 당황함은 당신으로 하여금 전재산을 날려버린다는 생각이 들게 한다. 뱃속이 아파오고, 심장이 매우 빠르게 뛰며 머릿속은 지끈거린다. 무력감과 죄책감을 느끼기도 한다. 당황하고 또 두려움을 느끼는 것은 시장 붕괴, 조정기, 혹은 약세장일 때의 보편적인 현상이다.

심리학자이며 스타인버그 글로벌 에셋의 펀드매니저인 존 셔트 박사는, 필요한 책을 모두 다 읽어보아도, 직접 경험해보기 전에는 두려움을 정확하게 묘사하는 것은 어렵다고 얘기한다. "당신은 롤러코스터를 보며 그것을 타보면 어떨지를 상상합니다. 그렇지만 그것을 직접 타고, 360도 회전하는 것을 직접 경험하기 전에는, 그 기분이 정확히 어떤 것인지를 실제로 알 수는 없습니다."

시장이 그대로 깨져 버리지 않는 한, 시장이 급속도로 악화되었을 때를 매수 기회라고 볼 수도 있다. 셔트 박사는 그 점에 대해 이렇게 얘기한다. "일단 롤러코스터를 타게 되면, 두려움은 사라지고 흥분과 스릴을 느낄 수 있습니다."

그 점은 포트폴리오 관리에도 똑같이 적용된다고 얘기한다. 시장 붕괴는 자주 일어나는 일이 아니기에, 투자가들의 반응이 어떨 것인지 정확히 예측할 수는 없다. 펀드매니저들 중에도, 1987년의 붕괴를 경험한 사람은 불과 몇 사람 되지 않는다. 1987년에는 전체 시장이 공포에 휩싸였었고, 22% 이상 하락해, 미친 듯 매도 주문이 밀려들었다. 몇몇 사람은 그것은 공황 상태는 아니라고 주장하지만, 투자가들에게는 수십억 달러라는 큰 손실을 안겨주었다.

셔트 박사는 또다시 폭락장 혹은 시장 붕괴가 일어나더라도 전문가들은 평정을 잃지 않을 것이라고 주장한다. "많은 펀드매니저들은 항상 100% 투자한다는 게임의 규칙을 따를 것이기에, 그들은 오직 그 폭풍을 견뎌내야만 할 것입니다."

돈을 투자하는 개인들보다는 회수하는 사람들이 더 많을 것이기에, 펀드매니저들은 자금을 동원하는 데에는 어려움을 겪을 것이다. 하지만 투자 자금을 끌어모은 펀드매니저들은 좋은 매수 기회를 잡게 될 것이라고도 덧붙여 얘기한다.

뮤추얼 펀드 매니저들은 고객들에게 장세가 어떠하든 지속적으로 투자를 유지했을 때 혜택이 있음을 누누이 설명한다. 그러나 하락장이나 붕괴 때 투자가들이 어떤 반응을 보일지를 정확히 예측하는 사람은 한 명도 없다. 몇몇 투자가들은 뮤추얼 펀드가 실제로 돈을 잃게 된다는 사실에 놀라기도 한다. "나는 하락하리라는 것은 전혀 몰랐어요." 한 여성은 자신의 펀드 보고서를 찬찬히 살펴본 다음 펀드매니저에게 이렇게 항의했었다.

공포에 휩싸이게 되면 비용이 많이 든다. 약세장이 오래 지속되면 매수보다 매도가 훨씬 많다. 경험이 많은 투자가들도 금융시장시스템이 끝장나버리는 것은 아닌가 하는 두려움을 느낀다. 개인 투자가들에게는 이런 느낌이 압박으로 다가온다.

셔트 박사는 그의 저서 〈돈을 지배하는 정신〉에서 공포에 휩싸이기 시작함을 느낄 때 다음의 규칙을 기억해두면 큰 도움이 될 것이라고 썼다.

▲약세장은 주식시장의 자연스러운 한 주기이다.

▲역사적으로 볼 때 약세장은 항상 끝이 있다. 일반적으로는 18개월 동안 지속되고, 그 다음에는 항상 강세장이 형성된다.

▲강세장은 약세장에 비교해 두 배 정도 길게 지속된다. 돈을 버는데 장기 투자가 유리한 점이 바로 이런 이유 때문이다. 특히 약세장이 강세장으로 전환하기 시작할 때는 좋은 매수 기회가 되어준다.

장기적으로 생각하며, 인내심을 가지고 시장이 상식을 되찾을 때까지 기다리기만 한다면, 당신은 어떤 약세장도 이겨낼 수 있다고 전문가들은 말한다. 1987년의 폭락 때도 완전하게 회복되는 데에는 불과 18개월이 걸렸을 뿐이다.

약세장은 영원히 지속되는 것이 아니라, 시장의 자연스러운 주기의 한 부분일 뿐임을 잊어서는 안 된다. 그러므로 전문가들은 절대로 당황하지 말라고 조언한다. 여기에 덧붙여, 셔트 박사는 채권 혹은 현금을 보유하고 있는 투자가에게는 그때가 매우 좋은 매수 기회라고 주장한다.

Interview

| 월가 고수와의 인터뷰

로버트 로드리게스

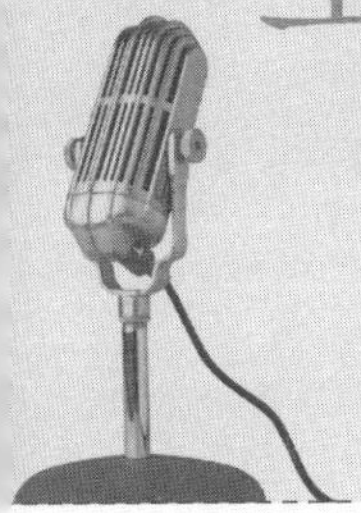

퍼스트 퍼시픽 어드바이저(FPA)의 최고 투자 책임자
FPA 펀드의 펀드매니저

여섯 살 때 동전 모으기를 시작하면서 로드리게스의 돈에 관한 관심은 시작되었다. 그는 많은 사람들이 거래소 객장에서 흥분해서 소리치는 모습이 인상적이던 영화를 기억한다. 10대이던 로드리게스에게는 그것은 마치 세계에서 제일 큰 카지노와 같은 인상을 심어주었다. 그는 돈을 벌려면, 거기에서 일해야만 된다는 점을 본능적으로 깨달았다. 그것은 절대로 후회하지 않는 결정이기도 했다.

로드리게스는 대학에서 투자이론을 배울 때 상당 부분을 이해할 수 없었다고 토로한다. 그럼에도 불구하고, 그는 성공을 확신하고 자신의 이론에 따라 작은 액수나마 가진 것 모두를 투자했다. 그러나 대부분을 날려버리고 말았다. "내 인생에서 가장 굴욕적인 경험이었습니다." 그는 그때를 회상한다. "내 총 재산이라곤 14만 5000마일을 뛴 1960년형 델타 88 올스모빌과, 1달러 32센트가 남은 계좌가 전부였지요."

오래지 않아, 우연히 벤저민 그레이엄의 〈현명한 투자자〉 한 권을 집어들면서부터, 그의 인생은 바뀌었다. 그레이엄의 가치투자 이론에 전폭적인 공감을 느꼈던 것이다. "나는 종교를 찾은 것만 같다고까지 느꼈습니다. 그때까지 사막을 헤매며 살다가, 마침내 그 역경을 벗어나게 된 것만 같았습니다." 투자 철학을 갖는 것이 중요하다는 점을 깨달은 것도 그때였다.

"괴로움과 고통을 이겨내기 위해 투자 철학을 갖는 것이 중요합니다. 돈을 잃게 되었을 때 어떻게 되는지를 알아야만 합니다. 실제로 돈을 잃어보기 전에는, 그것이 어떤 위험인지 정확히 이해하지 못합니다."

로드리게스는 초기의 투자에서 많은 것을 배웠다. 실제로 그는 동료들이 투자 아이디어를 내놓을 때면 이렇게 말한다. "우리가 얼마나 벌 수 있는가를 얘기하지 말게. 얼마나 많이 잃게 될지를 얘기하게. 상승했을 때는 그 자체로서 투자 관리가 되니까, 하락했을 때 정신을 집중해야 하는 법이거든."

로드리게스는 자신의 돈을 모두 날려버릴 수도 있는 상황으로 자신을 밀어넣지 말라고 조언한다. "만약 게임판에서 쫓겨난다면 당신은 다시는 돌아올 수 없기 때문입니다."

그리고 일단 투자 철학을 세우면 그것을 지켜나가야 한다고 얘기한다. "만약 투자 철학이 없다면, 아무런 규칙도 갖지 못합니다. 내가 보았던 실패 사례들은, 어떠한 투자 철학도 갖지 못한 사람들의 경우였습니다. 그들은 시장의 한 주기에서는 성장투자를 하고, 또 다른 주기에서는 가치투자를 합니다. 그 결과 그들은 상황이 변할 때마다 이중으로 고통을 받습니다. 나는 당신도 매우 확고한 투자 철학을 세워야 한다고 생각합니다. 물론 그렇게 되기까지는 매우 어렵습니다. 상당한 기간을 두고 발전하는 것이니까요."

많은 펀드매니저들과 마찬가지로 로드리게스도 투자가들은 독자적으로 생각해야 한다고 강조한다. "만약 당신이 대중들과 똑같이 간다면 심리적으로는 편할 것입니다. 그렇지만 수익은 기대할 수 없습니다. 당신은 기꺼이 홀로 서야만 되는 것입니다."

그는 자신이 거둔 가장 커다란 투자 성공은, 월가의 지지를 전혀 받지 못한 투자였다고 말한다.

예를 들어, 그의 역투자 철학은 몇년 전 그가 나이키 주식에 투자했을 때 시험대에 올랐었다. "6주 동안 경제 전문지들은 일제히 나이키에 대한 부정적인 기사를 실었습니다. 그 당시 나이키 주식은 오늘날의 수준으로 환산해보면, 주당 1달러 수준이었습니다. 어쨌든 그 주식에 투자한 나는 큰 갈등을 느껴야만 했습니다."

그는 그때의 경험을 이렇게 회상한다. 모든 사람들이 알고 있는 사실을, 자신만 모르고 있는 것은 아닌가 걱정하기도 했으며, 그 결과 그는 자신의 투자 철학에 대해 오랫동안 깊이 생각해보아야만 했었다. "한 투자에 그 효력이 나타나기 위해서는 상당한 인내심을 가져야만 됩니다." 그의 솔직한 얘기이다. 오랜 시간이 걸리긴 했지만, 나이키는 그의 최고의 투자 중 하나로 밝혀졌다. 그가 그 주식을 보유한 동안 주가는 주당 1달러에서 45달러로 뛰어올랐던 것이다.

로드리게스는 주식 선택에 매우 까다로워, 매년 그의 포트폴리오에 절대로 다섯 종목 이상은 추가하지 않는다. "우리는 좋은 회사 여럿을 지켜봅니다. 그렇지만 단 몇 개의 회사만을 매수할 뿐입니다."

그는 월가에서는 관심을 못 끌지만, 각 분야에서 시장 지배력이 뛰어난 회사를 좋아한다. "나의 활동 기간 중의 최고의 투자들은, 선호도는 낮지만 대차대조표와 현금흐름이 강하고, 그 업종에서 시장을 선도하는 회사들에 대한 투자였습니다."

로드리게스의 얘기이다. "나는 주가 대 수익률(PER)이 평균 수익의 15배 이상인 회사를 매수하는 경우는 극히 드뭅니다. 나는 지난 100년 동안의 표준 수익에 대한 PER가 14~15배 사이였음을 주시합니다. 그 비율이 그 이상일 때면 당신에게 부정적인 일이 일어날 확률이 더 높고, 그 이하일 때면 긍정적인 일이 일어날 가능성이 더 큽니다."

그는 PER가 높은 주식을 매수할 때면, 당신은 몇 가지 긍정적인 결과를 놓고 도박을 벌이는 것이나 마찬가지라고 설명한다. "내 경험에 비추어보면, 어느 정도 장래를 정확하게, 혹은 지속적으로 예측할 수 있는 능력을 가진 사람은 매우 드뭅니다."

그는 새로 경영진이 바뀐 회사에 투자하는 경우도 매우 드물다. "나는 같은 사람들이 2년 이상 자리를 지키는 것을 좋아합니다. 나는 새로운 경영진이 어떻게 경험을 활용하며 회사를 이끌어 가는지를 확인할 수 있는 시간을 필요로 하기 때문입니다."

로드리게스는 경영에 상당한 관심을 기울임에도 불구하고, 과거의 실적에 현혹되지는 않는다. 그 좋은 예를 소개하겠다. 그는 1980년대에 한 은행의 주식을 매수했었다. 그는 경영진과의 면담에 상당한 시간을 바쳤지만, "해외에도 자산을 상당히 투자했습니까?" 라는 중요한 질문을 하지는 않았었다. 밝혀진 바에 의하면, 경영진은 투기적인 부동산 벤처기업에 상당한 투자를 했었고, 벤처는 결국 붕괴되어 버리고 말았다. 그리고 그 주식은 주당 10달러에서 37센트로 폭락했다.

로드리게스는 말한다. "나는 하락하는 경우를 대비했다고 생각했습니다. 그러나 경영진은 그때도 임의대로 어리석은 짓을 할 수 있었던 것입니다. 그들은 어리석음을 노출시켜야 할 필요가 없었기 때문입니다."

일단 자신의 포트폴리오에 한 주식이 추가되면, 로드리게스는 그 주식을 3~5년 동안 보유하는 것을 좋아한다. "단기적으로는 행운도 있고 불행도 경험할 수 있습니다. 그러나 3~5년 혹은 10년, 장기적으로 하면 불행은 거의 없게 됩니다." 그는 그것을 장거리 경주에 비교한다. "아이디어는 선도 그룹에 가까이 가야만 얻을 수 있습니다. 오랜 기간, 시대에 앞서는 선도 그룹에 가까이 갈 수만 있다면, 당신도 곧 그 그룹에 끼이게 됩니다. 그것은 매우 오래 걸리는 더딘 진행이기 때문에, 시장과 개별 주식에 대한 멍청한 결정을 할 기회도 많습니다. 그러므로 성공에 머무르는 것은 매우 어려운 일이기도 합니다."

그는 개인 투자가들이 범하는 가장 일반적인 실수는 빠른 대가를 원하는 것이라고 얘기한다. "나는 여러 부류의 사람이 있다고 생각합니다. 예를 들어, 우리 부모님은 집이나 아파트를 구입하시면, 그것을 개조해 임대하고, 10년이라는 기간에 걸쳐 그것을 상당한 가치를 가지는 부동산으로 돌려놓습니다. 그러면 곧 그들은 상당한 수익을 얻게 됩니다. 그러나 그렇게 되기까지에는 10년이라는 세월이 필요합니다. 그렇지만 사람들은 다른 식으로 생각합니다. 나는 어제 주식을 샀어. 그런데 왜 오늘 오르지 않는 거지?"

로드리게스는 성공적인 투자가가 되기 위한 비결을 들려달라는 부탁을 받고 세 가지 얘기를 했다. ▲첫째, 자신에게 적합한 투자 철학을 세우고 그것을 지킨다. ▲둘째, 홀로 설 각오를 하고 독자적으로 생각한다. ▲마지막으로, 당신이 투자한 주식에 대해 인내심을 갖고 오랜 시간 동안 기다려준다는 것이다.

뮤추얼 펀드에 투자하는 것을 훨씬 편하게 여기는 사람들을 위해, 로드리게스는 한 가지 중요한 조언을 한다. 당신의 돈을 관리하는 사람이 누구인지를 알아야 한다는 점이다. “그들의 돈을 관리하는 사람이 누구냐고 물으면, 그들은 000 주식회사라고 얘기합니다. 하지만 그것은 내가 의미하는 바가 아닙니다.” 로드리게스는 주장한다. “그 운용자가 누구냐 하는 것입니다. 그리고 그 사람은 어떤 투자 스타일로 투자하느냐는 것입니다.”

그는 아무리 큰 조직이라 할지라도 그 배후에는 투자 결정을 하는 사람이 있다고 얘기한다. “당신은 그 사람을 알아야만 할 필요가 있습니다. 만약 그 사람이 어떤 투자 철학을 가지고 있는지 모른다면, 당신은 자신이 무얼 가졌는지도 모르는 결과가 되고 맙니다.”

16

주식과 **사랑**에 빠지지 말라

전문가들조차도 이 실수에 대한 경험을 갖고 있다. 한 회사가 멋진 비전을 제시하고 혁신적인 상품을 내놓거나, 근사한 아이디어를 가졌을 수도 있다. 당신은 일단 그 주식을 매수한 후엔, 그 회사가 잘못된 방향으로 나아가도 팔고 싶어하지 않는다. 극단적인 경우, 당신은 그 회사의 홍보요원이 되어, 안 좋은 상황임에도 다른 투자가에게 그 주식을 매수하도록 확신을 심어주기까지 한다.

이 책의 서문에 소개했던 것처럼, 나 역시 텍사스 휴대폰 주식과 사랑에 빠졌었다. 그 주식은 대단한 주식이라는 확신을 가졌기에, 눈이 멀어 다른 사실들을 볼 수 없었다. 나의 일방적인 태도를 뒷받침하는 정보가 아니라면 그 어떤 정보도 무시하게 되었다. 다른 생각을 가진 전문가나 신문기사에도 전혀 주의를 기울이지 않았다. "하지만 이미 두 배로 올랐잖아." 나는 스스로에게 이렇게 말하며, 내심 또 다시 두 배로 올라주길 기다렸다.

어떤 주식과 사랑에 빠지면, 모든 객관성을 잃게 된다. 그리고 이런 태도는 주식시장에서 돈을 잃게 된다는 의미를 가진다. 나 역시 텍사스 휴대폰 회사 주식으로 인해 모든 것을 날렸었다.

셔트 박사는 한 걸음 뒤로 물러나 사실을 정확하게 바라볼 것을 제안한다. 조사 보고서를 집어들고, 해당 회사를 객관적으로 분석하라. 당신이 보유중인 주식에 관해 다른 사람들의 얘기를 듣게 될 때면 객관적인 태도를 취하라.

가끔 가장 도움이 되는 뉴스는, 당신이 듣고 싶어하는 뉴스와는 정 반대의 뉴스일 경우도 있다. 그렇더라도 돈을 잃고 싶지 않다면, 비록 당신의 생각과 다르더라도 모든 의견을 들어보려고 노력하게 될 것이다. 마지막으로 워런 버핏의 현명한 조언을 잊어서는 안 된다.

"주식은 당신이 보유하고 있는지를 알지도 못하고, 또 관심도 없다."

17

주식에 **인생 전부**를 걸지 말라

어떤 사람들은 주식 투자에 사로잡혀 하루 종일 빠져나오지 못하고 오직 그 생각만 한다. 중개인에게 전화하고, 텔레비전을 주식 전문 채널에 고정시켜 놓고 종일 시선을 떼지 못한다. 어떤 사람들은 시장 뉴스나 급격한 주가 변화를 놓치지 않기 위해 수시로 시세를 조회하기도 한다. 어떤 사람들은 직장생활을 하면서도 그렇게 한다.

이런 '투자 중독자'에 나타나는 위험 중 한 가지는, 입수하게 되는 시장 정보에 따라 항상 어떤 조치를 취해야만 된다는 강박관념이다. 시장 정보를 입수하게 될 때마다 사거나 팔아야 한다는 유혹을 강하게 느끼는 것이다.

당신이 철저히 규칙을 지키도록 훈련된 사람이 아니라면, 당신의 장기 매수 보유 전략은 단타매매 혹은 데이 트레이딩으로 변화될 가능성이 높다. 그런 경우라면, 당신은 '아는 것이 병'이 되고 만다.

나는 주식시장에 중독되는 것이 어떤 것인지를 잘 알고 있다. 몇 년 전, 파리에서 휴가를 즐기며 친구와 함께 모처럼 여유 있는 저녁식사를 할 때였다. 내 머릿속에는 주식시장에 관한 생각이 떠나질 않았다. 뉴욕과 파리의 여섯 시간의 시차는 너무도 불리했다. 나는 30분마다 양해를 구하고, 뉴욕의 내 중개인에게 전화를 걸어보았다. 그리고 쇼핑을 즐기는 대신, 컴퓨터를 이용할 수 있는 곳을 찾아 인터넷에 파고들었다. 내가 진정으로 여유를 가질 수 있는 것은, 시장이 끝나는 파리 시간으로 10시 이후였다. 그러다가 마침내 숙소로 돌아왔을 때, 나는 주식보다 더 중요한 나의 인생이 있음을 깨달아야만 했다.

주식시장이 인생의 모든 것을 건 사람들에게, 전문가들은 한 걸음 뒤로 물러나 당신을 다시 한 번 체크해 보라고 조언한다. 많은 일 중독자들과 마찬가지로, 당신은 성공을 위해 많은 것을 희생시키게 된다. 당신도 돈을 벌고는 싶겠지만 가족, 건강 혹은 장래를 희생시키면서까지 벌고 싶어하지는 않을 것이다. 상당수 펀드매니저들은 그들의 경력이 한창일 때 일선에서 물러난다. 개인 투자가들에게 그것은 후퇴를 의미한다.

한때 템플턴 성장 펀드를 직접 운영하기도 했던 전설적인 펀드매니저 존 템플턴경은 〈뮤추얼 펀드 매거진〉과의 인터뷰에서 그 점에 대해 간단히 그러나 매우 중요한 얘기를 했다. 그는 돈은 인생과 마찬가지로 무상한 것이라고 했다. "영원히 지속되는 것은 영혼입니다"라고.

18

과거를 생각하며 시간을 **허비하지** 말라

"만약에…" 이것은 너무도 큰 좌절을 불러오는 말이다. 만약 내가 주당 60달러일 때 인텔 주를 샀더라면… 만약에 인터넷 주를 사라던 사촌 말을 들었더라면… 주당 40달러일 때 IBM 주식을 샀더라면… 많은 사람들은 "만약에"라는 가정법으로 곧잘 자신을 괴롭히곤 한다. 그들은 만약에 이러 저런 일이 생겼더라면 돈을 얼마나 벌게 되었을까 라는 상상에만 사로잡혀 있는 것 같다.

〈새로운 시장의 마법사들 *The New Market Wizards*〉의 저자 잭 슈웨이거는 이미 돌이킬 수 없는 일을 두고 자신을 탓하는 것은 전혀 도움이 되지 않는다고 얘기한다. 그는 전문 투자가 로버트 크라우즈에게 과거의 실수에 대해 고통스러워하느냐고 물은 적이 있었다. 그러자 그는 투자가가 저지를 수 있는 해로운 일들 중 가장 큰 잘못은 과거의 실수에 대해 걱정하는 것이라고 얘기한다. 나아가 그 부정적인 해로운 메시지가 머릿속에 심어지지 않도록 주의를 기울여야만 한다고 경고한다.

어떤 사람들은 수익을 남길 수 있는 매매 타이밍을 놓친 데 대해 자기 자신에게 몹시 화를 낸다.

피터 린치는 그의 저서 〈월가를 앞서라 *One Up on Wall Street*〉에서 뉴욕증권거래소의 10위 안에 드는 주식을 매수하지 않아 크게 잃게 된 데 대해 자책하는 트레이더들에 관해 썼다. 린치는 이러한 생각은 우울증으로 발전될 수 있다고 얘기한다. 당신이 이기는 주식을 생각하면 생각할수록, 당신은 잃은 돈을 더욱 더 생각하게 된다. 그는, 이러한 생각의 가장 나쁜 점은, 놓친 주식을 잡으려 애쓰게 된다는 점이라고 얘기한다. 그 최종 결과는 명백한 손실이기 때문이다.

백미러를 통해 뒤만 바라보며 인생을 살 수는 없다. 만약 당신이 멋진 주식을 놓쳤다 해도, 매수할 수 있는 멋진 주식은 항상 다시 나타난다. 절망적인 표정으로 지나간 당신의 실수만을 뒤돌아보는 태도는 전혀 도움이 되지 않는다.

"그럴 수 있었는데…" "그렇게 했어야만 했는데…" 식의 생각은 귀중한 시간을 낭비하는 결과를 가져올 뿐이다. 보다 성공적인 미래를 위해 과거로부터 배우는 것이 훨씬 생산적이다.

19

과도한 **리스크**를 허용하지 말라

위험에 대해 사람들마다 해석이 다르다. 극단적으로 리스크를 피하는 사람들도 있다. 그러한 사람들은 모든 것을 저축 계좌나 채권에 집어넣는다. 그들에게 '위험'이란 매우 끔찍한 단어이다. 그리고 주식시장은 너무도 위험한 곳이라 생각한다. 그들의 주요 관심사는 경제붕괴 혹은 대공황이 닥쳐도 살아남기 위해 충분한 현금을 가지는 것이 전부이다. 또한 그것은 그들이 밤에 잠을 잘 잘 수 있는 유일한 방법이기도 하다.

이와 극단적으로 반대되는 사람들은, 빠르게 돈을 버는 방법을 찾는 사람들이다. 그들은 리스크에 전혀 개의치 않는다. 그러한 사람들에게 주식시장은 확률이 상당히 높은 큰 카지노와 마찬가지이다. 그들은 경마장에서 마권을 사거나 복권을 사는 것과 같은 태도로, 주식시장에 투자한다. 주식시장에서 큰 승리를 얻기 위해 열성적으로 가진 것 모두를 리스크에 내건다.

셔트 박사는 그러한 사람들을 '시장 도박사'들이라고 일컫는다. 그들은 매매에 따르는 스릴을 즐긴다. 셔트 박사는 총 투자가의 10% 가량이 이 범주에 드는 사람들이라고 추정한다.

그들은 항상 다음에 선택하는 주식은 상승할 것이라고 생각한다. 그들의 투자를 자세히 지켜보면 문득 그들이 벌을 받을 것이라고 느끼게 된다고 셔트 박사는 말한다. 그들은 큰 손해를 입게 될 때까지 투자를 계속한다. "그것은 그들의 과오에 대한 무의식적인 만족감을 주기 때문입니다." 셔트 박사의 얘기이다.

아이러니컬하게, 만약 당신이 시장의 도박사들에게 투자에 관해 묻게 된다면, 그들은 자신들의 수익을 과장해서 얘기해줄 것이기 때문이다.

그러한 사람들에게는 주식시장이 곧 라스베가스이기도 하다. 뉴욕 주식시장의 개장을 알리는 벨이 울리면, 숨가쁘게 모든 소식을 알리는 텔레비전 아나운서의 얘기가 흘러나온다. "출발했습니다. 인텔 주는 주당 7센트씩 전문가들의 예상을 뛰어넘었습니다. 전문가들은 주당 72센트라고 예상했지만, 큰 차이로 월가의 예상치를 앞서고 있습니다. 말씀드리는 순간 인텔 주는 주당 3달러를 넘어섰습니다!"

셔트 박사는, 모든 사람은 나름대로 도박 근성을 갖고 태어나지만, 성공적인 투자가들은 본능적인 충동을 컨트롤하고 더욱 엄격한 방식으로 투자하는 방법을 익혔다고 얘기한다. 그들은 희박한 가능성에 기대지도 않고, 나아가 무리한 액수를 투자하지도 않는다. 그들은 투기를 피하고, 오직 우량 회사만을 선택하고, 여러 주식에 투자하는 등, 다각화를 이루어 리스크를 최소화시킨다.

만약 당신이 주식시장에서 너무 큰 리스크를 안고 있다고 생각한다면, 당신을 보호하기 위한 몇 가지 조치를 취할 수 있다. 첫째, 매수할 때와 매도할 때를 정확히 알려주는 몇 가지 규칙을 설정하는 것이다. 그리고 한 번의 큰 대박보다는, 연속해서 작은 승리를 목표로 한다.

셔트 박사는 리스크를 벗어나 투자하도록 충고해주는 투자 친구를 사귀는 것도 좋은 방법이라고 추천한다. 그리고 마지막으로, 그 무엇도 효과가 없다면, 투자를 완전히 포기해버리는 것이 좋다고 얘기한다.

Interview

| 월가 고수와의 인터뷰

윌리엄 버거

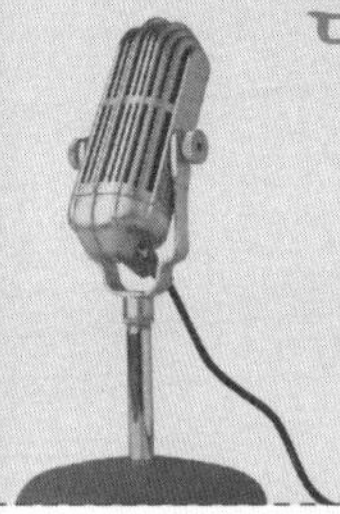

버거 펀드의 전 회장 겸 펀드매니저

1994년, 윌리엄 버거는 자신이 운용하던 버거 펀드를 캔서스 씨티 사우선 인더스트리에 매각했다. 그것으로써 그의 투자가 끝난 것은 아니었다. 즉, 그는 그림에 대한 투자를 시작했던 것이다. 은퇴 이후, 버거는 14세기에서 20세기 작품에 이르기까지, 100여 점에 달하는 영국 명화를 사들였다. 그의 콜렉션은 덴버 미술관에서 주로 전시되었다.

미술품 애호가로서 버거의 명성은 이제야 싹트기 시작했지만, 그와 그의 가문의 명성은 한 세기 이상에 걸쳐 그 도시 역사의 한 부분을 차지하고 있었다. 그의 가문은 1860년에 덴버 퍼스트 뱅크를 설립했고, 젊은 시절에 은행에서 일을 시작한 그는 1950년부터는 신탁 부서에서 보통주 관리를 시작했다. "그 당시 다우지수는 200 이하였고, 우리 모두는 그 지수가 200 이상으로 올라갈 수는 없다고 생각했습니다." 그는 많은 대형 기관을 능가하는 극단적으로 성공한 투자가였다.

몇년 후인 1959년, 버거는 일종의 비과세 뮤추얼 펀드를 만들어 센테니얼 펀드라고 명명했다. 금융 전문가들도 놀랄 정도로, 이 새로운 펀드는 폭발적인 호응을 받았다. 가치투자의 아버지라고 불리우는 벤저민 그레이엄까지 그 펀드의 초기 주주로 참가할 정도였다. 그러나 당시의 법은 은행이 어떠한 증권 업무도 병행할 수 없도록 되어 있어서, 그는 펀드를 시작하기 위해 은행을 떠나야만 했다.

"갑자기 나는 펀드업계의 거물들과 경쟁을 벌여야만 하는 입장이 되었습니다." 버거가 그때를 회상한다. "우리는 보스톤의 캐보트와 피델리티 그리고 우리의 아이디어를 채택한 여러 펀드들과 경쟁을 벌여야만 했습니다. 어쨌든 우리는 조성된 10억 달러에서 10% 수익을 올리는 작은 성공을 거둘 수 있었습니다."

그 성공 이후, 버거는 실적 펀드를 출범시키기로 결정했다. 그때가 처음으로 투자가들이 여러 펀드의 실적을 비교해볼 수 있게 된 때였다. "내가 처음으로 존 템플턴 경과 만난 1964년, 우리 펀드는 전국 4위였고 그의 펀드는 전국 2위였습니다. 서로 투자 스타일은 전혀 다르지만 나는 그때부터 지금까지 그분을 존경하게 되었습니다."

그것이 투자 사업의 매력이기도 하다. 버거는 덧붙여 말한다. "약세장과 강세장 모두를 이겨낼 수 있었던 펀드매니저는 몇 사람 되지 않습니다. 진정으로 이겨낸 펀드는 불과 10여 곳뿐입니다. 각각의 시장에는 나름대로의 스타가 있습니다. 그러나 그들이 영광을 누린 기간은 매우 짧습니다. 그리고 한 시장에서 빛나는 실적을 보이지만, 그 다음에는 아무도 그들의 이름조차 듣지 못할 때가 많습니다."

그는 장기간 활동하는 펀드매니저들을 살펴보면, 각기 투자 스타일은 전혀 달라도 실적은 비슷하다는 점을 알 수 있다고 말한다. 그가 그 어느 펀드보다도 뚜렷하게 기억하는 펀드는, 자신의 이름을 딴 버거 펀드이다. 적극적인 펀드매니저로 활동하는 동안 그는 주주들에게 수익을 올려줄 주식을 샀다.

"어떤 기업의 경영자도 다음 분기나 다음 해에 수익을 얼마나 올릴지는 모른다는 점을 내 스승에게서 배웠습니다."

이 점이 바로 그가 경영 상태가 좋고, 좋은 실적을 기록중인 회사를 찾는 이유이다. "나는 숫자만을 보고 행동을 취하지는 않습니다. 예를 들어, 코카콜라는 기록적인 수익으로 높은 배당을 내는 방법을 알고 있습니다. 우리는 투자와 함께, 우리가 보유중인 회사들에 대해 순위를 매깁니다."

버거는 자신이 주식을 매수할 때면 약간 보수적인 태도를 취한다는 점을 시인한다. 그리고 '강세장을 자신의 능력과 혼동하지 말라' 라는 글이 새겨진 버튼 장식을 하고 다녔다고 한다.

버거는 주식 매도에 있어서는, 예정 가격 혹은 예정 시점에 대한 이론은 받아들이지 않는다.

"우리는 회사 내부에 어떤 변화가 있다면 그 주식을 매도합니다. 혹은 더 좋은 주식을 찾으면, 그 주식을 우리의 포트폴리오에 편입시킬 수 있도록 다른 무엇인가를 매도합니다. 예를 들어, 월마트 같은 좋은 회사가 나타나면, 당신은 그 회사를 보유해야만 됩니다. 특히 그들이 높은 수익을 기록하고, 성장을 위해 그것을 재투자할 때면 더더욱 그렇습니다."

버거는 덧붙여 설명했다. "월마트는 좋은 회사입니다. 그러므로 당신은 그들이 일을 할 수 있도록 방해하지 말아야만 합니다. 그러면 펀드매니저들도 느긋하게 즐길 수 있을 테니까요. 이렇게 간단하고 쉬운 얘기입니다."

버거는 투자가들이 겪는 가장 큰 전투는 그들의 감정을 컨트롤하는 것, 특히 두려움과 탐욕을 조종하는 것이라고 얘기한다. "우리가 어떻게 두려움과 탐욕을 다스리느냐, 그것이 가장 큰 리스크입니다. 만약 당신이 자신이 하는 일을 정확히 이해하지 못한다면, 그것은 당신의 투자에 커다란 리스크를 갖는 것과 마찬가지입니다."

버거는 많은 투자가들이 위험에는 그리 신경 쓰지 않는다고 얘기한다. "리스크는 자전거와도 같습니다. 어렸을 때는, 자전거를 타는 사람을 보면서 당신은 탈 수 없다고 생각합니다. 그러다가 훈련용 자전거를 타고 부모가 뒤를 잡아줍니다. 그렇지만 당신은 탈 수 없다고 확신합니다. 그러다가 얼마 안 있어 자전거를 타고 잘 돌아다닙니다. 그러나 더 성장하게 되면, 자전거를 타고 행인들 사이를 쌩쌩 돌아다니는 아이들을 보며, 도대체 어떻게 저런 식으로 타고 다니는지 걱정합니다. 제3자의 눈으로 보는 위험성이란 사람들에게 각기 다른 의미를 가집니다."

버거는 주식시장에서 성공하는 비결이 있다면, 그것은 겸손한 태도라고 말한다.

"투자는 매우 겸손한 경험입니다. 문제와 부딪히는 사람들, 그 사람들은 자신을 신이라고 생각하는 사람들입니다. 그들은 각자의 고집을 앞세우고, 결국에는 자신에게 왕관까지 씌워줍니다." 그는 또한 투자가는 항상 열린 마음을 갖는 것도 필수적이라고 얘기한다. 그는 개인 투자가들이 안고 있는 커다란 문제 중 하나는 자신의 실수를 기꺼이 인정하지 않는 것이라고 얘기한다.

"많은 투자가들은 오직 손실을 감당하기 싫어, 아무 것도 아닌 주식을 몇 년씩이나 보유하고 있었음을 깨닫곤 합니다."

첫 번째 실수를 인정할 수 있어야만, 그 실수를 정당화시키려는 두 번째 실수를 저지르지 않는다고 말한다. 버거는 또한 잘 모르는 것에 투자해서는 안 된다고 조언한다. "납득할 수 없다면, 그것에 투자하지 마십시오. 만약 당신이 인터넷을 이해하지 못한다면, 나는 당신에게 인터넷 주에 투자하지 말 것을 권고합니다."

버거는 가까운 장래에 일반인의 주식 보유가 상당한 수준에 이를 것이라고 예언한다. "자신은 그렇지 못한데, 이웃 사람들이 큰돈을 버는 것을 지켜보는 것은 몹시 고통스러운 일입니다. 그러므로 많은 사람들이 시장에 들어올 것입니다. 시장은 유사 이래 꾸준히 성장해왔습니다. 일반적으로 개인 투자가들도 이와 함께 상당히 성공적이었습니다. 그러나 장기적으로는, 시장은 근본이 되는 경제보다 더 나아질 수 없으며, 경제는 사회단체들이 유지시켜주고, 격려해주는 것보다 더 잘할 수는 없습니다. 미국은 우연히 다른 나라에는 없는 비범할 정도의 자유기업 국가에 살고 있습니다. 그리고 우리는 다른 세계 전체를 앞지르고, 경쟁에서 이기고, 더 많은 생산을 기록하고, 더 좋은 실적을 올릴 수 있음을 입증했습니다."

버거는 주식 가치가 가끔은 어리석을 정도로 높다고 결론지으면서도, 그 무엇도 더 어리석어지는 것을 막지 못한다고 얘기한다. "몇 년 전 군중의 광기와 절망에 관한 글을 썼던 찰스 맥케이는 17세기 네덜란드에서 있었던 튤립 투기 열풍과 18세기 영국의 사우스 씨 소동을 얘기했습니다. 그때부터 지금까지 인간의 본성은 크게 달라진 것이 없습니다."

그의 얘기는 계속된다. "강세장이 끝나는 것은 누군가가 종을 쳤기 때문이 아닙니다. 마지막 매수자가 매수했기 때문입니다. 다음 튤립을 살 사람이 없었던 거지요. 나는 이러한 소동을 이제까지 살아오며 두 번 보았습니다." 그는 일본에서 일어났던 거품 붕괴가 미국에서도 일어날 수 있다고 경고한다. "커다란 주기가 두고 돕니다. 문제는 누가 마지막 매수자가 되는가 하는 점이지요."

그가 근무하는 동안 은행에서는 50%는 채권을, 나머지 50%는 주식을 추천하는 전통이 있었다고 말한다. "나는 몇 년 동안에 걸쳐 그 전통과 필사적으로 싸웠습니다. 사람들에게 70~80%를 보통주에 투자하도록 설득했던 거지요."

그러나 오랜 기간이 흐른 지금에 와서는, 장기적으로 꾸준한 수익이 보장되는 정부 채권에 투자하는 문제를 생각해볼 때라고 얘기한다. "오랜 기간에 걸쳐, 그것은 좋은 가치를 유지하기 때문입니다."

20

지나치게 **보수적**이지 말라

주식 투자에서 보수적인 이유 중 한 가지는, 돈을 잃는 경우를 두려워하기 때문이다.

워런 버핏은 성공에 이르는 비결을 묻는 질문에 이렇게 대답했다. "규칙 제1조, 돈을 잃지 말라. 규칙 제2조, 절대로 규칙 제 1조를 잊지 말라, 입니다."

누구도 돈을 잃고 싶어하는 사람은 없다. 하지만 돈을 잃게 될지도 모른다는 두려움은 어떤 사람들로 하여금 주식시장을 철저히 외면하는 원인이 되기도 한다. 그러나 많은 전문가들은 시장을 벗어나 있는 것이, 시장에 들어와 있는 것보다 더 큰 위험을 짊어지는 것이라고 얘기한다. 그러나 통계에 의하면 이른바 안전 투자라고 하는 금융 계좌 저축, 혹은 재무부 채권 등은, 투자가들에게 우리 시대 최악의 수익을 돌려주고 있음을 보여준다.

반면 연구 보고서에 의하면, 주식 투자는 장기간에 걸쳐 최고의 수익률을 기록하고 있음을 알 수 있다. 20년씩 무작위로 분류해 살펴보아도,

투자의 60%까지도 갉아먹을 수 있는 인플레이션 때문에 현금 투자의 수익률보다는 보통주의 수익이 높은 것을 확인할 수 있다.

펀드매니저 빌 밀러는 그 점에 대해 이렇게 얘기한다. "단기적으로는 위험이 작은 보수적 투자가 장기적으로 보면 매우 큰 위험이라는 점을 사람들은 잘 인식하지 못합니다. 사람들은 현금 보유 비율을 너무 많이 잡는 경향이 있습니다. 당장은 현금은 자신감을 안겨줍니다. 그러나 장기적으로 보면 현금은 장기적인 수익을 갉아먹는 결과가 됩니다. 그러므로 어떤 경우에는, 보수적인 투자가 대단히 위험할 수 있습니다."

그러나 그는 편안함을 느낄 수 없다면 투자하지 말라고 조언한다. "만약 당신이 어떤 행동에 심리적으로 편안하지 못하다면, 당신은 그러한 안정을 찾을 수 없을지도 모릅니다."

도미니 소시얼 펀드의 사장인 에이미 도미니는, 객관적인 제3자의 눈으로 볼 때 투자가들이 안고 있는 가장 큰 위험은 시간이라고 얘기한다. 그녀는 앞으로 경제에 어떤 변화가 나타날지는 아무도 모른다는 점을 솔직히 시인한다. "그렇지만 누구든지 다음 60년 동안 경제는 계속 성장하리라는 점은 확신할 수 있습니다."

어떤 투자가들은 초기의 투자에서 보수적이었기에, 인생의 후반에서는 큰 것을 얻지 못한다고 얘기한다. 많은 전문가들은 당신이 젊다면, 주식에 투자하는 것이 중요하다는 데 동의한다.

21

시장을 **거스르려고** 하지 말라

웨인저 에셋 매니지먼트의 회장 랄프 웨인저는 이른바 '황금 손가락 병'에 대해 얘기한다.

당신이 시세표의 한 주식을 손가락으로 가리키고, 그 주식을 매수한다. 그러면 그 주식은 30% 뛰어오른다. 당신이 다른 주식을 가리키면 그 주식도 40% 뛰어오른다. 이렇게 되면 당신은 자신의 손가락을 무엇이든 가리키기만 하면 황금으로 변하게 만드는 '마법의 손가락'이라고 믿게 된다. 이러한 일은 특히 강세장일 때 자주 나타난다.

확신이 성공적인 투자로 향하는 열쇠이기는 하지만, 자만심과 공격적인 매매는 분명 위험 신호이다. 자기 자신이 현명하다고 확신하는 투자가들에게서 무너지는 조짐이 나타난다. 그 누구도 항상 옳을 수만은 없다. 특히 주식시장에서는 더더욱 그렇다. 어느 전문가는 "가장 흔히 저지르는 실수는 자신은 절대 실수를 저지르지 않을 것이라는 믿음입니다"라고 말한다.

어떤 전문가는 조심스럽고 두려운 마음으로 시장을 대하는 것이 투자가의 현명한 태도라고 제안한다. 〈투자심리 설명〉의 저자 마틴 프링은 그의 저서에서, 좋은 투자가나 매매자는 '항상 두려워하며 달리는 사람들'이라고 썼다. 그러한 사람들은 자신들의 매매를 위협할 수 있는 것이 나타나는지 항상 주위를 돌아보며 주의를 게을리 하지 않는다고 했다.

오쇼네시 캐피털 매니지먼트의 CEO 짐 오쇼네시는, 시장을 능가하려는 노력이 얼마나 헛된 것인지를 우화를 인용해 설명해준다.

한 젊은이가 거대한 물줄기가 쏟아지는 폭포에 가까이 갔을 때, 한 노인이 소용돌이치는 물 속에서 나뒹굴고 있는 것을 보았다. 그 젊은이는 깜짝 놀라며 노인을 구하려고 뛰어들었다. 그러나 그는 노인이 이미 물에서 나와, 둑을 따라 걷고 있음을 보았다.

젊은이는 노인이 살아서 물위로 나왔다는 사실에 놀랐다. 그리고 어떻게 살아나올 수 있었느냐고 물었다. 그러자 노인은 이렇게 대답했다. "나는 물과 함께 들어가고, 물과 함께 나왔네. 내 자신을 잊고, 물의 움직임에 따른 거야. 내가 살아날 수 있었던 유일한 이유는, 물의 강력한 힘을 거스르려고 하지 않았다는 거네."

오쇼네시는 주식시장이 그 물과 같다고 얘기한다. 만약 당신이 그것을 거스르려고 몸부림친다면, 그것은 당신을 삼켜버린다. 만약 그것과 함께 하려 하면, 당신은 멋진 파도타기를 즐길 수 있다는 것이다.

22

탐욕을 버려라

셔트 박사는, 어렵기는 하지만 탐욕을 컨트롤하는 것은 불가능한 일이 아니라고 말한다. 첫번째 단계는 당신이 탐욕스러워지기 시작했다는 것을 알려주는 작은 신호를 인식하는 것이다. 그는 가장 보편적인 아홉 가지 신호를 들었는데, 그 모두가 이 책의 교훈들에 포함되어 있는 내용이다.

예를 들어, 당신이 더 이상 12%의 수익에 만족하지 않고, 6개월 혹은 1년에 걸쳐 당신의 돈을 두 배로 굴릴 계획을 세우는 것이다. 또 다른 신호는 과거에는 회피했던 지나치게 가격이 높은 주식을 선호하게 되는 것이다. 그리고 다른 신호는 당신이 모든 돈을 한 주식에만 쏟아붓게 되는 '분산 투자에 대한 저항' 이다.

탐욕은 언제, 누구든지 가리지 않고 사로잡을 수 있다. 보유 주식을 최고가에 매도하기 전에는 만족하지 못하는 투자가들을 겨냥한 월가의 전설적인 격언이 있다. "매매에서 최후의 한 방울까지 짜내려고 애쓰지 말라."

어떤 투자가들은 이 소중한 격언을 무시하고, 그들이 미리 정한 목표에 조금만 미달해도 매도를 거부하는 투자가들이 있다. 존 F. 케네디 대통령의 아버지이자, 활발한 투자가이기도 했던 조셉 케네디는 이렇게 말했다. "오직 바보만이 천장을 기대하며 보유한다."

나의 동업자 한 사람은 인텔 주식을 주당 70달러에 매수한 뒤, 99달러까지 치솟는 것을 지켜보았다. 그는 100달러에 도달하면 매도하겠다고 스스로 다짐했었다. 그는 한 주일 내내 주가가 100달러에 도달하기를 기다렸다. 그러나 주가는 목표에 닿기 직전에 뒷걸음질쳤다. 주말이 되고, 인텔이 수익을 발표했을 때 주가는 급락해 다시 주당 70달러로 돌아갔고 그는 망연자실했다. 마지막 몇 달러를 더 짜내려다가, 수천 달러에 달하는 수익을 놓쳐버린 것이다.

대부분의 전문가들은, 욕심을 버리는 것은 매우 어려운 일이라는 데 동의한다. 셔트 박사는, 탐욕은 매우 자연스러운 감정이며 인간의 가장 기본적인 원동력 중의 하나라는 점을 인식해야만 된다고 말한다. 어떻든 절제된 욕심은 투자가가 가져야 할 가장 가치 있는 감정이라는 것이다. 그리고 잘 조절된 욕심은 당신을 유리한 방향으로 이끈다고도 얘기한다.

욕심은 소중한 것이기도 하다. 우리로 하여금 수익을 간절히 기대하도록 이끌어주고 관심을 집중시켜주며, 또 우리를 투자게임에 묶어두기 때문이다. 그러나 셔트 박사는 "욕심은 끝이 없기에, 그 요구를 충족시키려 해서는 안 됩니다. 그것은 만족시킬 수 없기 때문입니다"라는 정답을 제공한다. 이 진리를 염두에 두면, 당신은 욕심의 긍정적인 측면을 받아들이고 위험한 측면을 멀리할 수 있다.

욕심을 조절하기 위한 다른 조언은, 절대적으로 자신의 규칙을 따르라는 것이다. 예를 들어, 당신이 일단 한 주식을 매도하기로 결정했으면,

망설이지 말고 매도해버리는 것이다. 한 주식의 주가가 목표치에 근접했으면, 신뢰할 수 있는 자료에 근거해 목표 가격을 더 높이 책정하든지, 혹은 매도하라. 완전한 최고가라는 것은 절대로 존재하지 않는 것이기에, 그것을 정하려고 애쓰는 것은 시간과 에너지의 낭비일 뿐이라고 전문가들은 말한다.

당신이 구체적인 가격에 주식을 매각하기로 결정했다면, 제한 주문을 설정하라. 이것은 마지막 걱정에서 당신을 해방시켜 준다. 항상 염두에 둘 만한 월가의 격언을 소개한다. "황소(강세장)도 곰(약세장)도 돈을 벌어준다. 그렇지만 욕심 많은 돼지는 돈을 날린다."

23

주식시장에 관한 **모든 것**을 읽어라

많은 성공적인 투자가들은, 다른 사람보다 앞서나갈 수 있는 효과적인 방법은 책을 읽는 것이라고 한결같이 말한다. 좋은 주식을 찾는 방법, 최고 고수들의 투자전략, 그리고 여러 가지 주식시장의 비밀을 도서관이나 서점에서 찾을 수 있는 것이다.

다양한 투자가들의 욕구를 충족시켜주는 신문과 잡지도 여럿 있다. 이러한 정기 간행물들은 최고의 트레이더들에 관한 상세한 정보와 그때그때 적절한 조언을 해주고, 당신이 최고의 주식을 찾는데 도움이 되어줄 정보를 제공해준다. 그들은 또한 주식시장이 실제로 어떻게 돌아가는지에 대한 매혹적인 얘기도 전해준다. 당신은 어느 잡지가 가장 도움이 되는지 스스로 판단할 수 있을 것이다.

만약 구체적인 지침서를 원한다면, 시장의 향후 전망으로부터, 주식 매도와 매수에 관한 조언에 이르기까지 모든 것에 관한 정보를 전달해주는 회보도 많이 있다. 그리고 인터넷에 들어가면 인기 있는 주식 전문 사이트를 접할 수 있다.

주식투자에 관한 책을 읽는 데는, 돈을 웬만큼 갖게 될 때까지, 혹은 강세장이 나타날 때까지 기다릴 필요는 없다. 시장에 대해 공부하기에 가장 적절한 때는 누구도 주식시장에 관심을 갖지 않을 때이다.

〈인베스터스 비즈니스 데일리〉의 발행인 윌리엄 오닐은 오랜 약세장이 지속되는 2년 동안 읽고 또 연구했다. 그리고 2년쯤 지나 시장이 강세장으로 돌아서기 시작할 때 자신이 익힌 바를 실천에 옮길 수 있었다. 어쨌든, 시장에 관한 책을 읽고 또 공부하기에 가장 적절한 때는, 당신의 돈을 실제로 시장에 투자하기 전이라는 것을 잊어서는 안 된다.

24

매수하기 전에 **조사**하라

사람들이 가장 기본적인 조사를 하지 않고도 주식을 매수하는 태도는 놀랍기만 하다. 전문가들은 "숙제를 충실히 하라"고 말하는데, 그것은 한 회사의 주식을 매수하기 전에 그 회사에 관해 가능한 모든 것을 알아보라는 의미이다.

사람들은 새로 자동차를 구입하기 위해서 많은 시간을 들인다. 자동차 전문 잡지를 읽어보고, 세일즈맨들을 만나보고, 전시장을 찾기도 하고, 가격을 비교해보기 위해 더 비교사이트를 뒤지기도 한다. 그들은 가격과 모델을 비교하며 어떤 때는 몇 달씩이나 소비하기도 한다. 그런데 바로 그 사람들이 차 가격과 같은 액수의 주식을 매수하는 데에는, 신뢰할 수 없는 정보에 의해 행동으로 옮긴다.

전문가들의 분석 방식에는 기본적으로 두 가지가 있다. 첫 번째 방법은 계량적 분석이다. 이 방법에는 주가 대 수익률(PER), 수익 평가, 자산과 부채, 그리고 다른 여러 가지 숫자상의 데이터를 살펴보는 것이 포함된다. 두 번째 방법은 질적 분석이다. 이 방법을 이용하기 위해 전문가들은 회사를 방문하고, 경영진을 만나보고, 그 회사의 경영 상태를 살펴보고, 고객들과 대화해본다. 어떤 전문가들은 이 방법을 '타이어 걷어차기'라고도 한다.

개인 투자가들이 이런 두 가지 분석을 하는 데에는 여러 가지 방법이 있다. 계량적 분석을 하기 위해 가장 적절한 도구 중 하나는 인터넷이다. 여러 전문 사이트를 통해 당신도 전문가들만큼 많은 정보를 입수할 수 있다. 또한 최신 뉴스, 주식 정보, 그리고 소유권 조사 도구 등도 볼 수 있다. 여기에 더하여 많은 증권회사는 각 기업과 각 업종의 보고서, 독자적인 연구 보고서를 보유하고 있으며, 애널리스트들의 추천 종목이 있다.

질적 분석을 위해서는, 무엇보다도 먼저 각 회사의 IR(Investor Relation) 부서에 전화해 최신 보고서를 입수하는 것이다. 만약 시간이 있다면, 전문가들과 같은 조사를 하며, 회사를 직접 방문한다. CEO를 만날 수는 없을지라도, IR 부서에 부탁하면 시설을 둘러볼 수도 있다. 당신은 단순히 관찰하는 것만으로도 많은 것을 배울 수 있다. 직원들의 태도, 건물의 청결함, 회사의 위치, 그리고 회사가 돈을 어디에 사용하는지 등을 파악해보며, 진정으로 당신이 소유하고 또 함께 일하고 싶어질 그런 회사인지를 알아볼 수 있는 것이다.

만약 사회적 책임이 있는 회사를 찾는다면 근무 태도, 다양성, 제품의 안전도 등을 살펴볼 것이다. 도미니 펀드의 사장 에이미 도미니는 그 점에 대해 이렇게 얘기한다. "이런 식으로 회사를 살펴보고 숙제를 철저히 한다면, 당신은 기업문화 그리고 최고 경영진의 가치관에 관한 많은 점을 깨닫게 될 것입니다. 당신은 오직 재정 정보만을 보는 사람들에 비해, 회사에 관해 훨씬 많은 것을 알게 될 것입니다."

한 회사에 관한 모든 것을 알아보는 또 다른 방법은, 당신 스스로 회사의 연혁, 경쟁사, 제품에 관한 보고서를 작성해보는 것이다. 또한, 만약 당신이 투자클럽의 회원이라면, 다른 사람들을 위한 보고서 작성에 자원해서 나서는 것도 한 방법이다. 보고서 작성이 끝날 즈음에는, 분명히 당신은 당신이 구입하려는 자동차에 대해서보다는, 다음 주식에 관한 것을 더 많이 알게 되었을 것이다.

Interview

| 월가 고수와의 인터뷰

윌리엄 J. 오닐

〈인베스터스 비즈니스 데일리〉의 설립자, 사장 겸 발행인
저서 〈주식시장에서 어떻게 돈을 벌 것인가〉

공군에 입대한 후, 윌리엄 오닐은 그 당시 그가 가진 돈 전부인 500달러로 한 주식을 매수했다. 많은 사람들과 마찬가지로, 그 역시 여러 가지 투자전략을 시험해보고, 또 실제로 시도해보았다. 그러나 처음에는 제대로 되지 않았다. "주식시장에서 돈을 버는 방법을 찾아내는 데에는, 꼭 2년 반이라는 기간이 필요했습니다." 오닐의 얘기이다.

그 기간 동안 그는 주식시장에 관해 가능한 모든 책을 읽어보고 또 공부했다. "정통한 조언을 해줄 사람이 없었습니다. 때문에 나는 많은 숙제를 하고, 또 공부도 많이 해야만 했습니다. 많은 조사와 시행착오를 통해 얻어내야만 했습니다."

오닐은 자신이 읽었던 모든 책은 충분한 가치가 있었으며, 특히 투자 전문가 제럴드 로엡과 제스 리버모어의 저서는 큰 도움이 되었다고 얘기한다. 실제로 그는 자신의 성공은 전략을 세울 수 있도록 도와준 저서들

덕분이었다고 말한다.

"나는 모든 주도주를 매수하고, 내 자신이 매우 잘하고 있다고 생각했습니다. 그렇지만 연말이 되었을 때, 겨우 본전을 했을 뿐이었습니다. 그때 중요한 사실을 발견했습니다. 나는 주식을 매수하는 방법은 알지만, 그것을 매도하는 방법은 몰랐던 것입니다."

이 문제를 해결하기 위해, 오닐은 몇 가지 매수 규칙을 발전시켰다. 그는 자신의 새로운 규칙에 따라 시장이 약세장으로 들어서기 시작한 1962년에 모든 것을 매도했다. 몇몇 주식을 분할 매도함으로써 상당한 돈을 벌기까지 했다. 그리고 1963년에 시장이 상승장으로 돌아섰을 때, 그는 매도 매수 규칙을 적용할 준비가 되어 있었다. 시작할 때 불과 3000달러뿐이던 그는 2000달러를 빌렸고, 그의 최초의 투자를 피라미드 형태로 쌓아올려 20만 달러라는 거액을 만들었다. 그리고 그는 이때의 투자 수익을 이용해 뉴욕 증권거래소의 한 자리를 차지할 수 있었다.

오닐이 발전시킨 투자전략의 대부분은 그의 저서 〈주식시장에서 어떻게 돈을 벌 것인가 *How to make money in stocks*〉에 자세히 소개되어 있다.

그의 투자 시스템은 투자가들에게 과거의 실적을 토대로, 주식을 선택하는 공식을 제공해준다고 한다. "이 규칙들은 의견이 아니라, 역사적인 선례에 근거합니다. 만약 내가 20%의 수익을 기대한다면, 그것은 성공적인 주식들에 대해 조사한 결과, 실제 우량 주식들은 20% 이상의 수익을 기록했음을 알게 되었기 때문입니다. 우리는 추측하는 것이 아니라, 오직 가장 효과적이었던 것을 추적할 따름입니다."

또 오닐은 또 주식 선택의 도구로 차트를 사용한다. "나는 사람들에게 차트 이용법을 배우라고 분명하게 권합니다. 당신은 차트에서 좋아 보인다는 이유만으로 주식을 매수하는 것이 아닙니다. 수익이 많고 진정으로 좋은 회사이기 때문에 매수하는 것입니다. 가장 적절한 매수 시기를 확인하기 위해 차트를 이용합니다. 그것은 단지 퍼즐의 한 부분에 불과할 뿐입니다."

오닐은 투자가들이 차트 서비스를 받고 그 패턴을 연구하는 데에도 시간을 들여야만 한다고 말한다.

"나는 진정으로 좋은 수익을 올리고, 매매도 잘되고, 큰 이익을 남겨줄 좋은 회사의 주식을 매수할 수 있도록 해주는 몇 가지 규칙을 세우는 것만큼, 차트도 필수적인 도구라고 생각합니다."

또한 인터넷 역시, 투자가들에게 그 어느 때보다 더 많은 정보를 준다. "그러나 성공을 위해서는 그것만으로는 부족합니다. 투자가는 어느 정보가 관련 있는 것인지를 알아야만 합니다. 또한 어느 정보를 이용하고, 어느 정보를 버릴지를 판단하는 데에는, 진정한 지식과 기술이 필요합니다." 오닐은 경고한다. 예를 들어, 어떤 투자가든지 한 주식의 주가 수익률을 살펴볼 수는 있지만 중요한 정보에 따라 행동해야만 된다는 것이다.

"나는 절대로 PER는 보지 않습니다. 주식시장은 경매 시장이고, 주식은 그들의 가치에 따라 매매됩니다. 당신은 최고의 주식을 낮은 PER에 매수할 수 없습니다. 시장의 전문가들은 더 나은 주식이 어느 것인지를 압니다. 그들은 더 나은 주식을 매수하려 하고, 그러한 주식들의 PER는 10이나 15가 되지는 않을 것입니다."

주식을 매도하는 문제에 있어서, 오닐의 기본적인 규칙들 중의 하나는 재빠른 손절매이다. 그는 많은 투자가들이 주식시장에서 돈을 잃게 되는 이유들 중의 하나는, 손절매를 거부하기 때문이라고 믿는다. 오닐은 나중에 닥쳐올 큰 손실을 방지하기 위해 작은 손실은 기꺼이 감수한다. 그는 주가가 7~8% 하락하면, 시장 가격으로 그 주식을 매도한다.

오닐은 조언한다. "시장은 당신의 자존심을 세우기 위한 곳이 아닙니다. 당신이 아무리 뛰어난 사람이라 할지라도, 열 번에 일곱 번 이상 옳을 수는 없습니다. 당신이 틀렸을 때는 어떻게 하시겠습니까? 만약 아무런 조치도 취하지 않는다면 손실은 계속 쌓여, 이미 회복될 수 없을 정도로 큰 부담이 될 수 있습니다. 그것이 당신의 손절매를 해야만 되는 이유입니다."

그는 무슨 일이 일어나는지 주식과 시장을 자세히 살펴보는 것을 좋아한다. 오닐은 시장의 전반적인 상황을 아는 것은, 주식을 선택하는 것만큼이나 중요하다고 말한다. "가끔 당신은 8% 이상의 손실을 입을 즈음에야 시장이 이상하게 나아간다는 것을 알 수 있습니다. 내가 잘못했을 때의 평균 손실률은 5~6% 정도입니다."

손절매와 함께 오닐은 리스크를 최소화하는 데에도 신중하다. "한 주식을 매수할 때면, 나는 평균 수량이라고 생각되는 주식 수의 1/2 정도만 매수합니다. 만약 그 주식의 주가가 2%나 3% 정도 오르면, 나는 주식을 추가 매수합니다. 그렇지만 처음 매수할 때만큼 많은 양을 매수하지는 않습니다. 두 번째 매수 이후, 주가가 또다시 3% 정도 상승하면, 아마도 나는 다시 그 주식을 매수할 것입니다. 그러나 두 번째보다 적은 양을 매수합니다. 당신의 목표는, 당신이 옳았을 때 큰돈을 벌려는 것이고, 그러기 위한 유일한 방법은 추가로 매수하는 방법뿐입니다."

가격이 내리는 주식에서 빠져나오고 오르는 주식을 추가하는 혼합 방법은, 투자에서 성공을 가져다준다고 그는 주장한다. "당신이 옳아서 큰돈을 벌 수 있는 가능성은 겨우 50%에 불과합니다. 큰돈은 주가가 30% 이상 오르고, 당신이 그것을 보유하고 있을 때 벌게 됩니다. 대부분의 사람들에게는 매우 어려운 결정입니다. 당신이 다섯 종목의 주식을 보유하고 있다고 가정합시다. 어느 주식이 오르는 주식이 될지 아무도 모릅니다."

오닐은 한 주식이 오르는 주식으로 바뀌는 데에는 상당히 오랜 시간이 소요되기도 한다고 얘기한다. 그리고 투자가들이 돈을 잃게 되는 이유 중의 하나는 싼 주식을 매수하기 때문이라고도 지적한다. "그들은 실제 사실에 따라 매수하는 것이 아니라, 정보 혹은 루머에 따라 흥분해 뛰어 듭니다."

그는 개인 투자가들에게는 매수 매도 결정을 도와줄 강력한 원칙들을 갖는 것이 필수적이라고 얘기한다. "당신의 느낌 혹은 개인적 결단에만 의지해서 나아갈 수는 없습니다. 오래 전에 제스 리버모어가 얘기한 것처럼, 개인적 견해는 자주 틀립니다. 그러나 시장은 절대로 그렇지 않습니다. 시장은 당신이 누구인지를 모르며, 당신의 견해 따위에는 전혀 관심을 가지지 않습니다. 시장은 엄한 선생이고, 자신의 행위에 대한 결과를 직시할 것을 강요합니다."

만약 당신이 어떤 투자전략을 정했고 또 그것을 철저히 지킨다면, 그 전략이 다른 전략보다 꼭 좋은 것이라야만 되는 것은 아니라고 오닐은 말한다. 그럼에도 그는 개인 투자가들은 가치투자보다는 성장투자를 선택하는 것이 좋다고 얘기한다.

"가치투자는 어렵고 또 상당히 복잡합니다. 대부분의 사람들은 대차대조표 분석법을 모릅니다. 나는 가치투자에 덤벼든 개인 투자가가 성장투자를 선택한 투자가보다 더 잘하는 것을 결코 본 적이 없습니다. 누구든지 조용히 앉아 공부를 한다면, 잘하게 되리라는 점은 의심의 여지없는 사실입니다. 성공을 거둔 사람들이 쓴 책을 몇 권 고르고, 당신 자신만의 흔들림 없는 전략을 세우십시오."

25

주가 수익률(PER)을 완벽하게 파악하라

대부분의 금융 전문가들은 주식 가격과 주식 당 회사의 수익 사이의 관계를 나타내는 주가 대 수익률(PER)에 나름대로의 의미를 둔다.

PER는 주당 가격을 회사의 12개월 수익을 주식수로 나눈 수치이다. 모든 PER에는 전망 PER와 실적 PER가 있다. 전망 PER는 다음 연도의 예상 수익이고, 실적 PER는 과거 12개월의 수익을 이용해 구해진다. 당신이 현재의 PER를 이용하건, 미래의 PER를 이용하건 간에, 많은 전문가들은 PER가 매우 중요한 지침이 되어준다고 말한다.

어떤 투자가들에게 그것은 주식 가치를 빠르게 평가하는 방법이 되어준다. 만약 당신이 한 주식의 PER를 시장 전체의 PER와 비교해본다면, 당신은 그 주식이 저평가되었는지 고평가되었는지 혹은 적정 가격인지 그 주식에 관한 평가 자료로 삼을 수 있다. 전체 시장의 PER가 20이고, 당신 주식의 PER가 10이라고 가정하자. 어떤 사람들은 당신의 주식이 시장과 비교해 낮은 가격에 매매되는 저평가된 주식이라고 얘기한다.

실제로 많은 투자가들은 PER가 낮은 주식을 찾는다. 그런 주식이 리스크가 낮다고 생각하기 때문이다.

반면에 어떤 전문가들, 특히 적극적인 투자가들은, PER가 수익 성장에 비해 낮기만 하다면, 극단적으로 높은 PER에도 개의치 않는다. 예를 들어, 당신이 좋아하는 기술 주식의 PER가 다른 업종에 비해 매우 높은 50이라고 가정하자. 그러나 만약 그 회사가 1년 동안에 60%의 성장을 기록할 것으로 기대된다면, PER가 50인 주식도 낮은 가격이라고 할 수도 있다.

존 핸콕 인디펜던스 에퀴티 펀드의 수석 부사장 폴 맥마너스는 높은 PER가 반드시 나쁜 것만은 아니라고 얘기한다. "그것은 어떤 사람들은 PER가 너무 높다고 생각하는 가격에 매매되는 마이크로소프트와 같은 주식을 좋아할 수도 있다는 의미입니다." 그럼에도 그는 PER가 높은 주식은 리스크가 큰 경향이 있다는 점을 지적한다. 맥마너스는 과거에 매도될 때의 마이크로소프트의 PER와, 다른 소프트웨어 회사의 PER를 비교해본다.

어떤 전문가들은 투자가들이 어떻게 이용해야 되는지에 대해 진정으로 이해하지는 못하면서, PER를 지나치게 강조한다고 생각한다. PBHG 펀드 주식회사의 사장 개리 필그림은 PER에 대해서는 거의 생각하지 않는다고 얘기한다. 그는 고속 성장하는 회사에게는 PER가 가치 평가 자료로서 의미가 없다고 얘기한다. 어떤 회사는 매우 빠르게 성장하거나, 혹은 빠른 성장이 기대되기 때문에 그들의 PER는 터무니없을 정도로 높다는 것이다.

일반적으로, 필그림과 같은 성장 투자가들은 높은 PER보다는 수익 성장 쪽을 더 강조한다. 그러나 과도할 정도로 높은 PER를 기록하는 주식을 회피하는 전문가들도 많이 있다. 〈월가를 앞서라〉의 저자 피터 린치는 높은 PER를 기록한 주식은, 높은 주가를 정당화하기 위해 아주 높은 수익을 필요로 하게 된다고 말한다.

그는 맥도날드의 경우를 예로 든다. 그당시 맥도날드의 PER는 50이었다. 린치는 맥도날드가 그 높은 기대감을 안고 살아남을 방법은 없다고 얘기했다. 그리고 린치의 얘기가 옳았음이 밝혀졌다. 맥도날드의 주식은 75달러에서 25달러로 하락해, PER 수치도 13으로 돌아갔던 것이다.

진지한 투자가라면, PER를 철저히 이해해야만 된다는 것은 너무도 분명한 사실이다. PER는 주식을 매매할 때 그 결정을 도와줄 중요한 정보인 것이다. 당신은 각종 자료들을 찾아봄으로써 PER에 대해서뿐만 아니라 더 많은 정보를 알 수 있다.

대부분의 잡지와 신문은 정기적으로 주식 선택에 어떻게 PER를 이용할 것인지를 소개해주는 기사를 싣는다. 최소한 당신은 PER를 이해하고, 그것을 전체 시장과, 같은 업종의 다른 회사와, 그리고 그 회사의 수익성장과 비교해보는 방법을 배워야만 한다.

26

주식 차트를 공부하라

주식 차트는 예상할 수 있는 패턴을 살펴보며 앞으로의 주가 움직임을 예측하려는 기술적인 분석가들이 이용하는 도구이다. 기술적 분석가들은 차트 외에도 많은 지표를 살펴본다. 그러나 시장의 흐름, 거래량과 가격, 혹은 주식의 강세 등을 판단하기 위해서는 기본적으로 차트를 이용한다.

기술적 분석가들은 투자 결정을 위해 주식 차트를 참조하는 것은, 의사가 수술하기 전에 X레이 필름을 보는 것과 비슷하다고 얘기한다. 기술적 분석가들은 주식 차트를 연구함으로써 장차 시장의 동향이 어떨지 단서를 찾을 수 있다고 말한다. 즉, 주식시장에서의 역사는 되풀이된다고 믿는 것이다.

〈인베스터스 비즈니스 데일리〉의 발행인 윌리엄 오닐은 주식 차트를 이용하면 매도 매수 결정에 도움이 된다고 믿는다. 그는 전문가들을 포함한 많은 투자가들은 차트를 적절히 이용하는 데 어려움을 겪는다고 얘기한다. 그러나 그는 개별적인 주식에 대한 소중한 정보를 차트가 제공한다고 말한다. 당신은 차트가 보기 좋다고 주식을 매수해서는 안 된다. 그 대신에 최종 결정을 하는 데 도움이 되도록 그것을 정보의 일부분으로 이용하라고 오닐은 조언한다.

도널드 캐시디는 그의 저서 〈지금은 기대하던 것을 팔아야 할 때 *It's When You Sell That Counts*〉에서 주식 차트는 도로 지도와 같다고 했다. 캐시디는 당신이 차트를 읽는 데에는 전혀 경험이 없다 할지라도, 한 주식이 하강 국면에 들어섰는지, 혹은 하락세에서 반전하기 시작했는지는 볼 수 있다고 얘기한다. 나아가 투자가들은 주식의 실적을 살펴보고, 패턴을 분석하기 위해 시간을 들여야 한다고 제안한다.

주식 차트에 대해서는 의견이 분분하다. 어떤 사람들은 농담조로 그것은 주식시장의 미신이라며 코웃음 치기도 한다. 〈월가의 랜덤워크 다운 *A Random Walk Down Wall Street*〉의 저자 버튼 멜키엘은 차트에 대해 특히 회의적이다. 멜키엘은 차트가 장래의 주가 동향을 예측할 수 있다는 증거는 전혀 없다고 얘기한다. 그는 차트에는 이미 가격이 반영되어 있다고 얘기한다. 그리고 주식시장은 기억력이 없기에, 차트는 전혀 도움이 될 수 없다고 주장한다.

그럼에도, 개인 투자가들이 차트를 성공적으로 이용할 수 있는 방법이 여러 가지 있다. 먼저, 한 번에 수백 가지 주식을 훑어볼 수 있고, 여러 주식을 패턴별로 분류하기도 쉽다. 그러다 보면 당신은 어떤 주식이 패턴에 따라 움직인다는 것을 찾아낼 수 있다.

둘째, 당신은 매도 매수 결정을 확신하는 데 차트를 이용할 수 있다. 만약 한 주식이 하강 곡선을 그리고 있는 것을 보게 되면, 당신은 매수를 할 수도 있고 반대로 그 주식이 반등 기미를 보일 때까지 매수하지 않을 수도 있다.

차트 상의 패턴을 분석하는 방법을 가르쳐주는 책들이 여러 권 있기는 하지만, 당신은 그 책들이 지나치게 기술적이라는 점을 깨닫게 될 것이다. 차트 분석에 익숙해지기 위해서는 상당히 많은 시간을 필요로 한다. 그러나 많은 사람들이 생각하는 것만큼 어렵지는 않다. 여러 가지 면에서, 그것은 새로운 언어를 배우는 것과도 같다.

27

기본적 분석을 이용하라

앞에서, 기술적 분석가들이 한 주식의 매도나 매수를 결정할 때 어떻게 차트를 이용하는지를 배웠다. 그들은 거래량, 과거의 가격 패턴 등 여러 가지를 본다.

주식을 평가하는 또 다른 방법은, 대다수 전문 투자가들과 애널리스트들이 이용하는 기본적(fundamental) 분석이다. 그러나 많은 전문가들은 투자 결정을 할 때면, 두 가지 방법 모두를 이용한다.

기본적 분석과 함께, 투자가들은 다양한 수치를 이용해 한 회사의 본질적인 사항들을 파악할 수 있다. 윌리엄 오닐은 그 점에 대해 이렇게 얘기한다. "기본적 분석은 당신이 모든 주식을 매수할 때마다 딛고 서는 기초가 되어줍니다. 이것은 주식의 질을 결정해줍니다. 옥석을 구분하는 방법이기도 합니다."

오닐은 기본적 분석을 이용해 회사의 잠재력에 관한 정보를 얻고, 기술적 분석을 통해 회사가 실제로 시장에서 어떤 실적을 거두고 있는지를 파악하라고 조언한다.

모든 전문가들이 어떤 기본 정보가 가장 중요하냐에 대해서는 일치하지는 않지만, 그들이 공통적으로 참고하는 수치 몇 가지를 소개한다.

▲자본금 회수율(ROE)
▲주당 순이익(EPS)
▲주가 대 매출 비율(PSR)
▲주가 대 장부가치 비율
▲수익 마진
▲부채/자산 비율
▲주가 대 수익률(PER)
▲배당 산출
▲주가 대 현금흐름

한마디로 말하면 회사가 계속 수익을 기록할 수 있을지 여부가, 기본적 분석의 결론이나 마찬가지이다. 그것이 주가 대 매출 비율(Price to Salse Ratio, 회사의 매출을 발행 주식 수로 나눈 수치)과 자본금 회수율(Return On Equity, 투자금을 순이익으로 나눈 수치)이 가끔 가장 중요한 두 가지 지표로 간주되는 이유이다.

개인 투자가들은 이용 가능한 최선의 도구를 이용해 한 주식이 주가의 근본이 되는 사업의 가치를 적절히 반영하는지를 판단해야 한다. 기본적, 기술적 분석 모두를 이용해 당신이 매수하려는 주식이 진정으로 가치가 있는지 여부를 판단하라. 전문가들이 당신에게 공부를 하라고 말하는 것은 기술적, 기본적인 분석을 의미한다.

주식의 분석은 많은 사람들이 생각하는 것보다 더 많은 시간을 요구하지만 신문, 계산기 혹은 컴퓨터를 가진 사람이라면 누구든지 기본적 분석을 이용해 주식 평가를 할 수 있다. 어느 정도 시간과 연습은 필요하지만 어느 주식을 매수하고, 또 매도해야 될지를 결정하는 데 많은 도움이 되어줄 것이다.

28

사업 **평가 방법**을 배워라

가치투자가들은 투자하기 전에 한 회사의 가치가 어느 정도인지를 판단해야 된다고 한다. 그 회사가 어느 정도의 가치를 가지는지를 알아야만 그 회사 주식이 적정한 가격에 매매되는지를 판단할 수 있기 때문이다.

한 회사의 가치를 판단하기 위해서는 벤저민 그레이엄과 데이빗 도드 공저인 〈증권 분석 *Security Analysis*〉을 읽어보도록 하라. 1934년도에 초판이 발행된 이 책은 읽기에 어렵고, 복잡한 수학 공식으로 채워져 있다. 읽기에도 쉽고 이해하기도 쉬운 벤저민 그레이엄의 두 번째 저서 〈현명한 투자자 *The Intelligent Investor*〉는 가치투자가 중요한 이유를 설명해준다. 워런 버핏을 포함한 성공적인 투자가들은 〈현명한 투자자〉를 읽은 후 방향을 잡았다고 얘기한다. 그러나 워런 버핏은 그레이엄의 오리지널 전략을 여러 가지 면에서 성공적으로 변화시켰다.

많은 전문가들은, 가치투자 방법을 이해하기 위해서 항공우주 과학자와 같은 천재가 될 필요는 없다고 말하지만, 가치투자는 누구나 덤벼들 수 있는 것은 아니다. 공식은 없지만 회사를 분석하고 이해하기 위해서는 독특한 능력이 요구된다. 워런 버핏은 한 회사의 정확한 가치를 계산하기 위해 다른 여러 가지 객관적인 수치와 함께 주식의 자산 가치, PER, 그리고 배당률을 이용한다.

한 회사를 정확히 평가하기 위해서는, 대차대조표를 읽을 수 있고, 회사의 자산과 부채, 회사를 청산하게 될 경우의 가치를 계산할 수 있다면 큰 도움이 된다. 메이슨 호킨스는 추세나 감정에 영향을 받지 않고 회사의 가치 평가를 독자적으로 해낼 수 있는 사람은 이 세상에 거의 없다고 얘기한다.

많은 전문가들은 그들이 판단한 회사 가치의 60%에 매매되는 주식을 찾는다. 평가 가치와 주가의 차이는, 그레이엄이 말하는 안전 마진이다. 가치투자가들은 항상 안전 마진을 찾거나 가치에 비해 헐값으로 매매되는 주식을 찾는다.

1998년 2/4 분기에 아메리칸 온라인(AOL)의 주식은 주당 75달러에 매매되었다. 레그 메이슨 밸류 트러스트의 펀드매니저 빌 밀러는, 나에게 AOL의 공정 가치는 실제로 120달러라고 얘기했다. 우리의 대화가 있은 지 몇 개월 후 AOL의 주가는 주당 120달러를 넘어 130달러를 향해 치솟아 올랐다.

밀러와 그의 분석가들은 AOL의 가치를 평가하기 위해 몇 주일을 바쳤다. 그 결과 밀러는 그 회사 주식이 주당 75달러에 매매되는 것은 헐값이라고 판단할 수 있었고 이러한 그의 판단이 옳았음이 입증되었다.

그럼에도 불구하고, 모든 회사의 가치를 평가한다는 것은 불가능한 일이다. 워런 버핏은 버크셔 헤서웨이의 주주 모임에서 참석자 중 누구든지 인터넷 주식의 가치를 얘기해줄 수 있는 사람이 있느냐고 물었다. 누구도 손을 들지 못했다. 그러자 버핏은 자신이 인터넷 회사에 투자하지 못하는 이유가 바로 그것이라고 말했다. 그 회사들의 가치 평가가 불가능하기 때문이라고.

워런 버핏과 마찬가지로, 많은 가치투자가들은 현재의 수익이 작거나 없으면서도, PER가 높은 회사에 대한 투자는 기피한다. 한 회사의 가치 평가를 배우고 싶어하는 개인 투자가라면 벤저민 그레이엄의 책들로부터 시작해야만 된다. 만약 그 책들이 딱딱하다고 생각되면 재닛 로위의 〈가치투자 쉽게 하기 *Value Investing Made Easy*〉를 집어들 수도 있다. 이 책은 일반 투자가들도 쉽게 이해할 수 있도록 가치투자를 잘 설명해준다.

Interview

| 월가 고수와의 인터뷰

메이슨 호킨스

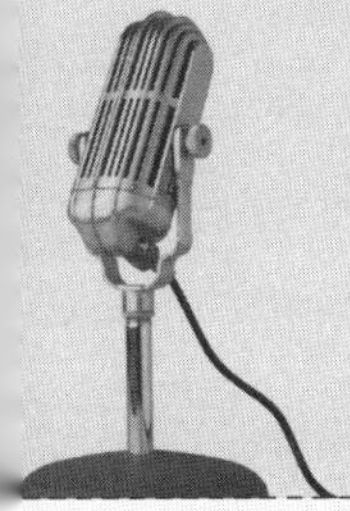

멤피스 사우스이스턴 에셋 매니지먼트 회장
롱리프 파트너스 패밀리 오브 펀드의 공동 매니저

메이슨 호킨스는 처음으로 주식시장에 흥미를 가지게 되던 때를 뚜렷하게 기억한다. 고등학교 2학년 때 그의 아버지가 벤저민 그레이엄의 저서 〈현명한 투자자〉를 사주었다. 젊은 호킨스는 그 책에 푹 빠졌고, 그후 20년 동안 그의 투자 활동의 지침서가 되어주었다.

그 책의 핵심은, 투자하기 전에 먼저 그 회사의 가치를 판단하라는 것이었다. 호킨스는 그 이론을 전폭적으로 받아들이고 또 집착했다. "그것은 비결이라고 할 수도 없지요. 성공하기 위해서는, 시간을 들여 가치를 판단해야만 됩니다. 그래야만 대중에 휩쓸리지 않습니다. 그리고 회사의 가치 판단을 위해서는, 먼저 그 회사를 냉정하게 이해해야만 됩니다. 두 번째는 가치 판단을 위한 도구를 가져야만 합니다."

호킨스는, 한 회사의 진정한 가치를 판단하기 전에는 그 회사의 주가가 적정한 것인지를 판단할 수 없다고 얘기한다.

그의 투자 철학은 한 회사의 기본적 가치 평가, 또는 그 회사가 팔릴 경우 얼마를 지불할 것인가라는 점에 근거한다. 호킨스는 자신만의 확고하고 흔들리지 않는 규칙을 소개한다. 그는 평가액의 60% 이상은 지불하지 않으며, 그 이하로 지불하는 것을 좋아한다. 그리고 한 주식의 평가액과 그 주식 가격의 차이를 안전 마진(safety margin)이라고 부른다. "가치의 60% 정도 선에서 출발하면 당신은 상당한 안전 마진을 가지게 됩니다. 당신이 1달러를 50센트에 매입했을 경우, 달러 가치는 놀라울 정도로 하락할 수 있습니다. 그러나 당신의 투자에는 큰 영향을 끼칠 수 없습니다. 그것이 바로 당신이 투자할 때, 낮은 가격에 매수해 안전 마진 폭을 크게 가져야만 되는 이유입니다."

그는 이에 덧붙여, 만약 장기 투자가가 처음부터 마진 폭을 크게 가진다면 원금을 잃게 되지는 않는다고 말한다.

한 회사의 가치를 결정하기 위해, 호킨스와 그의 동료들은 세 가지 각기 다른 방식으로 시험해본다. "첫 번째 방식은, 그 회사가 청산 절차를 밟고 매각 대금을 주주들에게 분배할 경우, 그 가치가 어느 정도일지를 판단하는 것입니다."

또 다른 방법은 한 회사의 현금흐름 잠재력을 평가하는 것이다. 주식을 최소한 5년 정도는 보유하는 것을 좋아하기에, 그는 회사가 장래에 얼마나 많은 여유 현금흐름을 갖고 있는지를 정확하게 평가하는 것이 중요하다고 믿는다. 세 번째 방법은, 비교 대상이 되는 회사가 얼마에 팔렸는지를 알아보는 것이다.

이러한 조사를 위해, 그와 그의 동료들은 그들이 조사하는 기업들에 대한 영업 거래 비교와 같은 방대한 데이터베이스를 보유한다. 여기에 더하여, 호킨스와 그의 애널리스트들은 그들 자신의 조사와 분석을 믿는다. "일곱 명의 재정 분석가는 우리 회사의 토대입니다." 그는 힘주어 얘기한다.

호킨스는 저평가된 주식을 찾는 것만큼이나, 그 회사와 경영 상태에 대해 알아보는 것도 매우 중요하다고 얘기한다. "회사의 재정 상태가 좋아야만 합니다." 그의 얘기를 들어보자. "또한 평균 이상의 자본금 회수율을 올릴 수 있는 잠재력을 가져야만 합니다. 우리는 현금흐름을 극대화할 수 있을 뿐만이 아니라, 사업에 의해 생산된 현금흐름을 재투자하는데 있어서 정확한 판단을 내릴 수 있는, 유능한 사람들이 운영하는 회사에 관심이 많습니다. 그러므로 경영진은 사업 수완뿐만 아니라 재투자 능력도 갖추어야만 하는 것입니다."

경영진의 능력을 평가하기 위해 호킨스와 그의 동료들은 다음의 두 가지 사항에 대해 토의하느라 많은 시간을 소비한다. ▲사업 계획은 무엇이고, 그들은 그것을 어떻게 실행에 옮길 것이라고 판단되는가? ▲재투자 결정을 위해 그들이 이용하는 기준은 무엇인가?

호킨스는 말한다. "우리는 투자하기 전에 항상 경영진을 만나보고, 이 두 가지 중요한 사항에 관해 얘기해봅니다."

투자의 위험을 최소화하기 위해서는, 그 회사의 시장 점유율이 높고 경쟁사들의 위협을 이겨낼 수 있음을 확신해야만 된다고 얘기한다. 그리고 위험 변수가 있는 기업은 제품 가격을 올릴 수 있는 가능성보다 인플레이션으로 인한 원가 상승이 더 빠를 것이기에 회피해야만 된다고도 얘기한다. "우리는 원가 구조가 상승하더라도, 사업 마진을 유지할 수 있는 가격 경쟁력을 충분히 가진 회사를 원합니다."

그는 시장 리스크를 피할 수 있는 유일한 방법은 한 주식을 그 가치보다 상당히 낮은 가격에 매입하는 것뿐이라고 다시 한번 강조한다.

어쨌든 회사의 가치가 성장하고, 회사의 가치와 주가가 근접하면 그는 매도를 고려한다. 호킨스는 항상 평가 가격에 주식을 매도한다고 얘기한다. "예를 들어, 우리가 40달러 가치를 가지는 회사의 주식을 20달러에 매수했다고 가정합시다. 3년 후 그 회사의 가치가 50달러로 상승했고, 우리의 평가처럼 그 회사 주식도 50달러로 상승했다면, 우리는 50달러에 그 주식을 매도합니다. 50달러라면 우리는 더 이상 안전 마진을 얻지 못하기 때문입니다."

호킨스는 일반인들이 주식시장에서 돈을 잃는 것은, 회사의 가치 평가를 할 수 있는 도구를 갖추지 못했기 때문이라고 믿는다. "대부분의 사람들은 주가에만 집중할 뿐, 그 회사의 재정 혹은 사업의 가치에는 관심을 두지 않습니다. 주가는 그 회사에 대해 혹은 기본적인 가치에 대해서는 아무런 얘기도 해주지 않습니다. 그리고 현금흐름에 앞서, 순 자산 가치는 기본 가치를 결정합니다."

호킨스에 의하면, 투자의 결과를 결정하는 네 가지 사항이 있다고 한다. ▲가치에 관한 지불 가격 ▲내재 가치의 성장 ▲주가와 가치 사이의 근접 ▲기업의 자본 배당 결정에 따른 보너스 혹은 페널티.

그리고 주가는, 회사의 가치나 수익과 연관짓지 않고는 아무런 의미도 없다고 말한다. 또한 그는 가치투자가가 되기를 갈망하며, 한 회사의 평가 방법을 배우길 원하는 사람이라면, 그레이엄의 저서 〈증권 분석〉을 읽어볼 것을 권한다. "회사의 평가 방법을 배우게 되면, 당신은 독자적으로 생각하고 확신을 갖고 행동하게 될 것입니다. 또한 적절하게 투자하려고 노력할 것입니다. 당신은 좋은 투자 패턴을 원하고, 또한 좋은 수익을 원합니다. 그리고 그 두 가지 모두에 너무 많은 대가를 치르는 것은 원치 않습니다."

29

경제상황과 **국제 정세**를 주시하라

대부분의 전문가들은 국제 정세나 경제상황에 변화가 있을지라도 투자 방식을 바꾸지 말라고 조언한다. 하지만 나는 투자에 대해 영향을 끼칠 만한 것이라면 무엇이든지 알고 있어야 한다고 생각한다. 금리, 인플레이션, 주요 경제지표 등이 이에 해당한다.

월가는 특히 금리와 인플레이션을 주시한다. 경제가 좋을 때면, 생산원가는 오르게 되고, 인플레이션 부담도 따른다. 그리고 인플레이션에 영향을 줄 수 있는 것은 주식에는 나쁜 영향을 끼치는 경향을 보인다. 인플레이션을 알리는 뉴스가 줄을 이으면, 연방준비제도이사회(FRB)에서는 금리 인상 조치를 취하고, 그 결과 주식과 채권 가격은 하락한다. FRB 의장의 연설에 그토록 많은 사람이 관심을 가지는 것은 바로 그 이유 때문이다.

FRB 금리 인상에 대한 조짐만으로도 주가는 비틀거린다. 그 반대의 경우도 성립한다. 주식시장은 금리를 인하하거나, 현 상태를 유지한다는 뉴스가 들려오면, 가파르게 상승하는 경향을 보인다. 어쨌든 노련한 전문가들은 이런 변수들로 인해 요동치는 시장에 의존할 수는 없다고 얘기한다.

예기치 못한 경제 뉴스나 국제 정세에 관한 뉴스가 시장을 동요시키는 원인이 될 수 있다. 그러나 월가는 놀라움을 좋아하지 않는다. 예를 들어, 시장은 경제 전망에 부정적인 실업률에 민감한 반응을 보인다. 만약 실업률이 예기치 못한 감소세를 보이면, 많은 전문가들은 매도를 시작한다. 강한 경제가 인플레이션을 유발해, FRB가 금리를 인상할 요인이 되어주기 때문이다. 이것은 월가가 투자자들에게 나쁜 뉴스에 보답하고, 좋은 뉴스에 벌점을 주는 좋은 예가 된다.

가끔 시장은 예기치 못한 반응을 보이기도 한다. 예를 들어 1991년 1월, 미국과 이라크 사이의 전쟁이 발발했을 때, 대부분의 사람들은 시장이 급락할 것이라 예상했다. 마틴 프링은 그의 저서 〈투자심리 설명〉에서 100~150포인트 정도 하락해, 낮은 가격에 주식을 매수할 수 있는 좋은 기회가 오리라고 예상했었다고 썼다.

그러나 놀랍게도, 다음날 시장이 개장되자마자 안전하게 돈을 맡겨놓을 장소를 찾는 유럽의 투자가들로 인해 매수 주문이 물밀듯 쏟아져 들어왔다. 애널리스트들은 시장의 이러한 예기치 못한 상황을 설명하기 위해 온갖 이유를 동원했다. 어떤 사람들은 그 현상을 미국이 이길 것을 예언하는 월가 특유의 방식이라고까지 얘기했다. 그럼에도 불구하고, 그것은 역사상 가장 강력하고 긴 강세장의 시작이었다.

가자렐리 캐피털 매니지먼트의 사장 엘레인 가자렐리는 경제 상황을 매우 신중하게 연구했다. 그리고 개인 투자가들에게는 경제 상황을 지켜보고 이해하는 것이 필수적이라고 믿는다. 금리가 하락하면, 가자렐리는 은행 보험회사 그리고 증권회사와 같은 금리에 민감한 주식에 투자한다.

금리가 약간 상승하기 시작하는 경제 회복의 초기 단계에는 주택 자동차 건설 사업체 등에 순환 투자한다. 만약 경기가 후퇴하면 세제, 음식, 전기용품, 그리고 천연가스 등 약세장에서 강세를 보이는 업종에 투자한다.

경제 정보는 유익하긴 하지만, 개인 투자가가 그것을 이용해 수익을 남기는 것은 매우 어렵다. 일반적으로, 당신이 그 뉴스를 접했을 때는 이미 시장에서는 그 요인을 주가에 반영한 후이기 때문이다.

일반적으로, 전문가들은 당신의 주식에 영향을 끼치는 경제적 상황을 항상 주시하라고 조언한다. 경제의 회복, 또는 성장에서 불황으로 이어질 수도 있는 경제 상황을 특히 주시해야만 된다. 그럼에도 불구하고, 전문가들은 일시적인 경제상황이나 국제 정세로 인해, 신중하게 계획된 장기적 투자 계획을 망쳐서는 안 된다고 말한다.

30

주주총회에 참석하라

당신이 한 회사의 주식을 매수하면, 당신은 그 회사의 주주가 된다. 주주가 되면 안건에 대한 투표권 등 일정한 권리와 특권을 가지게 된다. 당신의 투표권을 실행하고, 회사에 대한 더 많은 것을 알기 위한 가장 흥미로운 방법은 정기 주주총회에 참석하는 것이다. 그것은 당신이 다른 주주들과 만나 회사의 계획에 대해 얘기하고, 회사에 대한 걱정거리를 논의하고, 불평을 털어놓을 수 있는 기회가 되어주기도 한다. 또한 당신은 보유중인 주식 수에 관계없이 회의에 참석할 수도 있다.

찰스 칼슨은 그의 저서 〈월가에서의 공짜 점심식사 *Free Lunch on Wall Street*〉에서 대부분의 주주총회는 평화롭지만, 몇몇 경우에는 불만에 찬 주주들과 고위 경영진 사이에 팽팽한 충돌이 발생하는 경우도 있다고 썼다. 어쨌든 대부분의 주주총회는 초청 연사의 강연, 무료 식사, 선물, 그리고 질문과 대답 시간으로 꾸며진다. 예를 들어, 사흘 동안 계속되는 버크셔 헤서웨이 정기 주주총회는 수천 명의 워런 버핏 추종자들을 끌어모은다.

실제로 많은 주주들은 선물을 받기 위해 주주총회에 참석한다. 많은 회사에서는 주총 참석자들에게 다양한 상품과 서비스를 무료로 혹은 할인 가격으로 제공한다. 칼슨은 그의 저서에 공짜 선물을 제공하는 회사들의 명단을 적어 놓았다. 일반적으로, 선물을 받기 위해서는 주주총회에 참석해야만 된다. 그러나 가끔은 회사에 직접 편지를 보내면, 할인 쿠폰을 받을 수도 있다.

일부 주주들로서는 주주총회에 참석하기 어렵긴 하지만, 몇몇 회사는 더 많은 주주들이 참석할 수 있기를 바라기에, 전국 각지를 순회하며 주주총회를 개최한다. 다음 주주총회의 날짜와 시간을 알아보려면, 각 회사의 주주 관리 부서에 전화해보면 된다. 칼슨은 주주총회 참석 비용은 세무신고 때 필요 경비로 인정받을 수 있다고도 제안한다.

31

결산 보고서를 정독하라

만약 당신이 어느 회사의 주식에 관심이 있다면 그 회사에 관해 가능한 많은 정보를 입수할 것을 제안한다. 공개 법인이라면 사업을 수행하기 위해서는 증권거래위원회(SEC)가 규정한 모든 재무제표를 발표해야만 된다. 1933년에 설립된 SEC는 미국내의 투자가들을, 1929년의 시장 붕괴의 원인이 되었던 것과 같은 기만 행위로부터 보호하기 위해 설립되었다. 공개 법인은 회사의 사업과 재정 상태 등, 부정적인 정보를 포함한 모든 정보를 공개해야 된다고 규정되어 있다.

공개 법인은 다른 여러가지 자료와 함께, SEC에서 요구하는 다음 정보를 필히 공시해야만 된다.

▲ 연말 결산 보고서를 포함한 포괄적 정기 보고서

▲ 정기 보고서의 분기별 공개

▲ 회사에 중요한 문제가 발생했을 경우, 임시 보고서

▲ 위임 통고: 주주에게 위임 투표 전에 통고

전문가들에 의하면, 이러한 문서들에서 엄청난 양의 정보를, 투자 결정을 하는데 도움이 될 더 많은 정보를 모을 수 있다고 얘기한다.

투자할 회사의 활동에 대해, 비용을 적게 들이고 신속하게 자료를 입수하는 방법은 정기 보고서를 평가하는 방법이다. 만약 당신이 한 회사의 주식을 보유하고 있다면 당신은 주주로서 매년 그 회사의 정기 보고서를 받아보게 된다. 정기 보고서를 평가하는 과정에서 다음과 같은 정보를 입수할 수 있다.

▲그 회사는 돈을 벌었는가?
▲지난 5년간의 실적은 어떠했는가?
▲정기적인 영업 실적은 어떠했는가?
▲영업 실적은 성장했는가? 만약 그렇다면 얼마나 성장했는가?
▲이사회의 구성원은 어떤 사람들인가?

당신은 지난해의 정기 보고서와 비교해가며, 연도별 그 회사의 실적을 평가할 수도 있다.

32

특정 종목이나 특정 업종의 **전문가**가 되라

전문가들은 어떤 사람들은 너무 많은 주식을 보유한다고 얘기한다. 과자가게에 들른 어린아이들처럼, 그들은 거의 모든 주식을 포트폴리오에 포함시키려는 듯이 덤벼든다. 치솟는 강세장일 때 더더욱 그렇다. 그러한 사람들은 각각의 주식을 포트폴리오에 추가해야만 될 그럴듯한 이유를 가지기도 한다.

그러나 전문가들은 집중된 주식과 뮤추얼 펀드로 이루어진 포트폴리오가 더욱 현명한 투자라고 얘기한다. 〈IBD〉의 발행인 윌리엄 오닐은 투자 금액에 따라 신중하게 선택한 네다섯 종목의 주식에 집중할 것을 권한다. 그는 백만 달러를 가진 투자가라 할지라도, 신중하게 선택된 6~7종목의 주식 그 이상을 보유할 필요는 없다고 얘기한다.

오닐의 의견에 따르면, 만약 총액 2만 달러 이하의 포트폴리오를 가졌다면, 세 종목의 주식으로 제한해야만 된다고 한다. 그는 크게 이기는 주식 한두 종목을 보유하는 것이, 작게 이기는 주식 여러 종목을 보유한 것보다 낫다고 썼다.

단 몇 종목의 주식만을 보유하고 있을 때면, 투자를 체크하기에도 훨씬 쉽다. 포트폴리오에 많은 종목이 있을수록, 당신은 더 많은 매수 매도 결정을 해야만 한다. 만약 당신이 전업 투자가가 아닐 경우, 여러 주식에 관해 조금씩 아는 것보다, 단 몇 종목의 주식에 대해 깊이 아는 것이 더욱 현명한 태도이다.

나는 이 조언을 따라 비테스 세미콘닥터라는 반도체 회사에 대해 가능한 한 많은 것을 알아보았다. 시장이 과민반응을 보여 비테스의 주가가 하락할 때면, 나는 더 많은 주식을 사들였다. 그리고 내가 설정한 가격에 도달하면 팔았다. 나는 상당한 시간을 들여, 그 회사에 관해 철저히 조사했기에, 그 회사 주식의 적정 가격에 관해 나름대로의 소견을 가졌었다. 그리고 나의 그러한 태도는 위험도가 높은 반도체 회사들에서 가끔 발생하는, 일시적인 주가 급락시, 나에게 큰 유리함을 안겨주었다.

주식시장에서 돈을 벌기 위해, 단 한 종목의 주식에만 집중할 필요는 없다. 몇몇 성공적인 투자가들은 주식시장의 한 부분에 대해서는 전문가들이다.

모닝스타 주식회사의 회장 겸 CEO인 돈 필립스는 그 점에 대해 이렇게 설명한다. "나는 매니저들이 훌륭한 투자가가 되기 위해서는 시장의 일부 종목에 대해서는 전문적이어야만 된다는 점을 확신합니다. 존 네프는 대부분의 사람들이 자산평가에 집중하고 있을 때, 오직 수익 배분에만 집중했습니다. 그리고 워런 버핏은 진정으로 좋은 분야를 찾고, 또 좋은 회사를 찾는 데 많은 시간을 들였습니다. 그들에게는 전문적이라고 할 수 있는 그런 분야가 있고, 또 그 분야에 대해서는 경쟁자들보다 더 잘 알고 있습니다. 그들이 오직 그 분야에 대해서만 알고 있다는 의미는 아닙니다. 그러나 그들은 그 분야에 대해서는 시장 전체가 모르는 무엇인가를 알게 될 가능성이 많다는 의미입니다."

몇 종목의 주식이나 업종에 집중함으로써, 당신은 시장 전체를 마스터하려고 애쓰는 투자가들에 비해 유리한 위치에 서게 될 수 있다. 한 주식이나 업종에 관해 가능한 많은 자료를 읽고 연구하라. 그런 후 당신이 알게 된 것을 적용할 수 있는 기회를 기다려라.

33

사이버 주식투자를 고려해 보라

지난 몇년 간, 사이버 주식투자는 인터넷 이용자의 증가에 힘입어 폭발적으로 증가했다. 인터넷 덕분에, 수백만 명이나 되는 사람들이 주식 거래를 하기 위해 각 증권사에 계좌를 만들고 주식투자를 한다. 사이버 주식투자는 종합 증권회사의 전문적인 서비스를 필요로 하지 않으며, 비용과 수수료를 절감하기를 원하는 사람들에게는 이상적이다. 여러분은 인터넷, ARS를 이용해, 혹은 전화로 담당자를 통해 주문을 낼 수 있다.

사이버 주식투자는 수수료를 지불해야 되는 증권 브로커를 고용하지 않아도 되기에 비용을 절감할 수 있다. 그 결과 그들은 종합 증권회사의 1/3 가격에 자산 조사, 분석, 그리고 실시간 주가 동향 등의 정보를 제공한다. 기본적으로, 그들의 서비스는 주문에 의해 제공된다. 그러나 그들은 어드바이스를 제공하거나, 주식을 추천하는 등의, 당신의 투자 결정에 영향을 끼칠 수 있는 서비스는 제공하지 않는다.

그러나 사이버 주식투자를 하는 데는 불리한 점도 있다. 첫째, 만약 증권회사의 컴퓨터에 이상이 생기면, 정상 작동될 때까지 매매를 할 수 없다는 점이다. 그러나 그 증권회사에 전화 서비스 요원들이 있다면, 그것은 작은 불편에 지나지 않는다.

때에 따라서는 매매 주문이 폭주하는 동안에는, 증권회사와 접속하는데 어려움을 겪을 수도 있다. 이러한 경우는 수백만 명에 달하는 사람들이 동시에 온라인 매매에 접속하려 할 경우 어떤 상황이 벌어지는지를 보여주기는 하지만, 다행스럽게도, 그러한 경우는 매우 드물다. 만약 주요 조정기 혹은 시장 붕괴의 경우라면, 전화선마저 통화량 폭주로 대리인과의 통화는 불가능하다.

34

증권회사를 십분 활용하라

종합 증권회사의 계좌를 개설하면, 당신과 함께 일하도록 증권 브로커 한 명이 배정된다. 증권 브로커는 투자 컨설턴트 같은 직함을 가질 수도 있지만, 당신이 개별 증권의 매수 매도 때 조언을 해준다는 목적을 갖고 활동한다.

당신이 종합적인 서비스를 제공하는 증권회사의 도움을 받아야만 할 이유는 많이 있다. 첫째, 대부분의 사람들이 갈망하는 포트폴리오에 올라와 있는 각각의 주식에 대한 상세한 보고서와 함께, 사내 조사 보고서를 얻게 된다. 여기에 더하여, 대부분의 주요 종합 증권회사에서는 고객들에게 개별 증권에 대한 최신 정보와 뉴스를 제공할 수 있도록, 유능한 직원들로 이루어진 팀을 운영한다. 또한, 증권 브로커는 당신이 주식의 매도와 매수를 고려할 때 적극적인 추천을 해준다.

좋은 증권 브로커는 당신이 매도 혹은 매수하는 과정에서 인내심을 가지고 객관적인 어드바이스와 아이디어를 제공한다. 여기에 더하여, 적절한 추천을 해주며 항상 당신의 주문을 적절하게 집행할 자세를 갖추고 있다. 최고의 증권 브로커는 최고의 자산 관리인과 같은 자질을 갖추어, 인내심 있고 규율을 따르며 경쟁적이다.

당신은 증권 브로커가 당신의 투자전략에 적합한 주식을 찾아주길 원할 것이다. 예를 들어, 만약 당신이 은퇴를 몇 년 남겨두지 않았다면 투기적인 주식에는 끌려들고 싶어하지 않을 것이다. 당신이 좋은 증권 브로커를 만난다면 그가 당신의 계좌를 통해 올려준 수익에 비하면, 수수료는 그다지 별다른 의미를 가지지 않을 것이다.

35

당신의 돈을 관리하는 사람을 **파악**하라

투자 전문가들은 당신의 돈을 관리해줄 사람에 대해, 그의 배경과 경력 등을 철저히 조사해볼 것을 제안한다. 그럴듯한 직함에 현혹되지 말고, 당신과 거래하는 회사가 어떤 회사인지, 당신의 계좌를 관리해줄 사람의 이름 등을 정확히 알아두어야만 한다. 돈을 관리해줄 사람의 경력, 수수료, 신뢰도, 혹은 과거의 실적 등에 대해 아무 것도 모르는 채, 얼마나 많은 사람들이 낯선 사람에게 돈을 맡기는지 놀라울 정도이다.

자격증도 없고, 특별한 훈련을 받지 않은 사람들이 스스로를 투자 전문가라 칭해도, 법적으로는 아무런 문제가 없다는 점을 잊어서는 안 된다. 당신의 돈을 관리해줄 사람이 유능하고, 경험도 많은 사람임을 확신하기 전에 돈을 건네주어서는 안 된다.

당신은 변호사나 회계사에게 일을 맡길 때와 마찬가지로, 증권 브로커의 경우에도 시간을 들여 철저히 신원을 확인해야만 된다. 좋은 방법은, 다른 투자 전문가의 추천을 받는 것이다. 전문지나 경제 잡지에서도 아이디어를 얻을 수 있다. 경제 잡지에서는 주기적으로 제공하는 서비스의 질과 수수료 문제를 포함한 종합 증권회사와 디스카운트 증권회사의 순위를 발표한다.

인터넷을 이용해 관련 기사를 찾아보거나, 인터뷰 기사를 읽어보며 평가할 수도 있다. 확고한 지위를 차지한 증권회사 혹은 증권 브로커의 신뢰도와 참고 사항을 찾아보는 것은 전혀 어렵지 않다. 대형 증권회사에서는 일반적으로 비윤리적인 브로커를 제재하는 규정을 두고 있지만, 그래도 당신이 직접 조사해보는 것이 좋다.

Interview

| 월가 고수와의 인터뷰

장 마리 에벨라드

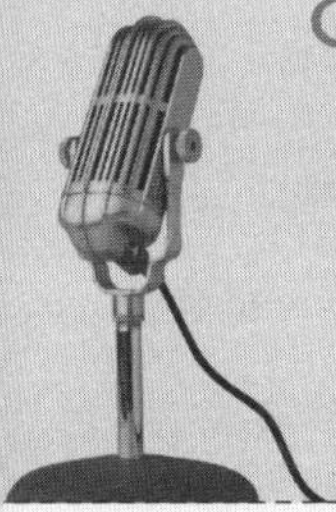

소젠 펀드의 사장 겸 펀드매니저
소시에트 제너럴 에셋 매니지먼트 회장

프랑스에서 태어나고 자란 장 마리 에벨라드가 처음으로 자산 관리에 관심을 갖게 된 것은, 상대 졸업반 시절 프랑스의 투자 전문 잡지사에서 6주 동안 인턴 기자 생활을 하면서부터였다. 그 당시 그는 투자에 대해서는, 학교에서 배운 것 말고는 아무 것도 모르는 때였다. 졸업 후 그는 소시에트 은행에 입사했고, 그곳에서의 임무는 증권 분석이었다. 이렇게 해서 그의 경력이 시작된 것이다.

자신을 가치투자가라고 부르기는 하지만, 에벨라드는 가치투자와 성장투자 사이의 모호함을 잘 인식하고 있다. "나는 그 두 가지의 근본은 같다는 점을 깨달았습니다. 워런 버핏도 영원히 침체되어 있을 주식만 사겠다는 가치투자가가 있다는 얘기를 들어보지 못했고, 또한 가치라곤 전혀 없는 성장주에만 투자하겠다는 성장 투자가가 있다는 얘기도 들어보지 못했다고 말하지 않습니까."

에벨라드는 투자가는 자신의 전략을 조정해야 한다며 이렇게 얘기한다. "우리는 유연성을 가지려고 노력합니다. 나는 평가액의 2.5배 혹은 수익의 14배 이상이 되면 절대로 매수하지 않는다, 라는 식으로 경직된 기준에 근거해 투자를 선택하지는 않습니다." 에벨라드와 그의 분석가들은 한 회사의 가치와 그들이 지불해야 되는 액수의 차이를 찾아내려고 노력한다.

"우리는 가치투자가이기 때문에 장밋빛 예상을 절대로 안 합니다. 우리는 사업이 얼마나 많은 수익을 올릴 수 있고, 안정적인지를 살펴봅니다. 그리고 만약 그 회사가 수익을 냈다면 그 사업을 재평가하고, 그 주식에 지불해야만 되는 가격을 평가합니다. 또한 우리는 장기적인 관점에서 바라봅니다. 우리는 평균적으로 한 증권을 5년 정도 보유하지요."

대부분의 전문 자산 운용자들과 마찬가지로, 에벨라드 역시 한 주식을 매수하기 전에 광범위한 조사를 한다. 어쨌든, 그는 기관 투자가의 영향을 받을 수 있는 외부 증권회사나 은행의 조사보다는, 자신이 직접 조사한 결과를 더 중시한다. 또한 그의 회사는 미국뿐만 아니라 해외에도 투자하기에, 에벨라드와 그의 팀은 매일 전세계 각국에서 보내오는 십여 건의 보고서를 분석하느라 땀을 흘린다.

그는 일반적으로 회사 경영진과의 만남은 도움이 되지 않는다고 얘기한다. "나는 예전에 경영진과 자주 만나곤 했지만, 경영진은 아무 얘기도 해주지 않거나 잘못 판단하도록 이끌거나, 처음부터 얘기하려 하지 않는다는 결론을 내렸습니다. 내부 정보이기 때문이지요. 그 모든 경우 시간 낭비일 뿐입니다."

그럼에도 그는 소규모 회사나, 외국 기업의 경영진은 만나보는 것이 좋다고 얘기한다. "외국 기업의 경우, 중요한 사항들을 놓치면 안 되니까요."

에벨라드는 해외 기업에 투자할 때 매우 신중해야 한다고 말한다. 그가 저지른 실수 중 한 가지는 영국 TV 방송국에 투자했을 때이다. 그 주식은 몇 년 동안 잘 나가기는 했지만, 영국 수상이 그 방송국의 허가를 갱신해주지 않기로 결정하자, 하룻밤 새에 주가가 폭락했다. "해외 기업의 경우, 자국의 기업과 같을 것이라고 추측해서는 안 됩니다. 해외 기업에 투자할 때면, 더욱 광범위한 조사를 해야 합니다."

에벨라드는 한 주식의 가격이 적당한지를 평가하는 것은 전혀 어려운 일이 아니라고 말한다. "오늘날의 좋은 사업을 찾는 것은 어렵지 않습니다. 5년 후, 10년 후의 좋은 사업을 찾는 것, 그것이 진정으로 어려운 일입니다. 기업 세계에서는 모든 것이 변합니다. IBM의 경우만 보더라도 그 점은 명확하게 드러납니다. 20년 전 IBM은 최고의 회사였습니다. 하지만 지난 몇년 동안 얼마나 큰 어려움을 겪었습니까. 이렇게 상황은 변합니다."

에벨라드는 끊임없이 보유중인 주식을 재평가하지만, 가끔은 매도할 때를 결정하느라 어려움을 겪는다고 말한다. "만약 한 주식이 과대평가되었거나, 혹은 적정 가격에 도달했다고 판단되면, 우리는 매도합니다. 그리고 우리 자신에게 이러한 질문을 합니다. 이 회사는 우리가 그 주식을 매수할 때보다 실적이 더 좋아졌는가? 만약 우리가 30에 샀고, 적정 가격이 50이라고 판단했는데, 만약 주가가 45로 올랐다면 우리는 매도합니다. 우리의 재평가 결과 적정 가격이 70이고, 그 당시의 주가는 45라면, 우리는 그 주식을 계속 보유합니다." 그는 한 주식의 적정 가격을 판단하는 것이 가장 어려운 부분이라고 얘기한다.

그가 주식을 매각하는 또 다른 상황은 자신이 한 회사를 잘못 이해했거나, 혹은 잘못 평가했을 때이다. 에벨라드는 그 점을 판단하기는 매우 어렵다고 말한다. "마티 휘트먼이 얘기하는 기업 가치의 영구적인 손상과 실현되지 않은 일시적인 손실 사이에는 커다란 차이가 있습니다."

만약 에벨라드는 자신이 보유중인 주식에 명목상 일시적 손실이 발생했다면 그 주식은 계속 보유한다. 하지만 가치면에서 영구적인 손상이 발생했다면 손절매를 한다.

그는 주식시장에서의 성공을 가로막는 커다란 장애물 두 가지는 스스로의 생각이라고 얘기한다. "만약 당신이 자신을 천재라고 생각한다면 시장은 조만간 따끔한 맛을 보여줄 것입니다. 당신이 아무리 현명한 사람이라 할지라도 말입니다." 그는 말한다.

"시장에서 성공하기는 어렵습니다. 극히 현명한 사람들이 투자에 뛰어들지 않는 이유가 바로 이런 이유입니다. 심리적으로 큰 굴욕감을 맛보게 될 테니까요. 시장은 매일 당신의 예상에서 어긋납니다. 그날 상당히 뛰어오르는 주식을 충분히 보유하지 못했거나, 하락하는 주식을 너무 많이 보유중이거나 간에 말입니다. 진정으로 만족스러운 날은 없습니다. 그리고 제대로 되는 것이 없기에, 당신이 스스로 바보라고 생각한다면, 당신은 곧 전신마비 상태가 될 겁니다. 당신이 오랜 기간에 걸쳐 배운 것은 개인적으로만 받아들일 수 있는 것이 아니기 때문이지요."

에벨라드에 의하면, 성공적인 투자가는 지독한 노력과 행운이 있기도 하지만, 비범한 판단과 자신감을 보여준다고 한다. "누구든지 한두 해 좋은 시절을 보낼 수는 있습니다. 그러나 중요한 점은 오랜 기간에 걸친 실적이 어떠냐는 점입니다. 단거리 경주가 아니라, 장거리 경주이니까요."

그는 증권분석, 포트폴리오 관리 등 투자의 기술적인 측면은 몇 년이면 충분히 익힐 수 있으나, 좋은 판단과 행운은 가르칠 수 없다고 얘기한다. 그 예로 워런 버핏의 뛰어난 실적을 인용한다. "버핏은 비범한 사람입니다. 그는 판단에 따라 정확히 행동할 수 있는 성격과 능력의 소유자입니다. 가끔 특별한 아이디어를 가진 사람들이 있지만, 그 사람들에게는 아이디어에 따라 행동할 자신감과 힘이 결여되어 있습니다."

에벨라드는 자신이 들어본 최고의 조언은 "독자적으로 생각하라"는 것이었다고 말한다. "독자적으로 생각하기 위해서는 기꺼이 흐름을 거스르고, 수익과는 반대되는 곳으로 나아갈 수 있는, 역투자가가 된다는 의미이기도 합니다. 시장이 항상 옳은 것은 아니니까요."

에벨라드에 의하면, 개인 투자가들이 저지르는 가장 큰 실수는 높은 가격의 주식을 매수하고, 그것이 더 높이 뛰어주기를 희망하는 것이라고 한다. "개인 투자가가 모든 것을 직접 할 수 있는 기술, 관심, 시간, 그리고 감정적인 기질 모두를 갖추지 못했다면, 전문가의 도움을 받는 것이 좋습니다."

이제는 많은 사람들이 뮤추얼 펀드에 투자하기에, 약세장 때에는 돈을 잃기는 하겠지만 전부를 날리지는 않을 것이라고 이야기한다.

36

잘 아는 분야에 투자하라

몇년 전 헤서웨이 주주총회에서, 워런 버핏은 자신은 컴퓨터 네트워킹 회사에는 투자하지 않겠다고 얘기했다. 그 이유는? 그는 편안한 마음으로 투자할 수 있을 만큼 컴퓨터 네트워킹을 충분히 이해하지 못하기 때문이었다. 그리고 그는 특히 빌 게이츠 같은 인물이 관련된 회사의 주식은 호기심으로 몇 주는 매수할지도 모르나, 회사와 생산품을 정확히 이해하기 전에는 절대로 큰 투자는 하지 않겠다고 얘기했다.

금, 은, 기업공모주(IPO), 우선주, 그리고 다른 의문시되는 투자를 직접 조사해 보라는 워런 버핏의 충고를 많은 사람들이 무시해버린다는 사실은 놀랍기만 하다. 어떤 사람들은, 주식시장에서 돈을 버는 유일한 방법은 어려운 용어와, 이해하기 어려운 조건들로 가득찬 복잡한 거래를 하는 것이라고 믿기도 한다.

때론 현실이라 믿기에 너무나 좋은 광고가 신문에 실리거나, DM으로 직접 배달되어 온다. 당신이 해야 하는 것은 총 15페이지에 달하며, 깨알 같은 글씨로 인쇄된 계약서에 서명하는 것뿐이다. 그러나 이런 것들이 재정적인 재앙으로 들어서는 관문이라는 사실은 결코 놀라운 일이 아니다.

주식시장에서 돈을 벌기 위해 경영학 박사이어야만 할 필요는 없다. 큰 수익이 남는 투자는 간단한 투자일 경우도 있다. 많은 사람들에게는 주식, 뮤추얼 펀드, 부동산, 혹은 고정 금리 상품 등, 자신들이 이해할 수 있는 투자에 매달리는 것이 합리적이다. 월가의 모든 상품과 모든 사업에 대해 이해할 수 없다는 점을 인정하는 것은 전혀 잘못된 태도가 아니다. 실제로, 워런 버핏의 성공 원인 중 한 가지는, 그는 시장에서 자신이 가장 잘 이해하는 부분에만 집중한다는 점이다.

당신이 투자에 관한 더 많은 지식을 쌓을 때까지는 투자 대상을 다양하게 할 수 있다. 처음에는 천천히 시작하는 것이 현명한 태도이다. 만약 스스로 이해되지 않는다면 절대로 투자를 해서는 안 된다.

37

정보지의 모든 것을 믿지 말라

"회사 뉴스는 90%는 홍보용이고, 10%만이 진실을 담고 있다"는 말이 있다. 그럼에도 많은 사람들은 투자 정보지에만 의지해 투자를 결정한다. 입수할 수 있는 주식시장에 관한 모든 자료를 읽어본다는 태도는 전혀 잘못된 것이 아니다. 오히려 그것은 성공적인 투자가가 되는 지름길이다. 그러나 중요한 점은 중요한 투자 정보와, 마케팅용 홍보물과의 차이를 인식하는 것이다.

언론을 통한 잘못된 정보의 예는 수도 없이 많다. 강세장이 한창일 때, 혹은 단기간의 조정기에는 "즉시 전량을 매도하라" 혹은 "매수 추천 10종목" 등의 제목을 단 기사가 나타난다.

나벨리에 어소쉬이츠의 CEO 루이스 나벨리에는 회보 발행인들은 탐욕과 두려움을 자극하는 정보지를 팔아 이익을 챙긴다는 점을 상기시켜준다. 그는 두려움을 자극하는 회보가 더 잘 팔린다고도 얘기한다. 불행하게도, 하락을 예견하는 충고를 따르는 사람들은 가끔 최고의 매수 기회를 놓치게 된다고 얘기한다.

그 좋은 예가 1970년대와 1980년대에 인기를 끌며 활동하던 예측가이자 정보지 기자이던 조셉 그랜빌의 경우이다. 〈월가의 랜덤워크 다운〉 저자인 버튼 멜키엘에 의하면, 그랜빌은 1981년 1월 6일, 3천여 명에 달하는 그의 정보지 독자들에게 가능한 전량을 팔라고 경고했다. 그 다음날 오전 증권회사는 매도 주문을 내려는 사람들로 대혼란을 이루었다. 그 결과 다우지수는 급락했고, 40억 달러에 달하는 장부상의 손실이 발생했다. 이 기간 동안 그랜빌은 록 가수와 같은 인기를 누렸다고 멜키엘은 말한다. 그랜빌이 입을 열면 사람들은 그의 말을 한마디도 놓치지 않으려고 온 신경을 기울였고, 그는 곧 닥쳐올 대폭락을 예고했다. 그랜빌의 명성에는 불행한 일이지만, 다우존스는 그의 예언을 비웃기라도 하듯, 1980년대의 최고치에 이르렀고, 그 상황은 1990년대로 이어졌다.

가장 최악의 정보는, 잡지 등을 통해 특정 주식이나 뮤추얼 펀드를 매수할 것을 강력하게 추천하는 기사들이다. 매수 주식을 찾기 위해 해야 될 일이 한 권의 책이나 잡지를 집어드는 것뿐이라면, 주식시장에 투자하는 것은 어린아이도 할 정도로 쉬울 것이다. 가끔 그러한 정보를 담은 책이 인쇄되어 독자들의 손에 들어갈 즈음이면, 이미 추천된 주식은 흘러간 옛노래가 되어버린 다음이다.

일반적으로 시장은 정보를 무시해버린다. 다시 말해 당신이 신문이나 잡지를 읽을 때쯤이면 그 뉴스로부터 수익을 얻기란 이미 늦은 다음이다.

어쨌든, 많은 전문가들은 시장이나 경제의 일일 정보는 무시해버리고 개별 회사에 집중한다. "나는 그러한 뉴스에는 전혀 관심을 가지지도 않습니다." 한 펀드매니저는 이렇게 얘기했다. 그는 경제, 증권거래위원회의 정책, 그리고 국제 정세 따위는 무시해버린다. 그러한 그의 태도는 약간은 극단적이어서, 많은 전문가들의 지지를 받지는 못하지만, 그는 외부

세계의 일로 인해 흔들리는 법 없이, 자신의 주식에만 집중할 수 있다.

일부 최고의 펀드매니저들은 그들이 고객을 위해 할 수 있는 최선의 일은, 휴가를 즐기는 것이라고 얘기한다. 이 점에 대해 모닝스타의 회장 겸 CEO인 돈 필립스는 이렇게 설명한다. “이 말의 의미는, 만약 그들이 하루 종일 사무실을 지키며 컴퓨터 모니터만을 주시하면 거기에서 얻은 조그만 정보를 어떤 조짐으로 확대 해석하려 한다는 점입니다. 가끔 이런 때면, 숲을 보지 못하고 나무 몇 그루만 보게 되는 실수를 저지르게 됩니다.”

필립스는 개인 투자가들이 많은 투자 정보에 접할수록 좋다고 하면서도, 그런 태도에는 부정적인 측면도 있다고 얘기한다. “그렇게 되면, 각각의 정보에 대해 어떻게 대처해야 하는가 하는 딜레마에 봉착하게 됩니다. 당신은 그 모든 세세한 정보에 끌려드는 대신에, 가치를 더할 수 있는 큰 그림에만 집중하는 태도를 가져야 합니다. 게임은 그런 식으로 변했습니다. 우리 회사 초창기에는 투자가들을 끌어모으는 방법으로, 그들의 투자 결정을 도울 만한 최상의 정보를 많이 확보하는 것이었습니다. 그러나 오늘날에는, 많은 정보를 접하면서도 어떻게 이성을 잃지 않느냐 하는 점이 보다 더 중요해졌습니다.”

성공적인 투자를 위해서는, 특히 전문 트레이더들에게는, 정보가 중요한 요소라는 점은 의심의 여지가 없는 사실이다. 신뢰할 수 있는 정보를 입수한 사람은, 다른 투자가들에 비해 발빠르게 유리한 위치를 점령하게 된다. 그러나 개인 투자가들의 경우에는, 정보의 양보다 질이 더 중요하다.

38

전문가들의 충고를 **무작정** 따르지 말라

많은 조언과 계속 변하는 시장 상황에서, 개인 투자가들은 어떤 전문가를 믿어야 하느냐 하는 점에 대해 어려움을 느낀다. 지난 몇 년 동안 증권 전문가라고 하는 사람들이 TV 라디오 인터넷 그리고 정보지 등을 통해 수도 없이 많이 소개되었다. 언론 매체에서는 특집 프로그램을 꾸미기 위해, 혹은 놀라운 예언을 하기 위해 지속적으로 증권계의 고수를 찾고 있다.

시장이 곧 모든 기록을 갱신하게 될 것이라든지, 혹은 1000포인트 이상 급락할 것이라고 선언해줄 전문가는 얼마든지 찾아볼 수 있다. 그러나 이런 사람들은 자신들의 예언으로 인해 고통을 받기도 한다. 월간 〈스마트 머니〉는 전문가들의 빗나가 예측을 목록으로 작성해 싣고 있다.

대부분의 전문가들은 공개적으로 예측을 해야 할 경우 교묘한 방법을 이용해 빠져나간다. 그러나 신문과 텔레비전 기자들은 끊임없이 다음의 두 가지 질문을 퍼붓는다. "시장이 어느 방향으로 나아갈 것 같습니까?" 그리고 "당신은 어느 주식을 추천하시겠습니까?" 이 질문에 대한 전문가들의 대답이 적중하면, 다음 분기 동안 그 사람은 전문가로서의 자리를 유지한다. 그러나 만약 빗나갔다면, 그들의 대답은 앞으로 출간될 잡지의 엉터리 예측 목록에 실린다. 그러기에 대부분의 전문가들은 첫 번째 질문에는 대답을 회피하고, 두 번째 질문에는 마지못해 대답한다.

많은 전문가들은, 증권 브로커의 예측에 대해서는 특히 주의를 기울여야만 한다고 얘기한다. 일부 증권 브로커들은 투자로 돈을 버는 것보다, 그들의 서비스를 파는 것을 더 손쉽게 여긴다. 이러한 브로커들은 새로운 고객을 찾아다니거나, 혹은 커미션을 올리기 위해 고객에게 매수 혹은 매도를 추천하는 데 더 많은 시간을 할애한다. 전문가들은 증권 브로커, 특히 특급 정보나 투기 주식을 전문으로 하는 브로커의 말에는 특히 요주의해야 한다고 조언한다. 그럼에도 많은 개인 투자가들은 이 책에서 인터뷰를 소개한 사람들을 포함한 많은 성공적인 투자가들의 어드바이스에는 예외적으로 잘 따른다. 어쨌든, 나와 얘기해본 증권 전문가들은 독자적으로 생각하고, 자신만의 조사를 하고, 자신만의 투자를 선택한다는 것이 중요하다고 강조한다. 그들은 어떤 전문가의 조언이건, 무조건적으로 따르는 것에는 신중해야 한다고 입을 모은다.

결론을 얘기하겠다. 만약 당신이 전문가들의 의견을 듣기로 했다면, 올바른 조언을 찾아내는 것이 중요하다. 이 책에 소개한 전문가들의 인터뷰를 읽고, 그들의 비평을 음미해보는 것에서 시작할 수도 있다. 인터넷을 이용하거나, 성공적인 투자가들에 관한 책을 읽어보며 추가 정보를 얻도록 하라.

마지막으로, 아직도 누구를 믿어야 할지를 결정하지 못했다면, 일부 사람들이 진정한 투자의 비밀이라고까지 일컫는, 경제학자 피터 번스타인의 불친절한 조언을 따를 수도 있다. "귀를 막아라"라는 조언을.

39

지나치게 **낙관적**인 기업체 임원을 경계하라

전문 투자가들은 기업체 임원들에 대해 모순되는 태도를 가지고 있다. 회사의 경영상태를 파악하기 위해 최고 경영진과 친밀한 관계를 유지하려고 노력하는 한편, 지나치게 낙관적인 임원은 진실을 과장하는 것으로 알려져 있어 주의를 기울여야만 한다.

컬럼비아 스몰캡 펀드의 펀드매니저 리처드 존슨은 경영진에 대해 이렇게 얘기한다. "경영진은 회사가 잘될 것을 투자가보다 더욱 희망합니다. 그리고 항상 긍정적인 면만을 바라봅니다. 때문에 당신이 그들을 믿고 싶어할 때도 모든 것에 의문을 갖고, 부정적인 것을 보려는 눈을 가지고 있어야만 합니다. 이미 지옥에 들어선 순간에도 그들은, 절대로 자신들이 지옥으로 향하고 있다는 이야기를 하지 않을 테니까요."

많은 전문가들은, 절대로 CEO와 함께 골프를 즐겨서는 안 된다는 얘기에 동감한다. 경영진과의 대화보다는 재무제표를 신중히 체크하라고 말한다.

당신이 주요 회사의 CEO 혹은 고위 경영진을 직접 만날 기회는 없어

보이지만, 그래도 그들을 텔레비전이나 주주총회에서 보게 되거나, 혹은 그들에 관한 기사는 읽어볼 수 있을 것이다. 그럴 때 객관적인 태도를 잃지 않고, 그들의 회사 운영에 대해 알아보아야만 한다.

당신은 텔레비전이나 케이블 방송을 통해 고위 경영진에 관한 많은 것을 알아낼 수 있다. 투자 전문 프로그램에서 앵커가 CEO들의 약속을 파헤치기도 한다. 그런 프로그램을 보면서, 투자하기 전에 먼저 체크해야 하는 점들에 대한 아이디어를 얻을 수 있을 것이다.

그렇다고 기업체 임원들이 주주를 속이기 위해 노력하는 것은 아니다. 오히려 대부분의 임원들은 정직하고 유능하며, 회사를 위한 그들의 실적에 자부심을 느끼는 사람들이다. 문제는 그들이 지나치게 낙관적이라는 점이다.

현명한 투자가란 모든 주장에 대해 객관적인 조사와 구체적인 데이터를 근거로 신중하게 결정하는 사람임을 명심하라.

40

첫째도 분산, 둘째도 분산, 셋째도 **분산**

대부분의 전문가들은, 투자에 따르는 리스크를 최소화시킬 수 있는 가장 좋은 방법은 분산 투자된 포트폴리오를 갖는 것이라고 말한다. 즉 당신의 돈을 주식, 채권, 현금 등 여러 타입의 투자에 분산시키는 것이다. 이런 방식으로 크고 작은 국제 기업과 외국 기업에 투자하는 등, 더욱 세분화하여 분산 투자할 수 있다.

그들은 예전에는 단순한 방식으로 투자 자문을 해주었다. 나이가 많은 사람에겐 채권을 추천했고, 젊은 사람에겐 주식 매수를 추천했다. 그러나 이제는 그리 간단치가 않다. 많은 전문가들은 포트폴리오를 짤 때 사람들에게 리스크 허용치와 실적 기대치를 감안해야 된다고 말한다. 이런 포트폴리오는 주식과 채권만이 아니라, 현금과 뮤추얼 펀드도 포함하게 된다.

투자 자문가인 로버트 레비트는 자신이 어떻게 고객들의 분산투자를 돕는지 소개한다. "당신은 우리의 철학이 다각화라는 개념에 근거한 것임을 깨닫게 될 것입니다. 만약 당신이 가치투자와 같은 한 가지 철학에 모든 것을 투자한다면, 당신은 변동성이 큰 포트폴리오를 갖는 것이 됩니다."

그는 만약 당신이 가치주와 성장주를 포트폴리오에 추가하면 리스크가 줄어든다고 말한다. "당신은 내일의 선호주가 어느 것이 될지 예상할 수 없습니다. 그렇기 때문에 가치주와 성장주로 분산하고, 계량적 질적 분석을 통한 투자를 한다면 훌륭한 포트폴리오를 가지게 됩니다. 이것은 당신이 똑같은 위험에 노출된 가운데 더 많은 돈을 수익성이 높은 주식에 투자할 수 있다는 의미입니다." 많은 경우 그는 인덱스펀드와 같은 수동적인 투자를 추천하기도 한다.

스타인 로우 밸런스드 펀드의 펀드매니저 하베이 허쉬혼은 그 점에 동의한다. "핵심은 가진 돈 모두를 한 가지 자산이나 특정 타입의 자산에 투자하지 말라는 것입니다. 예를 들어 90년대 말, 만약 당신이 모든 돈을 아시아에 투자했다면, 당신은 사상 유례없는 미국의 강세장을 오직 바라만 봐야 했을 것입니다."

어쨌든, 몇몇 매우 성공적인 투자가들은 단 몇 가지 주식에 도박을 걸었고, 이겼다. 그들은 집중적인 포트폴리오를 가지는 것은 당신이 생각하는 것보다 리스크가 작다고 얘기한다. 〈상승주식 집중매수 *From Hard Knocks to Hot Stocks*〉의 저자 J. 모튼 데이비스는 마크 트웨인의 말을 인용한다. "모든 달걀을 한 바구니에 넣어라. 그렇지만 바구니를 지켜보아라."

그는 만약 당신이 주식시장에 뛰어들려 한다면, 기꺼이 위험을 끌어안아야만 한다고 썼다. 그리고 시장 평균을 상회하는 실적을 원한다면, 포트폴리오의 30%는 매우 공격적이어야 한다고도 했다. 그렇지 않으면 차라리 뮤추얼 펀드에 투자할 것을 권유한다.

대부분의 전문가들은 어느 정도의 분산투자는 필수적이라는 데 동의한다. 조금만 시간을 낸다면, 당신은 포트폴리오를 다각화하는 방법을 배울 수 있다. 다각화 소프트웨어 프로그램도 있다. 좀더 도움을 원한다면, 투자 자문역에게 조언을 구할 수도 있다.

당신이 어떻게 결정하건 간에, 전문가들은 포트폴리오를 다각화해야 한다는 데 동의한다. 그렇다고 해서, 리스크가 깨끗이 없어지는 것은 아니지만, 시장 조정기나 급락장에서 당신을 보호할 수 있는 최선의 방법은 되어준다. 다각화하면, 한 번의 잘못된 투자로 전체를 망하게 하는 일만은 없을 것이다.

많은 전문가들에 의하면, 효과적인 다각화의 하나는 뮤추얼 펀드에 투자하는 것이며, 특히 여러 종목의 개별 주식을 매수할 만큼 투자 금액이 되지 않을 때는 더더욱 그렇다고 말한다.

41

자산 배분에 관심을 기울여라

만약 당신이 다각화를 굿 아이디어라고 생각한다면, 분산 투자를 선호할 것이다. 다각화를 결정하고 난 다음 단계는, 각각의 포트폴리오에 몇 %씩 배분해야 될지를 결정해야 한다. 대부분의 포트폴리오의 수익은, 자산을 여러 형태에 분산 투자한 비율에 따라 결정된다고 한다. 여러 보고서에 의하면, 자산 분배가 포트폴리오의 장기적 실적을 결정한다고 한다.

자산 분배에 관한 조언은 오랜 기간 동안 변화되었다. 몇 년 전만 해도 투자가들은 50%는 주식에, 50%는 채권에 투자하라는 조언을 받았다. 혹은 60%는 주식, 30%는 채권, 10%는 현금에 배분하라는 조언을 받기도 했다.

다른 전문가들은, 100에서 당신의 나이를 뺀 숫자만큼의 퍼센트를 주식에 투자하라고 추천했다. 만약 당신이 35세라면 65%를 주식에 투자하고, 35%는 채권에 투자하라는 것이다. 어떤 사람들은 자산 분배를 위해 지금도 이 간단한 공식을 이용하지만, 많은 전문가들은 나이를 계산에 이용해서는 안 된다고 얘기한다.

새로운 전략은 두 가지 요인에 근거해 자산 분배를 결정하는 것이다. 첫 번째는 당신이 기꺼이 감수할 수 있는 리스크 수준이고 두 번째는 시간적인 제한이다. 여기에 덧붙여, 전문가들은 당신의 현금의 일정 부분은 나이에 관계없이 주식에 투자해야만 된다고 추천한다.

하베이 허쉬혼은 개인 투자가들은 자산 분배에 대해 충분히 생각하지 않는다고 말한다. "만약 당신이 자산 분배권을 가졌고, X 퍼센트는 주식에, Y 퍼센트는 고정 수입에 분배했다면, 당신은 여러 가지 상황의 변화에도 장기간에 걸쳐 필요한 수익을 확보할 수 있습니다."

가자렐리 자산운용 사장 엘레인 가자렐리도 그 점에 동의한다. 그리고 많은 사람들이 너무 많은 돈을 현금 보유하는, 지나치게 보수적인 방법을 택하는 실수를 저지른다고 얘기한다. 그녀는 "만약 당신이 젊다면 70%나 그 이상을, 나이가 많다면 그보다는 작은 비율로 주식에 투자하기를 원할 수도 있을 것이다. 그러나 나이에 관계없이, 당신의 포트폴리오에 채권을 포함시키는 것도 좋은 방법이다"라고 얘기한다. 그리고 그녀는 사람들에게 자산 분배를 위해 투자 조언자를 찾으라고 제안하며, 나이, 리스크 허용치, 그리고 시간적 제한 등 여러 가지 사항을 고려한 자산 분배가 가장 정확한 자산 분배임을 강조했다.

나이에 관계없이, 당신은 자산 분배에 있어 심사숙고해야 한다. 대부분의 증권회사에서는 기꺼이 도움을 주려 할 것이다. 만약 당신이 더욱 철저한 분석이 필요하다고 느낀다면, 당신만의 특별한 재정적인 필요를 충족시켜줄 수 있는 포트폴리오를 구성할 수 있는 전문가에게 도움을 의뢰하는 것이 좋다.

42

뮤추얼 펀드에 투자하라

지난 몇 년간에 걸친 뮤추얼 펀드의 성장은 놀라울 정도이다. 언론 매체의 집중적인 관심은 고도로 조정된 뮤추얼 펀드 업계의 성장을 위한 원동력이 되어주었던 것이다. 현재 8000개 이상의 뮤추얼 펀드가 존재하며, 그 총자산은 4조 달러 이상이다. 뮤추얼 펀드는 주식시장에 참여를 원하면서도, 직접 개별적인 주식을 거래할 시간과 인내력이 부족한 사람에게 이상적인 제도이다.

근본적으로, 당신이 뮤추얼 펀드를 매수하게 되면, 당신의 돈은 다른 수천 명의 투자자들의 돈과 함께, 구체적인 목적을 가진 전문적으로 관리되는 펀드에 들어가게 된다. 투자가들은 많은 개별 증권의 소유주가 되었음을 뜻하는 주식을 받게 된다.

또한 각기 다른 투자전략에 따른 펀드가 있는데, 한 업종에만 집중하는 섹터펀드도 있고, 기본적으로 외국 회사에만 투자하는 국제펀드도 있다.

바론 펀드의 영업 담당 이사 모티 샤자는 뮤추얼 펀드를 강력히 추천한다. "만약 당신이 교통사고를 당했다면, 도서관에 가서 의학 서적을 뒤적이며 당신의 부상에 대해 알아보고, 직접 치료할 필요는 없습니다. 그러나 일반 투자가들은 자신의 투자에 대해서 그런 식으로 처리하는 실수를 저지릅니다. 우리는 전문가로서 모든 시간을 여러 회사에 대한 조사와, 경영진과의 만남을 위해 바칩니다. 또한 우리의 일을 최선을 다해 수행하려고 노력합니다. 이에 비해 일반 투자가들은, 우리가 하루 종일 하는 일을 단 5분밖에 할 수 없다는 등의 진정한 불리함을 감수해야만 됩니다."

전문적인 관리 외에도, 뮤추얼 펀드에는 또다른 유리한 점도 있다. 펀드를 매입하는 즉시 다각화된다는 점이다. 뮤추얼 펀드는 각기 분야가 다른 수백 개 기업들의 주식을 보유하기에, 개별 주식의 커다란 손실도 펀드 전체의 실적에는 미미한 영향을 끼칠 뿐이다. 또 다른 장점은 펀드들과의 전화 연결과 24시간 당신의 계좌에 접근할 수 있다는 점이다.

그러나 일부 전문가는 뮤추얼 펀드의 불리한 점을 지적하기도 한다. 모틀리 풀의 공동 창설자이며 〈모틀리 풀 투자 가이드 *The Motley Fool Investment Guide*〉의 공저자인 데이빗 가드너와 톰 가드너는 매년, 91%에 달하는 뮤추얼 펀드의 실적은 시장 평균에도 미치지 못한다고 주장한다. 두 사람은 개인 투자가는, 뮤추얼 펀드가 보유중인 주식과 그들의 투자전략을 평가하기 어렵기에, 뮤추얼 펀드를 피해야만 된다고 얘기한다. 그리고 그들은 그 대안으로 인덱스펀드를 내놓지만, 가장 좋은 것은 개별 주식에 집중 투자하는 것이라고 얘기한다.

뮤추얼 펀드에 대한 조사와 등급 결정을 주임무로 하는 모닝스타의 사장 돈 필립스는, 지난 10년간 많은 펀드매니저들이 기록한 실적을 칭찬할 수 없다고 말한다. 하지만 일률적으로 비교할 수는 없다고도 얘기한다. "미국 자산 펀드를 운용하는 일반 펀드매니저들은 투자에 대해 여러 가지 제한을 받습니다." 그는 말한다. "일반 펀드매니저들이 시장에서 빠져나올 수 있는 여러 가지 방법이 있습니다. 그들은 채권이나 현금을 보유할 수도 있고, 소규모 회사 주식이나, 해외 주식을 보유할 수도 있습니다. 매니저들은 지난 10년 동안의 실적을 호의적으로 비교하지 않습니다. 그것은 다음 10년 동안의 기간에 걸쳐, 거대한 미국 기업으로부터의 이탈로 커다란 수익을 올린다는 것을 의미합니다."

그는 1970년대 말과 80년대 초반 공격적으로 관리되는 펀드의 수익률이 S&P 500 주위를 맴돌았다고 얘기한다. 비용을 고려하지 않는다면, 펀드매니저들의 절반은 S&P 500보다 나은 실적을 기록하고, 절반은 그보다 못할 것이라고 한다.

통계야 어떻든 간에, 수백만 명에 달하는 사람들이 뮤추얼 펀드를 통해 주식시장에 투자하고 있음은 부인할 수 없는 사실이다. 만약 당신도 뮤추얼 펀드를 통해 투자하기를 원한다면, 숙제를 철저히 하는 것부터 시작해야만 된다. 전문가들은 한 주식에 대해 조사하는 것만큼, 뮤추얼 펀드를 조사하는 데에도 많은 시간을 들여야만 한다고 얘기한다. 많은 투자 잡지들은 펀드매니저들과의 인터뷰 기사를 싣고, 실적이 높은 뮤추얼 펀드들에 대한 기사도 싣는다. 여기에 더하여, 그들은 주기적으로 서비스, 가격, 수익률 등을 비교한, 뮤추얼 펀드들의 순위를 정기적으로 발표하기도 한다.

만약 당신이 한 뮤추얼 펀드에 투자하기로 결정했다면, 무료 전화를 이용해 그 펀드에 전화해보아라. 훈련받은 상담원은 당신에게 안내서 신청서 그리고 정기 보고서를 보내줄 것이다.

Interview

| 월가 고수와의 인터뷰

돈 필립스

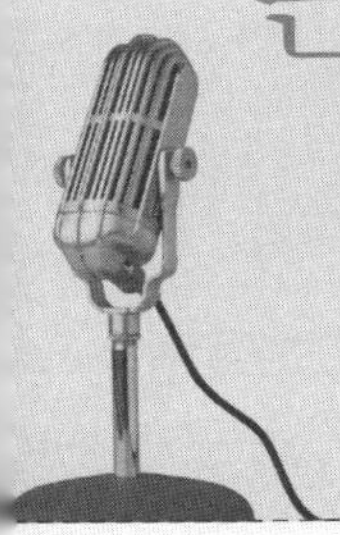

모닝스타의 사장 겸 CEO

돈 필립스가 중학생이던 시절, 그의 아버지는 템플턴 성장 펀드의 주식 100주를 사주었다. 투자의 중요성을 가르치기 위해서였다. "아버지는 나를 앉혀놓고 펀드가 투자한 모든 회사의 주식을 내가 어떻게 조금씩 가지게 되는지를 설명해주셨습니다." 필립스는 그때를 이렇게 회상한다. 그러나 그의 아버지는 이때의 경험이 아들이 장래를 결정하는 데 결정적인 역할을 하게 되리라고는 전혀 예상치 못했었다.

석사학위를 받은 후, 필립스는 대학교수를 직업으로 하고, 부업으로 열심히 투자하는 생활을 꿈꾸었다. 그러나 1986년, 박사 과정에 등록하기 직전, 투자에 대한 열정은 모닝스타 주식회사라는 소규모 회사의 구인 광고에 응시하는 데까지 그를 이끌고 말았다. 그 당시 뮤추얼 펀드는 점점 더 큰 인기를 쌓아가고 있었지만, 일반인들이 접할 수 있는 정보는 많지 않았었다. 죠 만수에토가 그 점에 착안해 설립한 모닝스타는 개인 투자가들에게 뮤추얼 펀드에 관한 정확한 자료를 제공해주는 것을 임무로 했다.

지난 12년 동안 모닝스타는 최고의 연구와 정보를 제공하는 회사로서의 입지를 탄탄히 굳혔다. "회사는 항상 투자가들에게 더 좋은 투자 결정을 할 수 있도록 도움을 제공해 왔습니다." 필립스의 얘기이다. 실제로 뮤추얼 펀드에 대한 그들의 '스타' 등급 제도는, 개인 투자가들뿐만 아니라 기관투자가들에게까지도 뮤추얼 펀드의 실적을 비교 평가하는 데 가장 권위있는 자료로 인식되어 왔다.

오늘날, 모닝스타는 뮤추얼 펀드만이 아니라, 개별 종목과 다양한 증권에 대한 정보도 싣고 있다. "처음에는 인쇄물로 발행했지만, 그 다음에는 소프트웨어로 비중이 옮겨갔고, 지금은 인터넷에 가장 큰 비중을 두고 있습니다."

필립스는 정확하고 공정한 정보를 받아보려는 투자가들의 권리를 적극적으로 옹호하는 사람으로 등장했다. "우리는 모든 것을 단순화하려고 노력합니다." 그가 얘기한다. "우리는 입수한 다양한 정보를 정리해, 투자가들에게 적절하고 확고한 투자 결정을 하는 데 이용할 수 있도록 제공합니다. 우리의 진정한 관심은 시장을 방문하거나, 펀드매니저들의 과오를 지적하는 것이 아니라, 각기 다른 뮤추얼 펀드를 소개하고, 가능한 가장 정확하고 공정한 정보를 제공하는 것입니다." 그는 그들의 궁극적인 목표는 투자가가 나름대로의 이유에 따라 적절한 투자를 할 수 있도록 도와주는 것이라고 덧붙인다.

필립스에 의하면, 개인 투자가들은 정확하고 시의적절한 정보를 얻고, 적절한 주식을 찾아내거나 그들의 실적을 알아보기 위해, 모닝스타를 이용할 수 있다고 얘기한다. "당신은 이 세상의 모든 펀드들에 대해 일반적인 비교를 해볼 수도 있고, 그들의 실적에 대해서도 알아볼 수 있습니다." 모닝스타의 거의 모든 자료는 뮤추얼 펀드 회사, 보험회사, 혹은 주식의 경우 정기 보고서와 같은 회사 문서로부터 나온다.

필립스는 이러한 자료를 입수하고, 분석하고, 투자를 평가하는 것은 성공적인 투자가가 되기 위한 첫걸음이라고 얘기한다. "우리는 투자를 여러 가지 다른 각도에서 바라보려 노력합니다. 실적뿐만 아니라 리스크, 비용 등등 주요한 사항들도 살펴보는 것입니다. 모닝스타는 또한 투자가들이 투자를 관리하는 데 수치보다는 설명을 더 쉽게 이해하는 사람들을 위해, 인쇄된 분석 보고서를 제공하기도 합니다."

개인적인 차원에서, 필립스는 뮤추얼 펀드가 뛰어난 펀드매니저가 되는 길에 한 걸음 다가가는 것이라고 얘기한다. "처음에 존 템플턴 경을 만났던 경험이 나를 그런 믿음으로 이끌었습니다. 존 경은 누구보다도 먼저 세계로 진출한 비범한 분이었습니다. 템플턴 경은 국내 기업뿐만 아니라, 대다수 펀드매니저들보다 한발 앞서 해외 기업들에 대해서도 비교 평가를 했습니다. 그 덕분에 그분은 사업 수행에 있어 전략적으로 우위에 서게 되었고, 50년대에 이미 국제적인 투자가로 떠오르게 되었던 것입니다. 그분은 가치투자가로서 훈련받았기에, 경쟁자들에 비해 선택 대상이 되는 기업들을 훨씬 많이 확보할 수 있었던 거지요."

나아가 필립스는 최고의 실적을 기록하는 펀드매니저는 6개월 후의 주식시장의 변화보다는, 당장의 문제에 더 집중하는 경향을 보인다고 얘기한다. "피터 린치는 회사 경영진을 방문하고, 그들과 얘기하며 새로운 상품이 개발되었는지, 혹은 경쟁사와의 관계로 인한 어떤 문제가 있는지 등의 조그만 정보들을 얻어내려고 노력합니다." 그는 피터 린치가 뛰어난 투자가가 될 수 있었던 것은, 다른 사람들이 보지 못하는 것을 볼 수 있는 능력 때문이었다고 덧붙인다.

필립스는 투자할 뮤추얼 펀드를 선택하는 과정에서, 보편적으로 저지르는 실수는 지난해의 순위 목록을 참조하는 것이라고 말한다. 이러한 행동은 다각화에 대한 잘못된 감각을 안겨줄 수 있다며, 이렇게 경고한다. “사람들은 같은 기간 동안 좋은 실적을 냈던 몇 개의 펀드에 투자함으로써, 즉시 그들의 포트폴리오를 구성합니다. 어떤 기간 동안의 최고의 펀드와 최저 실적을 냈던 펀드는 여러 가지 같은 특징을 가지게 됩니다.”

사람들은 각각의 펀드 이름도 다르고, 각기 다른 회사의 관리를 받기에, 포트폴리오가 다각화됐다는 잘못된 확신을 가진다. “같은 기간 동안에 최고 실적 명단에 오르는 펀드는, 우연히 그 기간 동안에 배당 수익을 냈기 때문입니다. 사람들은, 실제로는 같은 스타일의 투자를 했을 뿐인데도 다각화했다고 믿는 것입니다.” 당신은 40%를 재앙에 투자했는데도, 10%만을 이머징 마켓에 투자했다고 생각하는 것이다.

필립스는 좀 더 광범위한 조사를 통해 다각화의 문제점을 방지할 수 있다고 믿으며, 그 부분이 바로 모닝스타가 도울 수 있는 부분이기도 하다.

모닝스타가 많은 조사를 하는 것은, 개인 투자가들이 좀 더 많은 정보를 가지고 증권 매수 결정을 하도록 도움을 줄 수 있기 때문이다.

필립스의 설명이다. “사람들은 직접 조사를 하지 않습니다. 본닛을 열고 속을 들여다보지 않습니다. 시장을 피상적으로 이해하고, 주가가 어떻게 변하는지를 보고 시장에 뛰어듭니다. 주식에 대한 상세한 조사는 어렵습니다. 그러나 나는 이것이 매우 중요하다고 생각합니다. 사람들은 필수적이라고 할 수도 있는 수준 정도로도 회사를 이해하지 못합니다. 때문에 적절한 시기에 매수 혹은 매도하지 못하는 것입니다.”

필립스도 숙제를 하지 않는 데 대한 벌을 받은 적이 있다. “당신이 아는 것을 매수하라"라는 피터 린치의 아이디어를 이용해, 필립스는 시카고 교외에 위치한 한 극장의 주식을 매수했었다. 그는 극장측에서 더 많은 투자가를 끌어들이기 위해 극장을 보수하는 것을 보았다. 그렇지만, 필립스가 그 회사의 재무제표를 분석해보았을 때, 수익이 부풀려 있음을 보았다. 그 보고서의 곳곳에서 회사가 장래의 수익을 너무 높게 잡고 있음도 볼 수 있었다. "나는 그들의 수익을 그대로 받아들였던 것입니다. 그 경험에서, 나는 재무제표를 파고들어가 보아야 하며, 숙제를 철저히 해야만 된다는 것을 배웠습니다. 경영진에 따라서는 그림을 일그러트릴 수도 있으니까요. 회사를 소유하고 있는 사람들 모두가 엄격한 회계 기준을 정확히 지키는 것은 아니지 않습니까."

필립스는 자신이 받았던 최고의 어드바이스는 AIM 차터 펀드의 펀드 매니저 쥴리안 러너에게 받았던 어드바이스라고 얘기한다. 잘 나가던 시기에, 쥴리안 러너는 투자업계에 항상 놀라움을 안겨주는 것이 두 가지 있다고 얘기했다. "첫째, 이미 상당히 치솟은 주식도 더 오를 수도 있다는 점이고, 이미 상당히 하락한 주식도 더 하락할 수 있다는 점입니다. 만약 성장하는 회사라면, 그들은 훨씬 더 성장할 가능성을 가집니다. 마찬가지로, 주가가 떨어지는 회사의 주식은 0으로까지 떨어질 수도 있다는 점입니다."

43

인덱스펀드에 투자하라

공격적으로 관리되는 뮤추얼 펀드에 투자하는 대신, 안정적으로 관리되는 인덱스펀드에 투자하는 방법이 있다. 인덱스펀드에 투자하는 목적은, 시장 실적을 뛰어넘는 이익이 아닌, 시장 평균수익과 비슷한 실적을 원하는 것이다. 인덱스펀드에 투자하게 되면, 기본적으로 S&P 500, 다우, 러셀 2000, 혹은 다른 여러 인덱스펀드에 투자하는 결과가 된다.

대부분의 사람들은 인덱스펀드의 모든 주식을 매수할 여유는 없기에, 많은 전문가들은 단가가 낮은 인덱스펀드에 투자하는 것이 가장 효과적인 방법이라고 믿는다.

인덱스펀드 투자 지지자들은, 대부분의 전문가들은 매년 S&P 500의 실적을 능가하는 데 어려움을 겪고 있으며, 전문가들이 그럴 정도이니 개인 투자가들에게는 기회가 없다고 얘기한다. 그리고 인덱스펀드와 함께 그해 시장 수익률 정도를 노리는 것이 훨씬 좋다고 추천한다.

뱅가드 투자 그룹의 설립자 존 보글은 인덱스펀드 투자의 가장 적극적인 옹호자이다. 그는 세금을 납부하는 개인 투자가들을 위해서는 인덱스펀드가 저평가된 투자들 중 하나라고 주장한다. 낮은 비용과, 더 낮은 세금을 고려한 폭넓은 다각화는 인덱스펀드의 매력이라고 말한다.

돈 필립스는 어느 인덱스펀드라도 S&P 500보다 더 나은 실적을 올리지 못한다고 지적한다. 그리고 모닝스타는 100개의 인덱스펀드를 추적했으나, 지난 10년 동안에 걸쳐 S&P보다 나은 수익률을 기록한 인덱스펀드는 3~4개에 불과했다는 점을 지적한다.

필립스는 인덱스펀드 업계는 지수 전략의 도전에 대응하는 것이 필수적이라고 말한다. 그는 뮤추얼 펀드업계는 투자가들이 인덱스펀드보다 공격적으로 운용되는 뮤추얼 펀드에 투자할 경우 더 높은 수익을 기록하는 것을 보여주는 강력한 표본을 만들어야 한다고 말한다. 그리고 업계는 이 점에 대해 매우 소극적이라고 말한다.

"나는 많은 펀드들이 투자가들을 시장에 폭넓게 접근시켜준 데 대해 지나치게 자랑하고 있다고 생각합니다. '우리는 수많은 주식으로 당신의 포트폴리오를 다각화해주었고, 그러므로 우리는 칭찬 받고, 풍요로운 보상을 받아야만 합니다'라고 말하는 것만 같습니다. 만약 당신이 원하는 것이 시장의 폭넓은 접근이라면, 당신은 적은 비용으로도 인덱스펀드에서 그것을 제공받을 수 있습니다. 만약 당신이 공격적으로 운용되는 펀드로부터 많은 수익을 원한다면, 인덱스펀드는 당신에게 더 좋은 것을 주려 한다며 진정한 당신의 의도를 외면하는 것입니다."

관리비용이 낮고 세율이 낮은 점에서, 많은 개인 투자가들은 포트폴리오에 인덱스펀드를 포함해야만 된다는 의견에 동의한다. 어쨌든, 돈 필립스의 지적과 마찬가지로 인덱스펀드는 S&P 500에 못 미친다. 그러므로 만약 당신이 인덱스펀드에 투자하기로 결정했다면, 돈을 투자하기 전에 먼저 그 펀드에 어떤 주식들이 편입되어 있는지를 알아보는 것이 필수적이다.

40

현금 보유를 심사숙고하라

어떤 투자가들에게 현금이란 경멸의 말이나 다름없다. 또 다른 사람들은 "현금이란 쓰레기와도 같다"라는 월가의 용어를 상기시켜줄 것이다. 실제로 어떤 사람들은 현금, 금융 계좌, 채권, 혹은 은행 저축 등은 전혀 투자라고 할 수 없으며, 적당한 투자를 물색할 때까지 돈을 잠깐 맡겨놓는 곳 정도로 여긴다. 이런 사람들은 항상 100% 주식이나 채권에 투자하고 있어야 한다고 믿는다.

그러나 대부분의 전문가들은 포트폴리오의 일정 부분은 현금으로 보유할 것을 조언한다. 실제로 현금 보유는 자금 계획에서 첫 번째이고, 또 가장 중요한 목표라고 얘기한다.

현금의 가장 유리한 점은 안전성이다. 주식시장이 하루하루 어떻게 요동을 치건, 당신은 항상 자신의 돈은 안전하게 대기하고 있음을 확신할 수 있다. 최소한 당신은 실직, 장기 질병 치료, 혹은 예기치 못한 비상사태 등에 대비해야만 된다. 어느 정도를 현금으로 보유해야만 되는가에 대해서는 이론이 분분하지만, 많은 전문가들은 3~6개월 정도의 생활비라는 데에 동의한다.

주식시장의 조정기나 붕괴 때는 현금이 가장 안전한 투자로 여겨진다. 다른 투자가들이 그들의 손실을 계산할 때, 당신은 새로운 주식 사냥에 나설 수도 있다. 이때는 전문가들도 현금으로 투자를 옮기기도 한다.

퍼스트 퍼시픽 어드바이서즈의 최고 투자 책임자 로버트 로드리게스는 1998년 여름 지수가 9000으로 뛰어올랐을 때, 그의 펀드의 투자액 중 30%를 일시적으로 현금으로 옮겼었다. 그가 주식시장에서 빠져나온 것은 매우 적절했던 것으로 밝혀졌다. 그러나 개인 투자가들이 시장의 타이밍을 노리며 그렇게 해보려는 것은 매우 위험하다고 얘기한다.

어쨌든 현금 보유에 따르는 너무도 분명한 불리한 점도 있다. 통계에 따르면 오랜 기간에 걸친 당신의 부에 대한 가장 큰 위협은 주식시장이 아니라, 인플레이션임을 보여준다. 만약 당신이 오랜 기간 동안 현금을 보유한다면, 주식시장의 멋진 수익을 놓칠 뿐만이 아니라, 인플레이션에 의해 실질적으로 돈을 잃게 된다. 어떤 전문가들은 만약 당신이 상당한 거금을 현금으로 보유하려 한다면, 일시적이어야 한다고 얘기한다.

또 다른 전략은 당신의 증권회사에 현금 계좌를 개설하는 것이다. 당신이 주식을 매도할 때면, 잔금은 자동적으로 금융 계좌로 이체된다. 당신은 돈에 대한 이자 수익을 올리면서, 그 계좌로부터 주식을 매수할 수 있다. 만약 당신이 증권회사에 현금 계좌를 개설하지 않았더라도, 다른 금융기관에 계좌를 개설하기는 매우 쉽다. 그들 역시 동일한 특혜를 제공한다. 대부분의 전문가들은 현금 문제라면, 금융기관들 중 최고의 수익을 산출하고, 서비스도 좋은 금융 펀드를 찾으라고 조언한다.

45

포트폴리오를 **정기적으로** 조정하라

포트폴리오 조정이란 주기적으로 자산 배분을 원래의 목적에 맞도록 수정한다는 것을 의미한다. 조정하는 가장 중요한 이유는 지속적인 분산투자를 유지하기 위해서이다. 조정을 하지 않으면, 당신의 자산 배분은 시장의 변동에 따라 함께 움직이며, 추가적인 리스크를 만들게 된다.

최초에 자산 배분 계획을 선택할 때, 당신은 어느 정도의 리스크와 수익을 기꺼이 감수할 것인지를 결정해야만 된다. 예를 들어, 당신이 원래 당신의 자산 배분 비율로 주식과 채권을 60/40으로 결정했다고 가정하자. 이제 그 비율이 80/20으로 바뀌었다고 가정하자. 당신의 주식 보유가 원래의 계획보다 늘어난 만큼 당신의 리스크도 증가한다. 반대로, 만약 당신의 주식 보유율이 원래 계획보다 낮아졌다면, 당신의 기대 수익은 감소할 것이다. 포트폴리오를 조정할 때면, 당신은 원래의 계획으로 돌아갈 것인지, 혹은 그것을 변화시킬 것인지를 결정해야만 된다.

오쇼네시 캐피털 매니지먼트의 CEO 짐 오쇼네시는 6개월 혹은 12개월마다, 펀드의 전략에 따라 자신의 펀드의 포트폴리오를 조정한다. 만약 공격적인 포트폴리오라면 6개월마다 조정하고, 가치 펀드라면 12개월만에 조정한다. 그에게 중요한 점은, 외부 상황이 아니라 일정에 따라 조정한다는 점이다. "우리는 내일 시장에 상하좌우로 어떤 변화가 일어날지 전혀 모릅니다. 그렇지만 장기적으로는 어떤 일들이 일어날 것인지에 대해 좋은 정보를 가졌습니다. 그러므로 우리는 정기적으로 조정해, 그 정보를 이용합니다."

포트폴리오를 조정하는 또 다른 이유가 있다. 당신이 35세 때 선택한 포트폴리오는, 55세가 되었을 때는 더 이상 적절하지 않을 수도 있다. 만약 당신의 투자가 과세 대상이라면 세금 문제도 고려해야만 된다. 실적이 좋은 주식을 매도하는 대신에, 자산 배분이 균형을 되찾을 때까지 시간이 걸리는 투자에 더 출자하라. 물론, 가끔은 어떤 투자가 당신의 전략에 맞지 않는다든지, 혹은 실적이 저조하다면, 그 투자를 처분해야 할 때도 있다.

대부분의 투자 전문가들은 당신의 포트폴리오를 정기적으로 조정할 것을 추천한다. 새해 초는, 당신의 포트폴리오를 새로운 눈으로 바라보고 자산 배분을 재조정해야만 될 필요가 있는지를 판단하기에 가장 좋은 때이다.

46

채권에도 관심을 가져라

지난 몇 년 동안 채권은 주식만큼 대접받지 못했다. 강세장이 장기간 계속되고, 채권의 수익은 보통이었기에, 채권 투자가들은 감소했고, 또 일부 투자가들은 포트폴리오에서 아예 채권을 빼버렸다. 상황이 이렇게 발전한 이유는 간단하다. 다각화된 주식 펀드의 지난 3년간의 연 수익은 평균 30% 이상이었는데, 같은 기간 재무부 채권 펀드의 연 수익은 8%에도 미치지 못했던 것이다.

당신이 주식을 매수할 때면, 당신은 한 회사의 일부를 사는 것이다. 그것은 회사의 주인이 된다는 의미이다. 그러나 당신이 채권을 매수할 때면, 정부 혹은 회사에 돈을 빌려주는 것이다. 채권은 돈을 빌려준 증서, 즉 차용증서이다. 나아가 채권은 고정 수익 수단으로써, 채권 표시기간 동안 고정 수익을 얻게 된다. 보수적인 투자가들은 지속적이고, 예상 가능한 투자 수익을 제공하는 채권을 선호한다.

채권에는 여러 종류가 있다. 채권이 만기가 되면, 투자가가 기업 혹은 정부에 빌려주었던 돈은 회수된다. 채권의 기간이 길수록, 그 리스크는 증가한다. 여기에 더하여, 채권 등급은 신용평가 기관에 의해 등급이 낮아질 리스크도 항상 존재한다. 등급이 낮은 채권은 하이일드, 이른바 정크 본드라고 부른다. 기본적으로, 고수익(high yield)을 기대하기 위해서는 더 큰 위험을 감수해야만 된다.

그렇다면 채권도 포트폴리오에서 한 자리를 차지해야만 되는 것일까? 루미스 세일레스 픽스트 인컴의 펀드매니저 개리 구드너프는, 포트폴리오에 채권을 포함시키면 몇 가지 유리한 점이 있다고 얘기한다. "채권은 상당한 액수의 꾸준한 수익을 생산합니다. 특히 중년과 노년 투자가들은, 그 점을 중시합니다. 그들은 은퇴 후 생활을 현금에 의존하는데, 그것이 바로 현금흐름을 중시하는 이유입니다. 둘째, 사람들은 주식 포트폴리오에 채권을 더해 다각화했을 경우의 상당한 혜택을 인식하지 못합니다. 만약 당신이 주식과 높은 등급의 회사채, 그리고 재무부 채권으로 이루어진 포트폴리오에, 하이일드 채권을 혼합할 경우 실제로는 포트폴리오 전체적 수익의 손실 위험을 감소시키는 것입니다. 그러므로 최적의 포트폴리오 구성에는 고수익 채권도 포함되어야만 합니다."

그는 하이일드 채권에는 또 다른 유리한 점도 있다고 얘기한다. "장기간에 걸쳐 주식은 채권에 비해 많은 수익을 기대할 수 있는 반면, 채권은 기대 수익이 낮을 것입니다. 하지만 채권은 리스크도 낮습니다. 투자가로서 당신이 원하는 것은 고수익을 창출하면서도 가능한 각각 독자적으로 이익을 창출하는 자산 분배입니다." 구드너프의 얘기이다. "만약 당신이 10년 동안 매년 13%의 수익을 창출할 수 있다면, 그리 나쁜 수익은 아닙니다."

어떻든, 대부분의 전문가들은 개인 투자가들이 직접 하이일드 채권을 매수하는 것은 위험하다고 믿는다. 만약 당신의 포트폴리오에 채권을 추가하기를 원한다면, 전문적으로 관리되는 하이일드 채권 뮤추얼 펀드에 투자하는 것이 현명하고, 안전한 방법이라고 얘기한다. 그 이유는 간단하다. 대부분의 사람들은 채권을 매수하기 전의 전제 조건인 한 회사의 신용과 가치를 확인할 시간과 기술을 가지지 못했기 때문이다.

그럼에도 불구하고, 채권은 모든 사람들에게 적절한 것은 아니다. "당신은 갓 태어난 손녀를 위해서라며 채권을 매수해서는 안 됩니다." 구드너프의 얘기이다. "손녀 아이는 주식을 가져야만 합니다. 당신의 인생에서 채권이 적절한 것은 다른 때입니다."

전문가들은 채권에 투자하기 전에 상당한 시간을 들여 채권의 움직임에 대해 이해해야만 된다고 추천한다. 채권 시장을 충분히 이해하고 그 가치를 인식하기에는 상당한 지식이 필요하다. 만약 당신이 채권 뮤추얼 펀드에 관심이 있다면, 각 뮤추얼 펀드 사의 상담 전화를 이용해 고정 수익 증권에 관한 정보를 요청하라. 투자 잡지와 신문에서 추가 정보를 얻을 수도 있다.

Interview

| 월가 고수와의 인터뷰

엘레인 가자렐리

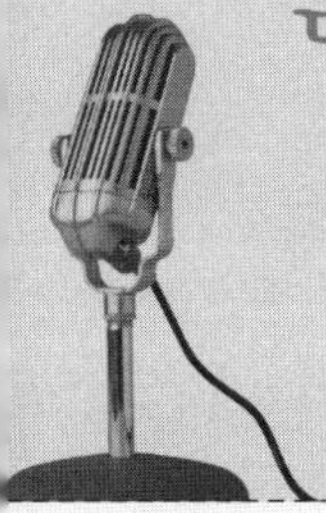

가자렐리 캐피털 매니지먼트의 사장

엘레인 가자렐리는 1987년의 시장 붕괴를 정확하게 예언하고, 고객들의 돈을 주식에서 빼내 현금으로 돌려놓는 조치로, 월가에서 유명 인사가 되었다. 그날 시장은 22% 하락했지만, 그녀의 펀드는 6% 상승을 기록했다. 그후 그녀는 여러 사람으로부터 장래의 시장에 대한 예측을 해달라는 요청을 수도 없이 받는다.

많은 투자전문가들과 마찬가지로 그녀 역시 금융 가문 출신으로, 어렸을 때부터 주식시장을 따라다녔다. 그리고 대학에서는 화학을 전공했지만, 졸업 후에는 드렉셀 해리먼 리플리의 경제부장 보조로서 주식시장 일을 시작했고, 그후 오래지 않아 최고 투자가의 반열에 오르게 되었다.

가자렐리는 주식을 매수하기 전에 기본적으로 수익 성장을 살펴본다. "나는 한 회사나 어떤 업종의 수익 성장이 전체적인 S&P 500을 상회한다면, 그 주식이나 그 업종의 주식들이 시장의 수익률을 상회할 가능성이

90%나 된다는 점을 확인했습니다. 내가 살펴보는 다른 한 가지는 가치입니다." 가자렐리는 가치도 중요하긴 하지만, 수익 성장이 더욱 중요하다는 점을 강조한다. "당신은 주가가 매우 낮은 주식을 보유할 수도 있습니다. 그러나 그 수익률이 S&P를 상회하지 못한다면, 그 주식은 다음 5년 동안 계속 싸구려 신세를 면치 못할 가능성이 있습니다. 주가를 상승으로 이끌어주는 것은 수익 실적입니다."

그녀는 만약 당신이 수익 성장과 가치를 동시에 주목한다면, 당신은 분기별로 시장 수익률을 앞지를 수 있다고도 얘기한다.

가자렐리는 시장의 어느 기업이 저평가되었는지, 어느 업종이 시장 실적을 상회하는지를 판단하기 위해 차트 프로그램을 적극적으로 이용한다. 그 차트들은 무엇이 시장을 상승 혹은 하락으로 이끌었는지를 판단하는 데에도 도움을 준다.

그녀는 기업의 수익 성장만을 살펴보는 것이 아니라, 경제지표 금리 인플레이션에도 주의를 기울인다. "우리는 자동차, 유통업, 그리고 식품업 등 S&P 500에 속한 모든 기업의 수익을 예측하기 위해 경제 측정 모델을 이용합니다. 그리고 1년간 주식 실적의 70~75%는 기업의 실적과 연관이 있다는 점을 발견했습니다."

가자렐리에 의하면 한 업종의 실적이 어떠할지는 경제 상황이 필수적이라고 한다. "경제가 잘 돌아간다면, 예를 들어 금리가 낮아진다면 대출이 쉬워지고, 소비자 입장에서는 이자 부담도 낮아지기에 자동차 매출이 증가합니다. 정부가 긴축으로 돌아서고 금리도 상승한다면, 사람들은 자동차 비용을 줄입니다." 그녀는 경제상황에 따라 혜택을 받는 기업이나 업종을 찾기 위해 노력한다.

"모든 것의 핵심은 경제상황을 아는 것입니다. 경제가 성장하고 금리가 하락할 때면, 당신은 담보 이율이 낮은 업종으로부터, 은행 보험회사 증권회사 그리고 주택 관련 주식에 투자하기를 원하게 됩니다. 그 모든 것은 인플레이션에 근거합니다. 금리를 결정하는 것은 바로 그것이기 때문입니다. 만약 우리가 발을 빼면 시장은 20~30% 하락할 것입니다. 그러면 당신은 약세장에서 실적이 좋은 네 업종, 즉 비누, 식품, 전기기구, 천연가스 회사를 찾게 됩니다. 다른 모든 주식은 상당히 하락하지요."

가자렐리는 자신은 지속적으로 차트 분석을 따른다고 얘기한다. "만약 차트에서 전체 시장이 강세장으로 나타나면 나는 투자를 계속하고, 고평가에 이르면 매도합니다. 그렇지만 시장의 단기적 요동은 걱정하지 않습니다. 나의 강세장에서는 언제든지 4~7%의 조정이 가능하니까요. 당신은 그저 견디어내기만 하면 되는 거지요."

가자렐리가 저지른 실수 중 가장 큰 실수는 그녀 자신의 어드바이스를 따르지 않았던 것이었다. "1987년의 붕괴 직후 우리의 지시는 강세로 돌아섰습니다. 하지만 시장은 등락이 심했기에, 나는 망설였습니다. 조정을 기다리느라 빠르게 매수에 나서지를 못했어요. 누구라도 그럴 수 없었을 거예요. 만약 당신이 강세장을 나타내는 지표를 보았고, 그날 하루에 200포인트 뛰어오르는 것을 보았다면, 조정을 기다리지 않고 무조건 뛰어들었을 테지만요. 당신이 펀드를 운영한다면, 현금은 상승장에서 보유할 수 있는 것들 중 가장 나쁜 형태입니다. 오직 시장 실적을 밑돌 뿐이니까요."

그 실수는 그녀에게 자신의 전략을 고수하라는 가르침을 주었다. "당신의 지시가 약세장에서 강세장으로 옮겨갈 때면, 고치려고 노력하지도 말고 조정을 기다리지도 마십시오. 시장은 6개월 이내에는 후퇴하지 않을 테니, 그저 즉시 뛰어드세요."

리스크를 최소화하기 위해, 가자렐리는 어느 주식이든지 포트폴리오의 5% 이상을 허용하지 않는다. 그리고 강세장이라고 판단되면 전량 투자 상태를 유지하고, 약세장을 가리키면 현금 보유를 늘리거나 혹은 과대 평가된 주식을 매도한다.

가자렐리는 성공적인 투자가가 되는 비결 중의 한 가지는 겁을 먹고 너무 빠르게 주식을 매도하지 않는 것이라고 얘기한다. "시장이 하루에 200포인트 하락하면 겁을 내는 개인 투자가를 많이 보았습니다. 그 결과 바닥에서 매도하지요. 단기적인 시장의 동요나 혹은 다른 단기적인 사항에 따라 겁을 내서는 안 됩니다. 인플레이션율, 장기적 이율 등 주요 기초 사항에 집중하세요. 만약 당신이 이 두 가지를 예상하고, 수익을 올릴 수 있다면 당신은 성공할 수 있습니다."

가자렐리는 대부분의 경우, 자신들 같은 전문가들이 빠져나오면 주식 시장은 더욱 하락한다고 얘기한다. "정부에서 금리를 인상하면, 경기 후퇴는 더욱 깊어지지요. 금리 인상은 인플레이션을 낮추는 방법이기 때문입니다. 만약 인플레이션이 문제되지 않는 정도라면, 정부는 경기 후퇴의 원인이 되는 금리 인상을 하지 않을 것입니다." 그녀는 인플레이션의 위험이 증가하지 않으면, 약세장이 나타날 가능성은 없다고 예언한다. 그러나 그런 일이 시작되기 전에 먼저 여러 가지 징조가 나타날 것이다.

가자렐리는 조언한다. "정부는 금리를 인상할 예정이면, 미리 시장에 그 사실을 알려줍니다. 금리를 인상하기 전의 연방준비제도 이사장의 얘기를 놓치지 마세요. 그 사람은 누구에게도 충격을 주려 하지 않고, 시장 붕괴를 원하지도 않으니까요. 만약 그들이 금리를 인상해 경기 후퇴의 원인을 제공하면, 시장은 하락할 것입니다. 그러면 많은 사람들은 주식을 포기하고 채권을 선택할 것입니다. 높은 수익을 얻을 수 있으니까요."

가자렐리는 사람들이 시장에서 돈을 잃는 일반적인 이유는, 자신이 무엇을 매수하는지도 모르면서, 매수하기 때문이라고 말한다. "너무도 많은 사람들이 텔레비전에서 보았거나, 잡지에서 읽었던 주식을 매수합니다. 나는 모든 것을 날려버린 사람들을 많이 만나보았습니다. 서글픈 일이지요. 그들은 처음 이틀 정도는 돈을 법니다. 그렇지만 그것에 걸려들고 마는 거예요."

가자렐리는 개인 투자가들에게 그들이 매수하는 주식에 대해 더 공부하라고 제안한다. "경제와 기업의 펀더멘털을 알아야만 합니다. 그리고 경제 사이클의 어느 주기에 도달했는지도 알아야만 합니다."

여기에 덧붙여, 개인 투자가들은 분산 투자로 리스크를 최소화해야만 된다고 주장한다. "달걀을 한 바구니에 모두 담아서는 안 됩니다. 당신의 자산 5~10% 이상을 한 주식에 투자하지 마세요. 부동산, 여러 주식과 채권, 그리고 현금으로 나누어 투자하십시오."

만약 당신이 자산을 어느 비율로 어떤 종목들에 분산 투자해야 될지를 모른다면, 가자렐리는 투자 자문가를 찾으라고 제안한다. 그들은 당신만의, 독특한 재정적 필요를 충족시킬 수 있는 자산 배분 계획을 세우도록 도와줄 수 있다고 얘기한다.

47

일찍 시작하라

부자가 되는 방법을 가르쳐주는 책 대부분은 진실을 기록하고 있다. 만약 당신이 일찍 시작해 매월 50달러 혹은 100달러씩 정기적으로 주식시장에 투자한다면, 당신은 진정으로 살아 생전에 백만장자가 될 수 있다. 그 비결은 무엇일까? 그것은 아인슈타인이 이 세상의 여덟 번째 기적이라고 지칭한 '복리'라는 것이다.

우선 복리에 관해 자세히 설명하겠다. 당신에게는 매월 200달러를 주식시장에 투자할 여유가 있다고 가정하자. 편의상, 매년 지급되는 정기 복리 금리는 11%라고 가정한다. 당신은 매월 200달러를 투자한다. 이제 복리의 마법을 소개하겠다. 10년 후면, 당신의 투자액은 4만2천 달러에 이르게 된다. 20년 후에는 16만 달러가 되고, 30년 후면 50만 달러가 된다.

복리의 위력을 절대로 과소평가해서는 안 된다. 많은 투자 자문가들은 '72 규칙'(Rule of 72)을 제시한다. 72 규칙에 적용되는 원칙을 소개하겠다. 당신의 투자에는 수익률이 확정되어 있다. 72를 그 숫자로 나눈다.

그 결과 나타난 숫자는 당신의 돈이 2배가 되는데 필요한 연수(年數)를 나타낸다. 예를 들어, 12%의 금리로 투자한다면, 그 두 배가 되는 데에는 6년이 필요하다. 만약 당신이 5000달러를 연리 12%의 고정 금리에 투자했을 경우, 6년 후 당신은 1만 달러를 가지게 되는 것이다.

드레만 밸류 관리회사의 데이빗 드레만은, 제레미 J. 시겔의 저서 〈장기적인 수익을 올리는 주식투자 *Stocks for the Long Run*〉에서 소개한 통계를 인용하며 복리의 위력을 소개한다. 그는 지난 200년 동안 다른 어떤 형태의 투자보다 주식투자가 효과적이었음을 보여준다.

드레만의 주장에 따르면, 1달러를 연구 대상 기간인 1802년부터 1996년까지 증권에 투자했다면, 인플레이션을 감안해도 51만 2232달러에 달한다. 인플레이션을 감안하지 않는다면, 그 액수는 677만 887달러에 달한다. 만약 당신이 그 기간 동안 채권과 재무부 단기 채권에 투자했다면, 721달러만을 가지게 될 뿐이다. 그리고 인플레이션을 감안한다면, 202달러에 불과하다. 만약 금(Gold)에 투자했다면 195년이 흐른 다음, 당신의 돈은 겨우 1달러 12센트가 된다.

드레만은 2세기가 흐르는 동안 인플레이션을 감안하면, 주식은 7%의 수익을 기록했다고 말한다. 이 통계는 당신의 돈을 두 배로 늘리기 위해서는 10년 6개월이 필요함을 보여준다. 21년 후 당신의 자산은 4배가 되고, 42년 후에는 16배로 증가한다.

통계는 복리 투자가 당신에게 막대한 부를 안겨줄 수 있음을 보여주지만, 당신이 주식에 투자한다면 아무런 보장도 없다는 점을 염두에 두어야만 한다. 어떤 사람들은 주식에 투자하면 연 15% 혹은 그 이상의 수익을 올릴 수 있다고 확신하는 잘못을 범한다. 전문가들은 1926년 이후 주식에 대한 투자 수익률이 평균 11%라고 주식시장에서 공시했지만, 그것이

앞으로도 그렇게 지속되리라는 의미는 아님을 경고한다. 누구도 시장에서 1년, 10년, 30년 동안 어느 정도의 수익을 기록할지, 확실한 근거를 가지고 대답하지 못한다. 실제로, 전체 시장이 연간 30%의 수익률을 기록했다 할지라도, 당신의 주식도 그만한 수익을 기록한다는 의미는 아닌 것이다. 주식 투자시에는 각 개인이 15%의 수익을 기록하는 것만큼이나, 15%의 손실을 기록하는 것도 쉬운 일이다.

컬럼비아 스몰캡 펀드의 펀드매니저 리처드 존슨은 그 점에 대해 이렇게 얘기한다. "15%의 이익을 기대해서는 안 된다. 7~8%만 기대해야 된다. 그 이상을 기대하는 것은 어리석은 태도이다. 은퇴했을 때의 목표에 맞추기 위해, 8% 이상의 숫자를 넣어 계산하는 것은, 스스로를 리스크가 높은 가파른 언덕 아래로 밀어넣는 결과가 된다."

보장이라곤 전혀 없다는 점을 인식하기에, 전문가들은 주식시장이 돈을 장기적으로 넣어두는 데에는 최적의 장소라고 얘기한다. 당신은 언제든지 시작할 수 있고, 또한 그들은 당신에게 그렇게 할 것을 제안하기도 한다. 복리라는 마법 때문에, 일찍 시작할수록 훨씬 유리하다. 일찍 시작하면, 당신의 재정적 목표를 달성하기 위한 훌륭한 수단으로써 주식시장을 활용할 수 있는 것이다.

48

정액 투자법을 이용하라

이익을 극대화하고, 리스크를 최소화하는 데 가장 효과적인 방법은 일정 기간마다 같은 액수를 투자하는 정액 투자법을 이용하는 것이다. 예를 들어, 당신은 매월 50달러 혹은 100달러를 경제 상황, 증권 시장, 주가 등에 대한 아무런 걱정도 없이 주식시장에 투자할 수 있는 것이다. 많은 사람들은 그들의 봉급에서 일정액을 연금이나 뮤츄얼 펀드 등에 자동 투자하는 방법으로 정액 투자법을 이용한다.

정액 투자법은 오랜 기간에 걸쳐 지속적으로 이용하면 매우 효과적임을 보여준다. 세금 면제와 장기적인 강세장이 맞물려 수백만 명에 달하는 사람들이 은퇴했을 때 부유한 사람이 될 수 있도록 도와주었다.

모닝스타의 회장 겸 CEO 돈 필립스는 정액 투자법에 강한 믿음을 가진다. "그것은 상황에 따른 모든 감정적 동요를 없애줍니다. 나는 자동 투자 프로그램에 의해 모든 투자를 해왔습니다. 연금은 봉급에서 자동적으로 투자되므로 가장 쉬운 투자였지요."

그는 봉급에서 일정액을 투자하는 데 있어서 가장 큰 장점은 당신의 증권이 상승하거나 혹은 하락할 경우에도, 투자액이 늘어나지 않는다는 점이라고 얘기한다.

〈월가의 랜덤워크 다운〉의 저자 버튼 멜키엘까지도 정액 투자법에 동의한다. 멜키엘은 많은 월가의 투자전략에 대해 비판적이었음에도, 정액 투자법은 투자에 대한 리스크를 본질적으로 감소시킨다고 썼다. 어쨌든 멜키엘은 정액 투자법의 불리한 점도 지적한다. 만약 당신이 정액 투자법을 이용해 증권을 사게 되면, 매입할 때마다 잠재적으로 높은 수준의 중개 수수료를 지불해야만 된다는 점이다. 반면 이 문제는 수수료 부담이 없는 뮤추얼 펀드에 투자하면 상쇄된다고도 썼다.

정액 투자법을 이용해 주식을 구입하는 또 다른 방법은 배당 재투자 프로그램(DRIP)에 참여하는 것이다. DRIP는 이미 한 회사의 주식을 가진 투자가들에게 (단 한 주만을 소유했을지라도) 수수료 없이 추가 주식 구입을 허용한다.

많은 회사들이 중개 수수료 없는 DRIP를 시행하고 있지만, 소액 투자가들이 그 프로그램에 참가하는 것을 방해할 목적으로, 어떤 회사들은 추가 비용을 요구한다는 보고도 있다. 하지만 그러한 제약 때문에, 당신의 포트폴리오에 DRIP가 적절한지 자세히 살펴보는 시도조차 포기해서는 안 된다.

나는 몇 년 전 한 회의에 참석했을 때 좌절한 상태인 한 보험회사 간부와 함께 달러 가치 평균법의 혜택에 관해 얘기한 적이 있었다. 다우지수가 6000을 돌파했음에도, 그는 몇 년 전 다우지수가 4000을 돌파했을 때, 그의 정액 투자를 모두 현금화했기에 매우 혼란스러워할 수밖에 없었다. 그는 시장이 그토록 높게 상승하리라곤 상상할 수 없었던 것이다. 몇 년 동안이나, 그는 현금을 보유하면서 다우지수가 떨어지기만을 기다렸다. 헐값으로 되사기 위해서였다.

내가 아는 바로는, 그는 지금도 기다리고 있다. 그의 동료들이 정액 투자법을 이용해 돈을 두 배 혹은 네 배로 불리는 동안, 그는 화를 내며 구석에 서서 스치고 지나가는 시장을 구경하고 있을 뿐이다.

주식시장에 대해서는 명심해야 할 사항이 두 가지 있다. 첫째, 전문가들도 시장의 타이밍을 맞추기는 극히 어렵다고 한다. 실제로 대부분의 경우 제대로 타이밍을 잡지 못한다. 그것이 정액 투자법이 효과적인 이유이기도 하다. 둘째, 만약 당신이 주식시장 혹은 성공적인 뮤추얼 펀드에 오랜 기간에 걸쳐 정기적으로 투자한다면, 높은 수익을 올릴 수 있음을 그동안의 연구 결과가 설득력 있게 보여준다는 사실이다.

49

잃어도 좋을 **여유 자금**만 투자하라

"남자의 인생에서 생각해서는 안 되는 때가 두 번 있다. 그럴 여유가 없을 때이고, 그럴 수 있을 때이다." 마크 트웨인의 이 말은 핵심을 잘 보여준다. 마크 트웨인은 농담으로 이런 말을 했겠지만, 많은 전문가들은 그럴 만한 여유가 없을 때 주식시장에 투자하는 것은 큰 실수들 중의 한 가지라는 데 동의한다. 임대료 혹은 각종 청구서에 지불할 돈으로 주식을 사는 것은 위험부담이 크다. 손실을 기록해서는 안 될, 여유 없는 돈으로 주식시장에 뛰어들게 되면 시장의 단기 조정이나 폭락에 전혀 대처할 수 없기 때문이다.

투자를 갈망하기에, 필요한 돈을 모으기 위해 무슨 짓이든 서슴지 않는 사람들이 있다. 어떤 사람들은 자신의 연금에서 돈을 대출받거나, 신용카드를 이용해 현금을 빌리거나, 혹은 집을 저당 잡히기도 한다. "그것은 겁나는 일입니다." 연금의 아버지라고도 할 수 있는 테드 베나는 이렇게 말한다.

돈을 잃게 될까봐 두려워하면 성공적인 거래가 어렵다. 〈새로운 시장의 마법사들〉의 저자 잭 슈웨이거는 여유가 없을 때 주식시장에 뛰어들면, 실수를 저지를 가능성이 높다고 그의 책에 썼다. 당신은 돈을 잃게 될 것을 너무 두려워한 나머지, 최고의 매수 기회를 놓치게 된다. 주식시장에서 돈을 잃으면 안 되기 때문에, 당신은 지나치게 조심스럽기 때문이다. 그는 그러한 태도를 '겁나는 돈으로 매매한다' 라고 표현한다. 그리고 그러한 태도는 판단을 흐리게 해, 결국에는 실패할 수밖에 없다고 말한다.

이에 덧붙여, 여유가 없는 돈으로 거래할 때는 압박감이 쌓여 당신에게 좋지 않은 방향으로 작용한다고도 썼다. "거래 그 자체만으로도 충분히 감정적입니다. 그런데 만약 다음 번 임대료를 지불해야 될 돈, 혹은 자녀를 대학에 보내는데 필요한 돈 등등의 돈을 위험에 내맡긴다면, 두려움과 탐욕이라는 감정적인 동요는 더욱 크게 확대됩니다. 당신 자신에게 물어야 할 질문은 이것입니다. 내가 거래하는 돈을 잃게 되면, 내 인생은 크게 달라질까? 엄청난 차이가 생길까?" 그렇다면 여유가 없는 돈으로 투자해서는 안 된다는 결론이 도출된다.

만약 1년 혹은 그 이내에 써야 할 돈을 가지고 있다면, 전문가들은 CD(양도성 예금증서), 재무부 채권, 혹은 금융기관 계좌에 투자할 것을 권장한다. 윌 로저스는 자신의 돈으로 인한 수익보다는, 자신이 돈을 회수한다는 점에 대해 더 걱정한다는 농담을 던지기도 했었다. 그는 금융기관 계좌에 투자하기에 완벽한 후보자이다.

만약 당신에게는 주식시장에 직접 투자할 만한 여유가 없다면, 뮤추얼 펀드를 고려해보는 것이 좋다. 특히 장기 투자를 할 경우라면 더욱 좋다. 아무런 보장도 없기는 하지만, 금융기관 계좌에 투자했을 경우보다 나은 수익을 기록하게 될 가능성이 높다. 어쨌든 당신이 어떤 펀드에 투자하느냐에 따라 그 결과는 달라진다.

내 친구 한명은 1년 내에 집을 사고 싶어했기에, 매우 공격적인 러시아 섹터펀드에 투자했다. 러시아의 불확실한 경제 상황으로 인해, 그가 산 펀드는 몇 개월 후 80% 하락을 기록했다. 내 친구는 파산하거나, 언젠가는 수익을 기록할 수도 있다. 그러기 위해서는 분명히 1년 이상을 기다려야만 한다.

만약 당신에게 즉시 증권에 투자할 여유가 없다 해도 걱정할 필요는 없다. 전문가들은, 당신이 먼저 3~6개월 동안의 생활비, 혹은 비상시에 대비해 충분한 현금을 확보해두는 것이 중요하다고 얘기한다. 일단 충분한 비상금이 확보되었고, 증권 시장이 당신의 장기적인 재정 목표 수립에 적합하다면, 그때 여유 자금을 투자하라.

Interview

| 월가 고수와의 인터뷰

로버트 샌본

오크마크 펀드의 펀드매니저

로버트 샌본은 직업을 찾기 위해 노력하던 중에 우연히 투자 사업과 마주쳤다고 한다. 그는 대학교수가 되기를 원했지만 학교 정책은 그에게는 맞지 않다는 결론을 내렸다. 그리고 곧 자산 운용이 그의 성격에 꼭 맞는 지적 도전과 경쟁 기회를 제공한다는 점을 깨달았다.

그는 워런 버핏의 가치 철학에 끌려, 그가 쓴 투자 관련 글들을 모두 읽어보았다. "나는 그 이론을 매우 신중히 살펴보았으며, 결국에는 내 자신이 가치투자가가 되겠다는 결론에 도달했습니다." 로버트 샌본은 이렇게 말한다. "오크마크 펀드는 내 철학에 맞는 가치 철학을 가지고 있었습니다. 그래서 지금 내가 여기에 있게 된 것입니다."

샌본은 투자 과정에서 단기적으로 주식 한 조각을 산다기보다는, 사업체의 한 부분을 산다는 태도로 접근했다. "우리에게는 충실히 지키는 다섯 가지 지침이 있습니다." 첫째는 근본적 가치를 상당히 할인된 시장 가격으로 매입하는 것이다. 그 점에 대해 샌본은 이렇게 설명한다. "근본적 가치는 그 회사에 대한 완벽한 지식을 가진 사람이라면, 영구히 소유하기 위해 기업 전체를 매입하기 위해 지불할 금액을 의미합니다. 우리는 그 가치의 60% 가격에 매수합니다."

두 번째 지침은 '오너가 직접 경영하는' 기업에 투자한다는 것이다. 그에게 이것은 두 가지 의미를 가진다. 첫째, 그는 회사의 여유 현금흐름이 어떤가를 정확히 알고 싶어한다. 두 번째는 그 현금흐름에 대해서, 즉 자사주 취득 그리고 자산 취득 등 이동 상황에 대해 자세히 알고 싶어한다.

그는 대부분의 미국 전문경영인들은 회사를 운영하는 데 상당히 뛰어나다고 믿는다. "끔찍할 정도로 나쁜 경영자는 매우 드뭅니다." 샌본은 이렇게 제안한다. "펀드의 역사를 살펴볼 때, 회사를 운영할 능력이 없었던 경영은 오직 한두 번밖에 없었다는 결론에 도달했습니다." 그러한 생각에도 불구하고, 그는 많은 시간을 최고 경영진과 함께 보내며, 여러 가지 장기적인 계획에 관한 질문을 던진다. "우리는 경영진이 장기적인 면에서 주식 가치를 극대화하기 위한 정책을 추구하는지, 그렇지 않은지에 대한 결론을 얻기 위해 여러 가지 질문을 합니다."

샌본의 말을 계속 소개하겠다. "우리의 세 번째 지침은 집중입니다. 오크마크 펀드의 포트폴리오는 매우 집중되어 있음을 보여줍니다. 상위 20종목이 우리 자산의 72%를 차지하고, 최상위 다섯 종목은 30%를 차지합니다. 우리에겐 공공사업, 에너지, 기술 주는 없고, 나아가 우리는 S&P 500과는 다르다는 점에도 개의치 않습니다." 그는 많은 펀드매니저들이 S&P와 멀리 떨어진다는 점을 상당히 두려워한다고 지적한다. "포트폴리오에 S&P의 통계를 너무 많이 반영하면, 장기적으로 그들보다 뛰어난 실적을 기록할 가능성은 적어지고, 거의 0에 가깝습니다. 수수료 제도를 감안하면 더욱 그렇습니다."

샌본의 네 번째 지침은 장기 투자이다. "우리의 주식 교체율은 매우 낮습니다. 평균 펀드의 20% 가량에 불과합니다." 샌본은 한 회사가 다음 1분기 동안 어떤 실적을 기록하느냐보다, 앞으로 10년 동안 어떨 것인지에 대해 더욱 관심이 많다고 말한다.

마지막으로, 조사는 그에게 매우 중요한 의미를 가진다. "광범위한 연구는 우리 회사의 상징입니다. 우리는 직접 조사 연구합니다. 나는 우리 오크마크 펀드가 시카고에서는 가장 큰 자산 펀드라고 믿습니다. 그렇지만 최소한 지난 5년 동안 월가의 세일즈맨이나, 애널리스트를 만난 적이 없습니다. 우리는 거시경제 지표를 내지도 않고, 시장 예측 타이밍 등등 기술적 분석은 그 무엇도 하지 않습니다. 다만 우리는 매력적인 가격의 회사를 매수하는 데 집중할 뿐입니다."

한 기업에 관한 모든 내용을 밝혀냄으로써, 펀드 투자가들이 안게 되는 리스크를 최소화할 수 있다고 샌본은 굳게 믿는다.

여기에 더하여, 샌본은 그 자신이 직접 경영에 참가할 수도 있는 안정적이고, 단순한 기업에 투자하는 것을 선호한다. "워런 버핏은 주요 정책 결정이 수월한 사업체에 투자하기를 좋아했습니다. 그는 코카콜라의 이사로서, 절대로 어려운 결정을 내려야만 했던 적은 없었다고 얘기했습니다. 나 역시 그와 같은 생각입니다. 평범한 사람이 운영할 수 있고, 변화가 크지 않은 기업체에 대한 투자를 선호하는 것입니다. 만약 구조적으로 탄탄한 기업체에 투자하면 당신의 돈은 오랜 기간 동안 잘 보존되고, 당신은 좋은 투자 수익을 올리게 될 가능성이 높습니다."

샌본은 주식을 매도할 때에도 매수할 때와 마찬가지로 철저히 규칙에 따른다. "우리는 가치의 60%에 주식을 매수하고, 가치의 90%에 매도하는 것을 선호합니다. 간단히 말해 100달러의 가치를 가진 회사가 있다고 가정합시다. 우리는 60달러에 그 회사를 매수하고, 가치가 변하지 않았다면, 90달러에 그 회사를 매도하는 것입니다. 이 점에 대해 그 회사의 가치가 더 오를 것이라고 얘기할 투자가도 많겠지요. 그러나 우리는 그렇게 하지 않습니다. 우리는 항상 회사의 지침을 적용합니다."

각자의 규칙에 따르지 않는 것은 사람들이 너무도 자주 범하는 실수이다. 샌본은 이렇게 결론짓는다. 실제로 그는 합리적인 지침을 가지고 그것을 고수하는 것은 성공적인 투자가가 되기 위해서 필수적이라고 믿는다. "당신은 철학을 가져야만 합니다. 그리고 그것을 지켜야 합니다."

샌본은 투자가들에게 단기적인 시장의 동요에 지나치게 흔들려서는 안 된다고 말한다. 그는 인기 있는 텔레비전 투자상담 프로그램에 관해서도 언급한다. "올라갈 때는 환호하고, 내려갈 때는 슬퍼합니다. 하지만 그날 그날의 상황에 따라 변화하는 정신병자와 같은 태도는 피해야만 됩니다." 그는 투자 전문 채널과 뉴스의 확산과 더불어, 점점 더 상태가 나빠지는 것 같다고 얘기한다. "경솔한 생각을 부추기는 경향이 있기 때문입니다."

샌본은 그에 대한 해답은 장기 계획을 세우는 것이라고 얘기한다. "당신이 잘 해내지 못할 때가 있을 것이기에, 투자전략을 세우는 것이 중요합니다. 투자전략은 당신이 그러한 갈등의 시기를 통과하는 데 도움을 줄 것입니다. 그리고 당신은 왜 특정 자산 혹은 특정 종목에 투자했는지, 그 이유를 이해해야만 됩니다. 단기적인 움직임에 당신의 투자전략이 흔들려서는 안 됩니다."

마지막으로 샌본은, 투자가들은 자신이 투자한 뮤추얼 펀드를 자세히 알아보아야 된다고 말한다. 그는 대부분의 대형 펀드는 지나칠 정도로 분산 투자를 한다고 생각한다. 그것은 상당 부분을 S&P 500이 차지한다는 의미이다. 그러기에 투자가들이 주의를 기울이지 않으면, 우연히 비슷한 펀드에 너무 많은 투자를 하게 된다고 경고한다. 그런 경우라면 다음의 두 가지 중 한 가지 조치를 취해야만 된다고 제안한다.

첫째, 그 모든 펀드를 매각하고 인덱스펀드에 투자한다. 그 모든 펀드에 투자하는 것보다는 높은 단가의 인덱스펀드에 투자하는 것이 효과적이기 때문이다. 두 번째는, 좀 더 집중할 여력에 있다면 당신의 자산이 허용하는 범위 내에서 두 개의 펀드에 투자하는 것이다.

50

당신의 투자 **한계 기간**을 고려하라

당신이 퇴직할 때까지의 남은 기간, 혹은 저축한 돈을 사용하기 시작하는 시점까지의 기간을 투자 한계 기간이라고 한다. 투자를 시작하기 전에 당신은 은퇴 자금을 필요로 할 때까지 얼마나 남았는가를 고려해볼 필요가 있다. 일반적으로, 전문가들은 돈을 필요로 할 때까지의 남은 기간이 길수록, 당신은 더 큰 리스크를 감수할 수 있다고 말한다. 투자 기간이 길어질수록, 장기간에 걸친 성장 잠재력을 이용해 주식시장의 등락을 이겨낼 수 있게 되기 때문이다.

연구 결과는 자산 보유 기간이 길수록, 손실 가능성은 작아짐을 보여준다. 이보스톤 & 어소쉬이츠에 의하면, 1926년부터 1993년 동안 S&P 500의 주식들 중, 5년 동안 상승한 주식은 57이고, 하락한 주식은 오직 7이었음을 보여준다. 예를 들어 당신이 보유 기간을 10년 혹은 15년으로 장기화하면, 그 하락은 없어지게 된다.

어쨌든 이 통계에 의하면, 당신이 5년 이하로 투자하려고 한다면, 쓰라린 경험을 겪게 될 가능성이 매우 높음을 보여준다. 전문가들은 단기 투자의 경우 위험 부담이 큼을 보여주는 반면에, 장기 투자에서는 주식시장의 가격 등락을 완화시켜준다는 데 동의한다. 이런 이유로 해서, 투자는 장기적 안목에서 평가되어야 하고, 투자 한계 기간은 당신의 투자전략에 커다란 영향력을 줄 수밖에 없게 된다.

당신이 특별한 이유로 해서 돈을 필요로 하게 된다면, 예를 들어, 3년에서 5년 이내에 사고 싶어하는 집의 할부금 등을 필요로 하게 된다면, 주식시장은 투자에 적합한 곳이 아닐 수도 있다. 대신에 당신은 CD, 금융기관 계좌, 채권 등 필요할 때 언제라도 원금을 회수할 수 있는 곳에 투자하는 것이 좋다.

어쨌든 당신이 은퇴 후를 대비해 투자한다면, 투자 기간은 15년 혹은 그 이상이 될 가능성이 높다. 이러한 오랜 기간 투자가 가능한 사람들은, 잠재적 수익을 극대화하기 위해 최소한 투자액의 일부만이라도, 위험부담이 높은 투자를 고려해보아야만 된다고 전문가들은 얘기한다. 의학의 발달과 평균 수명의 연장을 고려한다면, 당신의 은퇴 후의 기간도 15년에서 20년이 연장됨을 염두에 두어야 한다.

실제로 많은 사람들은 생활에 필요한 돈의 총액을 과소평가한다. "투자 한계 기간은 당신의 여생을 위한 것이지, 은퇴를 대비한 것이 아니다. 그러므로 당신이 5년 혹은 그 이하의 기간에 집중해야 될 필요는 분명하다. 다시 말해, 지금부터 5년 후에 돈을 필요로 하게 된다면, 당장 자산운용에서 제외시켜야 한다. 5년이라는 기간만이 허용되기 때문에, 투자해서는 안 되는 것이다."

전문가들은 당신이 투자 한계 기간에 대해 생각할 수 있다면, 당신의 돈을 어디에 투자해야 될지를 결정하기 쉬워진다고 얘기한다.

51

당신의 **리스크 허용치**를 파악하라

리스크란 사람들에게 각기 다른 의미를 가진다. 투자업계에서는 리스크를 '투자에 대한 수익이 기대와는 다를 가능성'이라고 규정하기도 한다. 다시 말해, 리스크는 투자액 전액 혹은 일부를 잃게 될 가능성을 의미한다. 불행하게도 리스크 없는 투자란 없다.

주식의 경우에는, 한 회사의 주식이 하락할 가능성을 의미한다. 채권에서는 회사의 신용 등급이 나빠진다거나 혹은 높은 금리 때문에 가격이 떨어질 위험이 있다. CD, 금융기관 저축계좌, 채권 등은 인플레이션으로 인해 손실을 기록하게 될 위험부담이 있다. 전문가들은, 투자가들이 그 어디에 투자하든, 투자한다는 것은 즉 리스크를 감수한다는 의미임을 경고한다.

또한 전문가들은 많은 투자가들이 리스크를 피하기 위해 너무 많은 시간을 낭비하는 잘못을 저지른다고 얘기한다. 그들은 주식시장의 붕괴와 함께 돈을 잃게 될 것을 두려워해서, 철저하게 주식을 피하고, 그들이 투자한 돈이 안전하리라고 판단되는 저축계좌 혹은 CD에만 집중한다.

각기 다른 조언들 속에서, 투자가는 어떻게 해야만 되는가? 그들은 한편으로는 주식시장에서 돈을 잃게 될 것을 염려하지만, 다른 한편으로는 은퇴 후에 충분한 돈을 가지지 못하게 될 것을 걱정한다.

많은 전문가들은 그에 대한 대답으로, 당신이 불편함을 느끼지 않는 범위 내에서, 어느 정도까지의 리스크를 감수할 수 있을지를 결정하는 것이라고 한다. 그것이 바로 리스크 허용치이다.

그러나 불행하게도 전문가들까지도, 리스크 허용치를 결정하는 것은 매우 어려운 일이라고 입을 모은다. 이븐스키 브라운 캐츠 & 레비트의 투자 고문 로버트 레비트가 설명한다. "만약 다양한 경제 상황에 대한 경험이 없다면, 시장이 심각한 조정 국면에 돌입했을 때, 당신은 그에 대해 어떻게 반응할지 당신 스스로도 전혀 예측할 수 없다."

그는 20%의 손실을 기꺼이 감수할 수 있다는 설문지에 대답하는 것은 쉽다고 말한다. 그러나 실제로 20% 혹은 그 이상의 손실을 기록하게 되었을 때 당신은 다른 반응을 나타낼 수 있다는 것이다.

당신의 반응이 어떠할지를 미리 예측해보기 위해, 전문가들은 투자전략을 세울 때 리스크에 대해서도 고려해볼 것을 제안한다. 예를 들어, 당신은 배당이 없고 PER(주가 수익률)가 높은 주식보다는, 높은 배당을 지불하는 PER가 낮은 우량주에 투자했을 때 편안함을 느끼게 될지도 모른다.

인터넷에는 당신의 개인적 리스크 허용치를 판단하는 데 도움을 줄 체크리스트와 계산표가 다양하게 올라와 있다. 이러한 계산표는 당신이 어느 정도의 리스크를 감수하려 하며, 투자 기간은 어느 정도인지 등등 여러 가지를 근거로 해서 당신이 보수적인 투자가인지, 공격적인 투자가인지를 분석해준다.

만약 전문 리스크 분석가를 원한다면, 언제든지 투자 자문가를 찾아갈 수도 있다. 그러나 당신의 투자에 대해 잠 못 이루며 불안해하기 전에, 어느 정도의 리스크를 받아들일 것인지를 결정해야 될 사람은 결국에는, 오직 당신 자신뿐이라는 점을 잊지 말아야 한다.

52

당신의 **투자 내역**을 면밀히 관찰하라

유추얼 펀드와 증권회사에서는 당신이 얼마나 많은 거래를 했고, 당신의 현재 보유액은 얼마인지를 나타내는 정기적인 명세서를 보내주지만, 당신 스스로 기록하는 것은 매우 좋은 방법이다.

만약 당신이 직접 주식을 매수 매도하는 적극적인 트레이더였다면, 보유 주식이 어느 정도인지, 지불한 가격은 얼마이고, 현재 주가는 얼마인지를 반드시 정확하게 알고 있어야만 한다. 만약 당신이 주식을 몇 년 동안 보유하고 있다면, 당신이 어떤 주식을 얼마만큼 보유하고 있으며, 매수 당시의 금액을 정확하게 인식하고 있어야만 한다. 그 목적은 당신의 투자를 관리하려는 것이다.

이 세상에서 투자를 추적하기에 가장 좋은 도구는 개인용 컴퓨터이다. 당신은 일생을 컴퓨터 앞에 앉아 보내고 싶어하지는 않을지라도, 1주일에 한 시간 정도라는 최소한의 시간 정도는 기꺼이 바쳐 당신의 투자를 살펴보고 싶어할 것이다.

자신의 투자에 대해 면밀히 살펴보는 것을 시간낭비일 뿐이라고 생각하는 사람과 함께 일한 적이 있다. 그는 자신의 투자 상황을 거의 체크해 보지 않았으며, 그의 예금 계좌에 충분한 돈이 들어 있는 것만으로도 행복해하는 그런 사람이었다.

어느 날 우리가 주식시장에 관해 얘기할 때, 그는 자신의 포트폴리오에 들어 있는 전부가 주식시장이 아닌 금융 계좌에 들어 있음을 털어놓았다. 몇년 전, 일시적으로 현금화했던 돈을 다시 주식에 투자하는 것을 잊었다는 것이다. 그는 자신의 계좌에 관심을 기울이지 않았던 실수 때문에 증권사상 최고의 황금시장을 놓친 것이다.

당신의 투자에 대한 관찰을 도와주는 프로그램이 여러 가지 있다. 당신이 진정으로 돈 관리를 원한다면 투자 관리뿐만 아니라, 수입 지출 경비 봉급 등 여러 가지를 관리할 수 있도록 도와주는 방법을 배울 수 있다. 이러한 프로그램들에는 당신의 투자를 면밀히 관찰하는 데 필요한 모든 것이 들어 있다. 또한 그 프로그램들에는 당신의 포트폴리오의 가치, 원가 기준, 그리고 자산의 배분과 다각화에 대한 상세한 정보를 칼라로 화려하게 보여줄 차트와 그래프도 포함되어 있다.

만약 당신이 진정으로 진지해지길 원한다면, 상장사들의 정보를 입수할 수도 있다. CEO의 약력에서부터, 상근 직원 수, 현재 수익, 혹은 분석평가표 등등, 한 회사에 대한 많은 정보를 획득할 수 있다. 또한 주식 정보를 획득하고, 매각해야만 할 때와 매수해야 될 때를 결정하기 위한 상세한 자료를 계속 수집할 수 있다.

거의 모든 전문가들은 그들의 주식에 대해 지속적으로 관찰하기 위해 그러한 데이터베이스를 이용한다. 그들과 일반 투자가와의 차이는, 그들은 새로운 정보를 입력해 자료를 업데이트하고, 데이터의 정확한 해석을 위해 컴퓨터 프로그래머를 고용한다는 정도이다.

당신의 투자를 관리하기 위한 프로그램을 선택한 다음, 당신은 주기적으로 자신의 포트폴리오를 평가해봐야 한다. 최소한 당신의 포트폴리오의 분기별 실적은 철저히 파악해야만 된다.

많은 연구 결과에 따르면, 투자가들은 자신들의 투자 수익에 대해 실제보다 더 긍정적으로 생각하고 있다. 정확하게 파악하는 유일한 방법은 당신의 주식에 대해 면밀히 관찰하는 것이다.

Interview

| 월가 고수와의 인터뷰

존 C. 보글

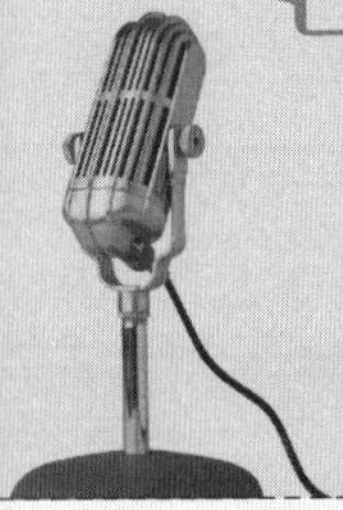

뱅가드 투자 그룹의 회장 겸 설립자
저서 〈뮤추얼 펀드와 보글〉

존 보글은 그가 처음으로 뮤추얼 펀드 사업에 흥미를 느끼게 되던 날을 지금도 생생하게 기억한다. 그때는 1949년 12월이었고, 당시 프린스턴 대학 3학년생이던 그는 논문의 주제를 찾던 중이었다. 그러다가 우연히 〈포천〉지를 집어들었고, '보스톤의 뭉칫돈'이라는 제목으로 뮤추얼 펀드 사업을 소개한 기사를 보게 되었다.

그는 당시를 회상했다. "그들은 그 사업을 작지만, 논란의 여지가 많은 사업이라고 설명했습니다. 나는 그때까지 누구도 다루지 않았던 주제로 논문을 작성하고자 했었지요. 그래서 뮤추얼 펀드를 선택했습니다."

논문을 마친 다음, 뮤추얼 펀드에 사로잡히게 된 보글은, 결국에는 1951년에 웰링톤 매니지먼트 사에 입사하게 되었다. "이 모든 것은 내가 스무 살 때 우연히 보게 된 잡지의 기사로부터 시작된 것입니다."

그후 그는 오직 한길만을 달려왔고, 많은 사람들에 의해 '성자 잭'이라고 불리우는 위치에까지 도달하게 되었다. 그가 그런 식으로 존경을 받게 된 가장 큰 이유는, 과대평가되고 모험 성향이 짙은 몇몇 뮤추얼 펀드에 대항해, 펀드매니저들 사이에서 별난 인물로 따돌림당하면서도 기꺼이 투자가들 편에 서서 싸워왔기 때문이다. 그의 회사 뱅가드 역시 뮤추얼 펀드 업계에서는 별난 회사로 통했다. 다른 뮤추얼 펀드 회사와는 달리, 뱅가드는 오직 주주들만으로 이루어진 회사였던 것이다.

보글은 자신을 성공적이라고 표현하는 데 주저한다. "솔직히 말해, 내가 어느 정도 성공적인지는 나도 모릅니다. 그렇지만, 내가 이만큼 해올 수 있었던 비결은, 주주를 위해 윤리적이고 적절한 조치를 취한다는 기준을 엄격하게 적용해왔기 때문이라고 생각합니다." 그의 이러한 태도에는 주주들이 가능한 한 최선의 투자 수익과 최고 수준의 서비스를 받을 수 있음을 약속하는 것뿐만 아니라, 펀드 수수료를 가장 낮게 가져가는 것을 포함한다. 그는 가장 낮은 수수료로 뱅가드를 인기 있는 회사로 만들었고, 그 결과 가장 높은 수익을 기록할 수도 있었다.

그는 활동 기간 내내 엄선된 기업들에 투자한다는 원칙을 지켰다. 그는 몇몇 개별 종목에 대한 투자 프로그램을 조성했고, 그에 대해 이렇게 말한다. "별난 투자가, 심지어는 바보 같은 심부름꾼이라고 불리웠지요." 그러나 보글은 각 개인이 좋은 뮤추얼 펀드를 선택하게 되면, 더 좋은 수익을 올리게 된다고 믿는다.

보글은 투자가들이 개별적으로 투자할 때는 적용되지 않았던 많은 유리한 점을 뮤추얼 펀드가 제공한다고 얘기한다. 예를 들어, 뮤추얼 펀드는 즉시 분산 투자할 수 있다. 당신의 투자 금액은 수천 명에 달하는 다른 투자가들의 돈과 한 덩어리가 되어 다양한 종목에 투자된다.

보글은 말한다. "나는 기본적으로 다각화와 균형을 믿습니다. 일부는 주식, 일부는 채권, 일부는 현금 이런 식입니다. 많은 투자가들이, 활황기였던 지난 10년간 채권에 투자한 것은 상당한 수익을 깎아먹었을 뿐이었다고 반박한다 할지라도 말입니다. 채권을 소유하는 대가로 든든함을 얻게 됩니다. 일부만을 주식에 투자하게 되면 밤에 편히 잠을 잘 수 있지요. 전부를 주식에만 투자했다면, 편히 잘 수 있는 수준까지 팔아치워야 하는데 말입니다."

상당한 금액을 채권과 현금으로 보관하고 있으라는 의미는 아니다. 오히려 비상시에 대비해 '파도에 맞서줄 닻'이 되어줄 액수만으로도 충분하다. "합리적인 목표를 설정한다는 기준은 각자의 필요에 따라 결정해야 됩니다. 시장의 변화에 좌우되어서는 안 됩니다. 그리고 시간의 흐름과 함께 끝까지 버텨야만 됩니다. 우리 뱅가드에서는 '끝까지 버틴다'는 얘기를 자주 합니다."

보글은 그 점에 대해 이렇게 얘기한다. "나는 그것이 이제까지 들어온 투자 조언들 중에서 최고의 조언이라고 생각합니다."

끝까지 버티지 못하는 것은 사람들이 주식시장에서 돈을 잃게 되는 원인 중의 하나이다. "시간은 당신의 친구이고, 충동은 당신의 적입니다. 당신은 언제 가장 낙관적입니까? 시장 상황이 전무후무할 정도로 좋은 때입니다. 언제 가장 비관적이 됩니까? 시장 상황이 전무후무할 정도로 나쁠 때입니다. 낙관적일 때면, 당신은 최고 가격으로 매수하고 싶어합니다. 당신이 비관적이라면, 최저 가격으로 매수합니다. 나는 그러한 감정을 한 옆으로 밀쳐버리라고 조언합니다."

그는 투자가들이 종종 자신이 시장보다 현명하다고 생각하거나, 혹은 이미 가격이 오를 만큼 오른 인기 주식을 매수하는 실수를 저지른다고 얘기한다. 또 어떤 사람들은 투자에 있어서 너무도 보수적이라고 얘기한다.

"많은 투자가들은 수년 간에 걸쳐 투자하면서도, 계속 상당 부분을 현금과 안정된 채권에만 투자합니다. 충분한 리스크를 받아들이지 않으려 하는 태도 역시, 너무 많은 리스크를 감수하려는 태도와 마찬가지로, 일반적으로 범하는 실수입니다."

보글 자신도 보통 주식에 더 많은 돈을 투자했어야만 했다고 실토한다. 그는 주식이 다른 투자에 비해 더 많은 리스크를 안겨주지만, 인플레이션에 대한 리스크는 크지 않다고 설명한다. "재무부 채권은 아무런 리스크도 없다고 생각하기 쉽습니다. 보유 기간에 따라 어느 정도의 수익을 기대할 수 있을지를 정확하게 알기에, 단기적으로는 아무런 리스크도 없습니다. 그러나 장기적으로 볼 때, 매우 큰 인플레이션 리스크를 안고 있습니다. 사람들이 알아둬야 할 것은, 주식에 투자하지 않는다면, 인플레이션으로 손실을 당할 리스크를 안게 된다는 점입니다."

주식시장에서의 리스크를 최소화하기를 원하는 개인 투자가들을 위해, 보글은 인덱스펀드에 투자할 것을 추천한다. 인덱스펀드는 특정 주식들의 지수를 반영한다. 예를 들어, S&P 500 같은 인덱스펀드는 미국 주식시장에서 거래되는 500 종목의 주식으로 구성되어 있다. 그리고 실제로는 수백 개의 인덱스펀드가 있다.

인덱스펀드의 매니저들은 지수를 능가하려고 하지 않고, 오직 그에 맞추려고만 한다. 그렇다면 그들이 평범한 결과에 안주한다는 것을 의미할까? 보글은 전혀 그렇지 않다고 대답한다. "지난 15년간의 기록을 보면, 272개의 펀드들 중 인덱스펀드보다 1.5% 포인트 이상의 좋은 실적을 기록한 펀드는 오직 9개 펀드에 지나지 않았습니다. 그 정도를 큰 차이라고는 할 수 없지 않습니까?" 보글은 단가가 낮은 인덱스펀드에 투자하면, 매해마다의 평균 수익률을 어렵지 않게 계산해볼 수 있다고 말한다.

지난 10년 동안 많은 뮤추얼 펀드들이 S&P 500에 버금가는 실적을 기록했다는 점이 일반인들의 주목을 받은 것 같다. 그 결과, 뱅가드 트러스트 500 같은 인덱스펀드는 큰 인기를 끌게 되었다. "혹시 완전히 인덱스펀드로 전환하지는 않는다면, 최소한 당신의 포트폴리오의 일부만이라도 인덱스펀드로 구성하도록 하십시오." 보글은 이렇게 제안한다. "당신이 단가가 낮은 인덱스펀드를 선택했음을 확실히 해두십시오. 장기적으로 보면, 근본적인 투자의 목적은 당신이 투자한 주식시장의 한 부분에서 가능한 최고의 수익을 얻는 것이기 때문입니다. 고비용 구조, 매매 수수료, 그리고 비합리적인 세금 정책은, 공격적으로 운용되는 펀드로부터 적절한 수익을 얻는 데 방해가 됩니다. 비용이 당신의 투자 프로그램을 망쳐놓을 수도 있는 것입니다."

보글은 마지막으로 시장에서 돈을 벌게 되기를 바라는 사람들을 위해 다음과 같이 조언한다. "첫째, 당신의 돈을 보통주 위주로 투자하십시오. 그 다음 투자할 수 있는 모든 돈을 연금, 혹은 세금 우대 프로그램에 투자하십시오. 그리고 마지막으로 끝까지 버티십시오. 투자는 마술이 아닙니다."

보글은 계속해서 이렇게 얘기한다. "투자 관리라곤 전혀 없이도, 인덱스펀드에 투자하면 성공적인 투자를 할 수 있게 됩니다. 당신의 돈의 2/3는 주식 인덱스펀드에 넣고, 1/3은 채권 인덱스펀드에 넣거나, 혹은 채권과 주식 모두에 투자하는 복합 인덱스펀드를 찾아 투자하는 것보다 더 좋은 투자법은 흔치 않습니다. 당신은 시장 전체를 소유하면서도, 비용을 최소화할 수 있는 것입니다. 그것이 장기적으로 성공적인 투자가가 되는 비결입니다."

53

실적 보고서를 쓰레기 취급하지 말라

과거에는, 뮤추얼 펀드 혹은 증권회사에서 보내오는 월간 보고서를 읽기란 매우 어려웠다. 항목과 숫자는 너무도 많고, 수학적인 계산을 요구했고, 대부분의 투자가들로서는 이해하기 어려운 용어들이 사용되었기 때문이다. 그 결과 일반인들 중 상당수는 그것을 읽어보려고도 하지 않았다.

그러나 오늘날에는, 많은 펀드 회사와 증권회사는 자신들이 발행하는 보고서를 개선하려는 노력을 기울였다. 전문가들은, 월간 보고서에 일정 기간의 수익률, 비용 근거, 그리고 각 주식의 매매 내역이 포함되어야만 한다는 의견을 제시한다. 또한 보고서에는 시작과 마지막의 잔액 보고도 포함되어야만 한다.

보고서를 받으면, 당신은 그것을 꼼꼼히 살펴봐야 한다. 조금이라도 이상하거나 중복된 거래를 체크해보고, 모호하거나 불필요한 수수료 혹은 비용이 포함되지 않았는지도 체크해볼 필요가 있다. 간혹 있을 수 있는 실수들이 있다. 오류를 발견하게 되면, 즉시 회사에 전화해야만 된다.

대부분의 오류는 단 한 번의 전화로도 정정될 수 있다. 당신이 정확하게 문제를 제기할수록, 담당 부서에서는 당신을 쉽게 도와줄 수 있다. 만약 이틀 혹은 사흘 내에 답변을 듣지 못한다면, 당신은 책임자와 얘기해야만 된다.

그래도 안 되면 당신이 마지막으로 찾아가 문제를 호소해볼 수 있는 곳은 감독기관 등에 문의해보는 일이다. 그러나 대부분의 증권회사에서는 문제가 그런 곳으로까지 비화되기 전에 처리하려고 노력할 것이다.

당신은 중개인에게 주문을 낼 경우에는 확인 또 확인을 해야만 된다. 만약 당신이 빈틈없이 처리하기를 바란다면, 주문 날짜, 주식수, 다른 적절한 정보에서 인용한 가격 등을 기록할 수 있다. 통화 내용은 자동적으로 녹음되고, 대부분의 증권 중개인은 당신의 주문을 전화로 반복해서 들려줄 것이다. 거래가 확정되면, 당신은 기록해두어 그 점을 확인해야 된다.

54

잘 알고 또 좋아하는 회사 주식을 매수하라

유명한 저술가이며 펀드매니저로도 활동한 피터 린치는 당신이 알고 또 관심 있어 하는 회사에 투자할 것을 강력히 권고한다. 그는 쇼핑센터에 가서 많은 투자 아이디어를 얻었다. 쇼핑센터에 들어가면 먼저 고객들로 붐비는지, 얼마나 많은 상품이 진열되어 있는지, 그리고 매장은 적절하게 관리되는지를 살펴본다.

그리고 아이들로부터 멋진 아이디어를 얻기도 한다. 그들은 가장 인기있는 회사의 제품을 구입하기 때문이다. 그는 저서 〈거리 탐색하기 *Beating the Street*〉에서 자신의 투자 규칙을 소개했다. "만약 당신이 그 쇼핑센터를 좋아하게 되었다면, 당신은 그 쇼핑센터의 주식을 좋아하게 될 가능성이 높다." 린치는 평균적으로 사람들은 1년에 두세 번 정도는 그런 생각을 하게 된다고 얘기한다.

데이빗 가드너와 톰 가드너도 이 철학을 설교한다. 그들은 저서 〈당신에게는 스스로 생각하는 것보다 많은 것이 있다 *You Have More Than You Think*〉에서, 한 장(章) 전체를 할애해, 당신이 어떤 인물이고, 또 무엇을 하는가에 근거해 주식을 살 것을 권유한다. 만약 당신이 매일 캠벨 수프를 사기 위해 식품점으로 달려가는 사람이라면, 그 회사 주식을 매수할 것을 생각해보라. 만약 당신과 당신의 아이들이 디즈니에 관한 모든 것을 좋아한다면, 당신은 그 회사 주식의 매수를 원하게 될지도 모른다. 그들은 당신이 일하는 곳에서 좋은 투자 아이디어를 얻을 수도 있다고 얘기한다. 홈 디포나 월마트의 직원들이, 오직 그곳에서 일한다는 단순한 이유만으로 매우 성공적인 그 회사에 투자하고 있다는 점을 생각해보라.

여기에서 한걸음 더 나아가자. 당신이 근무하고 있는 회사에 투자할 때면, 당신은 동종 업종에 대해서도 좀 더 잘 이해하게 된다. 이것은 다른 회사들과 비교해볼 수 있도록, 나아가 경쟁 제품의 위협을 인식하도록 도와준다. 전문가들은 당신이 근무하는 회사에 대한 투자 여부를 생각할 때는, 필수적으로 동종 업종과 경쟁 제품에 대해 조사해볼 것을 권유한다.

쇼핑센터나 근무처에서 많은 사람들이 투자 아이디어를 얻기는 하지만, 당신은 이 조언을 너무도 고지식하게 따르는 것은 아닌지 신중히 생각해보아야만 된다. 쇼핑센터보다 더 좋은 투자 아이디어를 얻을 수 있는 곳은 얼마든지 있다는 비판이 있다. 예를 들어, 혹시 당신이 휠라 스포츠화를 신고 있다 할지라도, 그 때문에 당신이 뛰어가서 그 회사의 주식을 사야 된다는 의미는 아닌 것이다.

피터 린치는 사람들이 자신의 조언을 너무도 극단적으로 받아들이는데 당혹해 한다. 그러기에, 그는 〈머니〉지(誌)와의 인터뷰에서, 그것은 출발점, 즉 좋은 출발점에 불과하다고 얘기한다. 그는 이 세상에서 투자 아이디어를 얻지만, 그 자신이 직접 혹은 그의 애널리스트들이 집중적인 조사 연구를 하기 전에, 오직 아이디어에 의존해 주식을 매수할 가능성은 거의 없다.

나는 피터 린치의 조언이 얼마나 소중한 것인지를 몇 년 전, 스웨덴의 친구들을 방문했을 때 깨달았다. 스톡홀름에서 너무도 많은 사람들이 휴대전화를 가지고 다니는 것을 보고 놀라지 않을 수 없었다. 내 친구들은 스웨덴의 통신업체이고, 휴대전화기 제조업체이기도 한 에릭슨에 관해 많은 얘기를 들려주었다. 그 당시 미국에는 에릭슨에 대해 알고 있는 사람은 많지 않았지만, 미국으로 귀국한 다음, 나는 그 회사에 관해 철저히 조사했다. 그런 다음 1000주를 매입했다. 그리고 그 주식은 내가 매입한 주식들 가운데 커다란 성공을 안겨준 주식의 하나로 밝혀졌다. 1년도 채 되기 전에 200%의 수익을 안겨주었던 것이다.

55

전문가들이 매수하는 종목을 알아내라

만약 당신이 대부분의 사람들과 마찬가지라면, 어떤 주식을 매수해야 될지를 결정하는 데 큰 어려움을 겪을 것이다. 어떤 사람들은 일간 신문에 실리는 1일 최고 실적 종목 베스트 10을 보며 투자 아이디어를 찾는다. 또 어떤 사람들은 NYSE(뉴욕증권거래소) 혹은 나스닥의 모든 주식 목록을 살펴볼 것이다. 또 어떤 사람들은 피터 린치의 조언에 따라 쇼핑센터 혹은 근무처에서 투자 아이디어를 찾아볼 것이다.

레그 메이슨 밸류 트러스트의 펀드매니저 빌 밀러는 주식 매수에 관한 전략을 성공적인 투자가들에 대한 연구로 좁힐 것을 제안한다. 그 전략은 당신의 성공 가능성을 급격히 높여 준다고 얘기한다. 만약 한 전문가가 어느 주식을 매수했다면, 그 사람은 그 주식에 관한 필수적인 조사를 했을 것이고, 나아가 그 주식의 시세가 좋아지리라고 믿게 되었을 가능성이 매우 높다. 시장의 평균치보다 실적이 나쁠 것으로 예상되는 주식을 매수하는 전문가는 없지 않은가.

웨인저 자산 운용회사의 사장 랄프 웨인저는 모든 투자 강습소에서는

'전문가의 뒤를 따르라' 라는 전략을 가르친다고 얘기한다. 웨인저는 이 전술을 이용하는 사람들은 특정 인물의 매매를 흉내낸다고 얘기한다. 예를 들어, 언론에 워런 버핏 혹은 조지 소로스가 특정 주식을 매수했다는 기사가 실리면, 수천 명의 개인 투자가들이 그 주식을 매수하기 위해 몰려든다. 이 전략이 몇몇 사람들에게는 성공적이긴 했지만, 웨인저는 그저 흥미로울 뿐이라는 듯이 이렇게 말한다. "우리 애널리스트들은 그런 아이디어를 모방해야 된다면, 몹시 긴장할 것입니다."

어떤 투자가들은 각 지역의 거물을 찾는다. "만약 머레이가 어떤 주식을 매수할 것을 권유했고, 그가 주식을 선택하는 데 탁월한 기록을 가지고 있다면, 당신은 그 사람이 매도하라고 할 때까지 그 주식을 보유할 것입니다. 그리고 매 3개월마다 당신이 하는 일이라곤 머레이에게 전화해 보는 것이 전부겠지요."

이러한 접근법의 문제는, 매도해야 될 때를 항상 파악하고 있지는 못하다는 점이다. 예를 들어, 전문가들은 당신이 매도해야 될 때를 알기 몇 주 전에 먼저 팔아치워버렸을 가능성도 있는 것이다.

전문가들이 어떤 종목을 매수하는지를 알아내는 방법은 여러 가지 있다. 경제신문이나 잡지를 통해서, 텔레비전 인터뷰를 보거나 정기 보고서를 읽어봄으로써, 그들이 매수한 종목의 일부를 파악할 수 있다. 규정에 의해, 모든 펀드매니저들은 최소한 1년에 두 번 그들의 펀드에 들어 있는 주식 목록을 제출해야만 된다. 여기에 더하여, 매주 〈인베스터스 비즈니스 데일리〉에는 최상위 뮤추얼 펀드 회사들이 매수하고 매도한 주식 목록이 실린다. 그 목록에는 각 펀드가 소유한 주식들의 백분율도 실린다.

당신은 케이블채널의 경제 뉴스나 투자 관련 프로그램 등을 보며 아이디어를 얻을 수도 있다. 초대된 손님들은 항상 그들이 매수한 주식은 무엇인지, 또 그 이유는 무엇인지를 밝힐 것을 요구받는다. 물론, 그 사람들의 조언을 맹목적으로 따라서는 안 되겠지만, 아이디어를 얻기에는 매우 적절한 곳이다.

뛰어난 장기 투자 실적을 기록한 전문가를 찾아내고, 그들의 조언들 중에서 가장 바람직한 내용을 선택하라. 그러나 대부분의 전문가들은, 대상 회사에 대한 당신 나름의 조사 연구 없이, 오직 추천에 근거해 주식을 매수해서는 안 된다는 데 동의한다.

Interview

| 월가 고수와의 인터뷰

윌리엄 H. 밀러

레그 메이슨 밸류 트러스트
스페셜 인베스트먼트 트러스트의 펀드매니저

윌리엄(빌) **밀러는** 9살 때 처음으로 주식에 흥미를 느끼게 되었다. 그때 그는 신문에서 증권 기사 면에서 다른 면과는 다른 활자체로 인쇄된 부분이 있음을 보았던 것이다. 그의 아버지는 모든 증권의 시세를 싣기 위해 그 부분만 작은 활자로 인쇄했다고 설명해주었다. 그리고 가격이 1/4 포인트가 오른 주식을 가리키며 "네가 만약 이 주식을 가지고 있었다면, 1주당 25센트씩 벌게 된다"라는 설명도 덧붙여 주었다. 어린 빌은 주식 값을 올리기 위해서는 어떻게 해야만 되느냐고 물었고, 아버지는 "아무런 일도 할 필요는 없다"라고 대답해주었다. "주식은 그들 스스로 올라가거든."

그때 빌은 아무런 일을 안 해도 돈을 벌 수 있는 증권업계에 뛰어들겠다고 결심했다.

성장해감에 따라 증권에 관한 밀러의 잘못된 생각도 당연히 바뀌었지만, 그래도 그는 투자에 계속 커다란 매력을 느꼈다. "이 세상의 다른 모든 일들이, 어떤 뉴스든지, 어떤 주제든지 크든 작든 그 모두가 투자에 관한 관심으로 이어졌습니다."

실제로 밀러에게는, 증권에 관한 모든 정보와 뉴스가 순식간에 주가에 반영되는 주식시장이, 매혹적인 '거대한 실시간 정보 처리 기계'로 보이기까지 했다. 간단히 말해, 밀러는 시장을 특이하고, 전혀 예측할 수 없는 것으로 보았다. 학자들이 얘기하는 시장의 역동성을 이미 그때 보았던 것이다. "투자에 임할 때면, 우리는 스스로를 관찰자가 아니라 투자가로 생각했습니다. 우리는 주가를 예측하거나, 어느 주식의 가격이 올라갈 것인지 혹은 시장 상황이 어떻게 변화할 것인지를 예상해보려 노력하지 않았다는 뜻입니다. 우리는 경제 상황이나 주가 예상표를 내놓지도 않았습니다. 다만 우리는 현재 진행중인 상황을 이해하려고 노력했을 뿐입니다."

다시 말해, 밀러는 정부에서 금리를 인상하려고 한다는 점 혹은 아시아의 경제상황 등의 파급 효과로 인해 시장 상황이 어떻게 변화될 것이냐는 점에 관해서는 전혀 관심을 기울이지 않았다. 대신에 그와 동료들은 그들이 매수한 회사에 관해, 그리고 3~5년 후에 그 회사의 사정이 어떻게 달라질 것인지를 이해하기 위해 모든 노력을 기울였다.

"우리의 투자가들에게 수익을 더해주기 위해서 우리는 제대로 운용되지 못하는 인덱스펀드의 실적을 능가할 것으로 기대되는 포트폴리오를 찾아야만 했습니다." 그러한 주식들을 찾기 위해 밀러와 그의 동료들은 지칠 정도로 정석적인 조사를 벌였다.

"우리는 다른 사람들이 외면해버린 기본적 도구들로부터 시작했습니다. 주가 수익률(PER)의 변화, 주가 대 장부가치 비율, 주가 대 현금흐름

비율 그리고 다른 회계 관련 자료를 볼 수 있는 데이터 베이스로부터 말입니다."

그는 한 사업체를 팔거나 청산하게 되면 얼마나 될지를, 혹은 그 회사의 가치를 판단하는 데 도움이 되어줄 다른 사항들을 살펴보았다. "만약 당신이 투자를 위해 우리가 찾는 것들 중에서 한가지만을 얘기하라고 한다면, 우리가 계산한 가치보다 주식가격이 터무니없이 저평가된 그런 주식을 찾는다고 대답하겠습니다. 그것이 우리가 찾는 해답이고, 그러기 위해 우리는 광범위한 평가기술을 이용합니다."

이런 데이터는 여러 가지 방향을 제공해주었지, 결코 장애물이 아니었다는 점을 명확히 지적한다. "이 자료는 투자가들에게 진행중인 상황을 정확히 이해할 수 있도록 도움을 줍니다. 그렇지만 그 자료에는 마법의 방식으로 풀어낸 것과 같은 해답은 들어 있지 않습니다." 그는 솔직히 얘기한다. "만약 포함되어 있다면, 다른 누군가가 이미 찾아냈을 것입니다."

일단 한 업종의 주식이 계량적(Quantitiative) 기준에 맞으면, 밀러와 그의 동료들은 질적(Qualitiative) 조사를 수행한다. "우리는 경영진, 납품업자들 그리고 경쟁자들과 얘기해보고, 그 회사의 전략과 제품을 살펴보고, 몇 년 후의 그 사업의 전망은 어떠할지를 파악해보려고 노력합니다." 그의 설명이다.

밀러는 어떤 주식을 배수하건 주의 깊게 관찰한다. "언젠가는 우리의 포트폴리오에 포함된 주식의 30%는 오랜 기간에 걸쳐 시장 평균 수익률을 능가하지 못하리라는 것을 알고 있습니다. 다만 그 30%가 어떤 종목들인지를 모를 뿐입니다."

그러므로 밀러와 그의 동료들은 그들의 포트폴리오에 포함된 종목들 중에서 제대로 실적을 기록하지 못할 종목이 어느 것인지를 파악하기 위해 많은 시간을 할애한다. “그것은 포트폴리오에 좋은 것을 포함시켜 성공적인 투자를 이룩하려는 노력의 일환입니다. 그리고 그런 종목이 들어오면, 다시 우리는 그것을 빼버려야 할 강한 이유를 찾아내기 위해 노력합니다.”

이렇게 하기 위해서는 당신의 포트폴리오에 들어있는 회사들에 대해 깊고 정확한 이해가 요구된다. “만약 당신이 3~6개월 동안 실적이 나빴던 주식을 매수한다면, 그런 이유로 다음 해에는 (자동적으로) 세배로 뛸 것을 의미하지는 않는다는 것을 이해해야만 됩니다. 즉 당신은 보유하고 있는 회사에 대해 충분히 이해해야만 합니다.”

위험부담을 피하기 위해, 밀러는 가치에 비해 가격이 매우 낮은 주식을 매입한다. “장기적으로 보면, 벤저민 그레이엄의 말처럼 주식시장은 투표 계산기가 아니라 저울입니다. 주가는 적정한 가치 근처에서 오락가락하는 경향을 보입니다. 우리의 위험부담 최소화 전략은 적정한 가치보다 훨씬 낮은 가격으로 거래되는 주식을 매수하는 것입니다.”

그가 주식을 팔 때에는 세 가지 이유에서이다. 첫째, 주가가 그 회사의 적정한 가치에 근접했다고 생각했을 때. 둘째, 더 좋은 물건이 나타났을 때이다. “우리가 보유중인 주식보다 높은 수익률을 기록한 종목을 찾아내면, 우리는 보유중인 주식을 낮은 가격에도 매도합니다.”

그리고 마지막으로 밀러는 자신이 잘못 생각했다고 판단할 때 매도해버린다고 한다. “만약 시장이 예측 불가능한 상황으로 변한다면, 우리는 그 주식을 보유하고 있으면 안 된다는 결론에 도달하게 될 겁니다.”

성공적인 투자가가 되는 비결은 무엇일까? 밀러는 이렇게 말한다. “그 비결은, 곧 비결이란 없다는 것입니다. 우리의 활동의 일부는 다른 성공적인 투자가들을 연구하는 것입니다. 우리는 그들이 무엇을 하는지를 살펴보고, 그들은 어디에서 가치를 찾는지를 알아내려고 노력합니다. 나는 많은 사람들이 폭넓은 주식 목록에서 투자 대상을 찾아내기 위해 노력하는 것을 보고 놀랐습니다. 만약 당신이 다른 성공적인 투자가들이 보유한 주식들 중에서 선택해 투자한다면, 당신의 투자 가능성은 훨씬 높아질 것입니다. 성공적인 투자가들은 이미 조사를 마치고, 언젠가는 아주 좋은 실적을 나타낼 것이라고 믿는 20~50종목의 주식들을 선택했을 것입니다. 당신은 그들이 수집한 우주를 당신의 우주로 받아들일 수 있습니다."

밀러는 만약 개인 투자가가 그러한 주식들에만 집중한다면, 매우 좋은 투자가 될 가능성이 높다고 얘기한다.

밀러와 같은 펀드매니저들이 범하는 보편적인 실수는, 가끔은 보유한 주식을 너무 빨리 매도한다는 점이다. 연구 결과에 의하면 시스템 매도 주식이, 그들이 매수한 주식보다 뛰어난 실적을 기록한다는 점을 보여준다. "피터 린치의 얘기처럼, 대부분의 사람들은 잡초에 물을 주고 꽃을 꺾어버립니다. 하지만 그 반대로 행동해야만 됩니다. 실적이 나쁜 주식은 팔아버리고, 실적이 좋은 주식은 보유하고 있어야 하는 것입니다. 우리가 성공적일 수 있었던 이유 중의 한 가지는, 우리의 포트폴리오에서는 교체율이 매우 낮은 경향을 보인다는 점입니다. 우리는 어느 주식의 가격이 올랐다는 단순한 이유만으로 그 주식을 매도하지는 않습니다. 우리가 그 주식을 매도하는 이유는, 장래의 그 주식의 수익률이 시장의 평균 수익률을 밑돌 것이라고 예측하기 때문입니다."

밀러는 많은 사람들이 주식의 가격에만 집중한다고 얘기한다. 그러한 태도는 두 가지 일반적인 실수, 관망과 자금 초과 거래로 이끈다. "사람들은 주식 가격이 오르면 분명히 좋다고 얘기하고, 주식 가격이 떨어지면 분명히 나쁘다고만 얘기할 뿐입니다. 그러나 주식 가격은 그 가치에 대해서는 아무런 얘기도 하지 않습니다." 대신에 밀러는 개인 투자가들은 장기 투자 정책을 세워야 한다고 믿는다. 최고의 투자가들은 헌신적이고 규칙에 충실할 뿐만이 아니라, 철저히 평균 이상의 결과를 산출하는 데에만 집중한다고 말한다. "그들에게는 나름대로 확신하는 규칙이 있고, 그 규칙이 최선인지 끈기있게 시험해봅니다."

밀러의 얘기를 계속 들어보자. "다른 모든 직업과 마찬가지로 당신이 그것에 더 많은 시간과 노력을 쏟는다면, 당신은 더욱 더 잘할 수 있게 됩니다."

그는 개인 투자가들을 위해 조언한다. 투자에 대해 인내심을 가지고, 장기적인 태도를 가지며, 시장의 일시적인 동요에 따라 흔들려서는 안 된다고. 그리고 계속해서 말한다. "개인 투자가들이 적절한 전략, 원칙을 지키며 헌신함으로써 평균 이상의 수익률을 기록하려고 노력하면, 그 무엇도 당신을 방해하지 못합니다."

56

우량 기업의 주식을 매수하라

왜 그리도 많은 투자가들이 경영 상태가 좋은 우수한 회사의 주식은 무시해버리고, 투기성이 짙은, 낮은 가격의 쓰레기를 매입하는 것일까?

만약 당신이 주식시장을 모든 것을 운에 맡기는 거대한 카지노라고만 생각한다면, 당신이 어느 주식을 매수하든 아무런 문제도 되지 않는다. 당신은 직감에 따라 어느 주식이든지 매수한다. 그리고 모든 것을 시장의 흐름에 맡겨두면 되는 것이다. 그러나 만약 당신이 모든 주식이 똑같다고 생각하지 않는다면, 당신은 우량 기업의 주식을 적정한 가격으로 매수할 기회를 찾게 된다.

워런 버핏은 언젠가 자신은 중간 정도 기업체의 주식을 적당한 가격에 매수하기보다는, 좋은 기업체의 주식을 상당한 가격에 매입하겠다는 얘기를 했었다. 중요한 점은 최고의 기업체를 찾아내는 것이다. 피터 린치는 더디고 단순한 기업체를 선호한다. 그는 자신의 저서 〈월가를 앞서라〉에서 "완벽한 주식이란 완벽한 회사의 주식이며, 완벽한 회사는 완벽할 정도로 단순한 사업을 수행하며, 그 완벽하게 단순한 사업체는 분명 완벽할 정도로 따분한 이름을 가졌을 것이다. 더욱 따분하게 느껴질수록, 더욱 좋은 것이다"라고 썼다.

최고의 회사를 찾기 위해 전문가들은 몇 가지 기준을 사용하는데, 각자의 투자전략에 따라 다음 사항들을 고려한다.

▲뛰어난 수익 증가

▲훌륭한 경영

▲마켓 리더

▲시장의 평균 실적을 웃도는 업종과 회사들

▲각 회사의 내재 가치보다 낮은 가격에 매매되는 주식

▲현재 특별한 주목받지 못하는 회사

도미니 소시얼 에퀴티 펀드의 사장 에이미 도미니는 최고의 회사를 찾기 위해 몇 가지 추가 질문을 한다. 기업의 사회적 책임과 가치투자를 강조하는 그녀는 도미니 400 소시얼 인덱스펀드의 가입을 원하는 회사에게 "이사회의 여성 임원은 몇 명입니까?" "자선 단체에 정기적으로 기부하십니까?" 등등의 질문으로 구성된 60 문항 이상의 질의서에 응답할 것을 요구한다. 해당 회사의 기업 문화를 철저히 이해하기 위해서이다. 그 점에 대해 그녀는 이렇게 말한다. "나는 최고의 회사를 찾지는 않습니다. 평균 수준 이상의 회사를 찾을 뿐입니다."

만약 최고의 회사를 찾으려 한다면, 전문가들은 이구동성으로 당신이 숙제를 잘해야만 된다고 얘기한다. 쇼핑센터에서 쇼핑을 하면서, 투자 전문가의 강의를 들으면서, 혹은 정기적으로 발행되는 신문 잡지를 읽으며 투자 아이디어를 얻을 수는 있지만, 그 무엇도 전통적인 조사 방법을 대치할 수는 없다.

근무처에서 혹은 여행하는 도중에 아이디어를 얻는다. 그러면 도서관, 서점, 혹은 인터넷을 이용해 조사한다. 매년 경제 전문잡지는 미국 최고의 100대 기업을 발표한다. 그 목록에서 당신은 GE, 루슨트, 시스코, 월마트, 홈 디포 등의 이름과 함께 많은 우수한 회사들의 이름을 볼 수 있을 것이다. 어쨌든 전문가들은, 최고의 회사를 찾아 그 회사에 투자하라고 결론짓는다.

57

우수한 경영진을 갖춘 회사에 투자하라

경영 상태가 좋은 튼튼한 회사가 수천 개나 되는데도 왜 그렇게 많은 사람들이 경영 상태가 안 좋은 회사의 주식을 매수하는지 놀랍기만 하다.

많은 전문가들은 전문 지식과 경륜 있는 사람이 운영하는 회사인지를 먼저 파악할 필요가 있다고 말한다. 그래서 많은 전문 투자가들이 어떤 주식에 투자하기 전에 최고 경영진과의 면담을 주장하는 것이다. 그와 동시에, 전문가들은 좋은 영업 실적과, 유능한 경영진 사이의 연관성에 대해 의문을 품어본다.

경영에 관한 가장 흥미로운 인용문은, 피터 린치에게서 나왔다. "바보라도 운영할 수 있는 그런 회사의 주식을 매수하라—언젠가는 그런 사람이 운영하게 될 것이기 때문이다."

그럼에도 불구하고 많은 전문가들은 최고경영진을 만나보는 것은 좋은 아이디어라고 믿는다. 그들은 각 회사의 전망이 어떠한지, 그 회사가 얼마나 빠르게 성장하리라고 기대되는지, 회사 장래에 대한 경영진의 생각은 어떠한지를 알아보기 위해 CEO 혹은 다른 경영진과의 정기적인 대화의 시간을 갖는다.

어떤 사람들은 사업계획이나 전략을 알아보고, 경영진의 자사주 취득 여부, 그리고 이사회의 여성 혹은 소수 민족 임원 수를 파악해보기도 한다. 어쨌든 최고 회사를 평가하는 데에는 사람들은 각기 다른 기준을 가지고 평가한다.

펀드매니저 스티븐 로믹은 해당 기업의 경영 철학을 이해하기 전에는 그 기업의 주식을 매입하지 않는다. "만약 경영진을 이해하지 못한다면 그것은 잠재적 실수를 저지르는 것과도 같습니다." 로믹은 경영진의 연봉이 경영 실적과 연계되는 인센티브제인지를 살펴본다. 예를 들어, 코카콜라는 적절한 인센티브제를 실시한다. 많은 펀드매니저들이 코카콜라를 미국에서 가장 경영이 잘되는 회사로 꼽는 데에는 그만한 이유가 있는 것이다.

한 기업체가 경영진을 교체할 때면, 대부분의 펀드매니저들은 가능한 빠른 시간 내에 새로운 경영진과 면담한다. "새로 경영진이 바뀌면, 그들이 회사에 대해 어떤 태도를 가졌는지를 파악해보는 것은 매우 흥미로운 일입니다." 컴버랜드 어소쉬이츠의 파트너 오스카 세이퍼의 얘기이다. "그들은 많은 변화를 이루어내며, 회사의 힘을 극대화하고, 한편으로는 회사의 약점을 개선할 수도 있지요. 때문에 개인 투자가들은 경영상의 변화를 눈여겨보아야만 합니다."

세이퍼는 유럽과 비교해, 미국에서는 최고 경영진에 대해 놀라울 정도로 많은 정보를 얻을 수 있다고 말한다. 어쨌든 최근 유럽에서도 주주들의 압력으로 최고 경영진들이 방문객에게 많이 개방되었다. 특히 미국의 펀드매니저들에게는 더욱 개방적이다.

펀드매니저들은 최고 경영자와 경영진을 평가 연구하는데 각기 다른 기술을 이용한다. 바론 펀드의 영업담당 이사 모티 샤자는 최고 투자 책임자 론 바론에 관해 이렇게 설명한다. “론 바론은 대상 기업 경영진의 기업윤리와 경영 능력을 평가하는 데 매우 뛰어납니다. 그는 몇 시간에 걸쳐 경영진을 만나며 그들이 정직하고, 윤리적이며, 각자의 업무에 얼마나 정통한지를 알아보기 위해, 인간적인 관계를 발전시킵니다.”

샤자는 자신들이 단순한 증권 중개인이 아니라, 회사의 경영진인 동시에 투자가라고 얘기한다. “우리는 여러 기업체에 대한 투자가이고, 그 각각의 기업체를 경영하는 사람들은 우리의 파트너입니다.”

전문가들은 경영진으로부터 흡족한 대답을 듣지 못하면, 매도를 고려한다. “우리의 관찰이 올바르다는 점을 투자가들에게 납득시키지 못한다면 우리는 투자를 포기합니다. 우리 주주들의 자산을 수준 이하의 경영진에게 맡길 수는 없기 때문입니다.”

반면, 어떤 전문가들은 경영진과의 만남을 생각해보지도 않는다. 특히 컴퓨터에 과도하게 의존하는 사람들이 그렇다. 그들은 재무제표 등의 명확한 데이터에 의존한다. 어떻든, 면담을 선호하는 매니저들의 대부분은, 최고 경영진의 의견을 뒷받침하는 데이터를 찾아본다.

전문가들은, 주식을 매입하기 전에 최대한 그 회사의 경영진에 관해 알아볼 수 있는 것은 모두 찾아내야만 된다고 얘기한다. 개인 투자가들로서는 최고 경영진과의 직접적인 면담이 어렵긴 하지만, 정보를 습득하기 위한 다른 여러 가지 방법이 있다. “나는 어느 정도 능력을 갖춘 투자가라면 IR 담당 부서에 전화해 그 사업에 관해 물어볼 수는 있으리라고 생각합니다.” 세이퍼의 얘기이다.

거기다 덧붙여 인터넷을 이용해 CEO는 물론이고, 다른 최고 경영진의 경력 사항 등에 관한 정보를 입수할 수도 있다. 만약 당신이 매장이나 공장을 방문한다면, 직원들로부터 간접적인 정보를 얻을 수 있는데, 그것은 그 회사의 운영 상태를 살펴보기 위한 좋은 자료가 되어줄 수도 있다.

58

직감으로 투자할 때는 **명확한 자료**로 뒷받침하라

주식시장에서 돈을 벌기 위해 투자가들이 직감 혹은 육감을 이용할 수 있는가 하는 점에 대해서는 상반된 의견을 보인다. 많은 투자가들이 주식시장에 투자할 때 직감에 의존하지만, 전문가들은 그러한 태도가 논리적이라는 데에는 동의하지 않는다.

예를 들어, 만약 당신이 컴퓨터를 이용해 일을 한다면, 당신의 사업에 이용되는 소프트웨어 제작 회사는 크게 성공할 것이라는 느낌을 가지게 될지도 모른다. 그 회사 제품이 많이 팔리지를 않아 당장은 수익을 기록하지 못한다 할지라도, 당신은 그들의 제품에 대해 알고 또 경험도 했기에, 당신은 그 회사의 주식을 매수한다. 언젠가는 그 회사가 수익을 기록하게 될 것이라고 믿기 때문이다.

컬럼비아 스몰캡 펀드의 펀드매니저 리처드 존슨은 그 점에 대해 이렇게 설명한다. "직감은 허공에 존재하는 신비로운 무엇이 아니다. 나에게 있어서 그것은 판단이다. 그것은 증권의 역사 속에서도 찾아볼 수 있고, 경영에서도 찾아볼 수 있고, 모든 계량적 분석과 질적인 분석에서도 찾아볼 수 있다. 각각의 주식을 매입하려 할 때, 심리적인 면에서도 찾아볼 수 있다. 여러 정보의 종합에서 뛰어난 직관이 나오는 것이다."

당신의 직감은 매매 결정을 할 때 보조 도구 정도로 사용할 수는 있지만, 직감을 이용할 때는 신중해야만 된다. 그러나 전문가들은 사람들이 자신이 원하는 것과 직감을 혼동하는 바람에 문제가 생긴다고 얘기한다. 만약 당신이 어떤 주식이 상승할 것이라고 느껴 그 주식을 매입했다면, 그것은 직감에 의한 것이 아니라 희망에 의지한 태도이다. 전문가들의 직감은 오랜 기간에 걸친 경험과 지식에 근거한다. 예를 들어, 펀드매니저가 한 기업체의 CEO와 면담하기 위해 그 회사에 들어설 때면, 그들은 언제나 직감과 육감에 의지해 그 CEO의 이모저모를 평가한다.

일부 펀드매니저들은 오직 직감에만 의존할 때면 가끔 문제를 일으키곤 했다고 얘기한다. 특히 계량적 분석에 의존하는 매니저들이 그렇다. 데이터가 보여주는 것과, 직감이 그들에게 얘기해주는 것 사이에는 갈등이 일어날 수 있다. 그러나 근본적으로 계량적 분석에 의존하는 매니저들은 대부분의 경우 데이터가 정확했다고 얘기한다.

오쇼네시 캐피탈 매니지먼트의 CEO 짐 오쇼네시는 직감에 의존하는 투자가들은 평균 이하의 수익률로 운명 지워졌다고 얘기한다. 그는 자신의 저서 〈무엇이 월가를 움직이는가? *What Works On Wall Street*〉에서, 직감에 따른 예측 방법은 거의 믿을 수 없으며 당신의 수익을 몽땅 날려버릴 것이라고 썼다. 그는 이러한 자신의 논리를 수많은 통계 자료와 실험으로 뒷받침해주고 있다. "우리에게는 나쁜 직감이 많이 있습니다." 직감이나 육감에 의존하는 대신에, 통계 자료에 근거한 계량적 분석을 이용하기 바란다.

의견이 분분하긴 하지만, 주식을 매입할 때 직감에 의존하는 투자가들이 그렇지 않은 사람들보다 더 좋은 실적을 올렸다는 증거는 없다. 그럼에도 많은 사람들은 느낌으로 주식을 선택 매수한다. 당신이 만약 직감에 의해 주식을 매입하고 싶은 충동을 느낀다면, 전문가들은 그 직감을 명확하고 구체적인 증거로 뒷받침해 보여줄 것을 제안한다.

59

미래에 투자하라

다우지수를 비롯한 여러 수치를 이용해 예측하는 것보다, 미래의 시장의 흐름을 예상하기 위해서는 더 많은 기술을 필요로 한다. 한 기업이나 회사가 5~10년 후에 크게 성공하리라는 점을 정확히 예상할 수 있는 사람이라면, 다른 투자가들을 압도하는 매우 유리한 점을 가진다. 실제로, 당신이 미래를 정확히 예측하고 그것에 투자한다면, 당신은 상상도 할 수 없었던 부자가 될 가능성이 있다. 그러나 불행하게도, 그것은 극히 어려운 일이다.

그러기 위해서는 단순히 정확한 예측만으로는 부족하기 때문이다. 당신의 예측에 알토란 같은 돈을 기꺼이 던져넣어야만 하기 때문이다. 많은 사람들은 인터넷의 위력을 실감한다.

빌 게이츠, 스티브 케이스, 마이클 델 등을 비롯한 수백 명의 파이오니어들은 그들의 꿈에 시간과 돈을 투자했다. 불과 몇 년 전만 해도, 아메리칸 온라인의 주가는 10달러에도 미치지 못하는 웃음거리에 불과했다. 많은 전문가들은 온라인 커뮤니케이션을 일시적 유행이라고만 선언했었다. 미래에 투자하는 데에는 통찰력 용기 그리고 확신이 필요하다. 그러나 그 점에서 성공을 거두는 사람은 많지 않다.

미래학자인 조엘 바커는 그의 저서 〈미래의 끝 *Future Edge*〉에서, 훌륭한 동기를 갖춘 지성적인 사람들이 미래를 예측하는 데는 왜 그토록 형편없는지에 대해 의문을 제기한다.

바커는 미래를 예측하고 궁극적으로는 개선할 수 있는 사람들을 일컬어 '패러다임 개척자(paradigm pioneers)'라고 불렀다. 패러다임 개척자들은 낡은 규칙을 파기하고, 새로운 몇 가지 규칙을 창조해낸다. 바커는 개척자가 되기 위해서는 믿을 수 없을 정도의 용기와 직관이 필요하다고 말한다. 그들은 세상을 새롭게 보고, 새로운 패러다임을 창조하기 위해 앞으로 나가는 것이다.

가끔 패러다임 개척자들은 엉뚱한 곳에서 튀어나오기도 한다. IBM의 전 회장이던 토마스 왓슨은 관리체제와 정해진 일정표를 무시하고, 길들이려는 조치에는 강력히 저항하는 고도의 지식을 갖춘 개인주의 성향이 짙은 사람들, 즉 야생 오리(wild duck)들을 직원으로 채용할 것을 제안했다.

〈트레이닝〉지에 기고한 비벌리 게버의 기사를 읽어보면, 왓슨은 야생 오리들을 길들이려고 노력하는 것은 소용없는 짓이라고 생각했음을 알 수 있다. 대신에 그는 그들이 IBM 같은 대기업체 내에서도 편안함을 느끼며 일할 수 있도록 특단의 조치를 취해준 것이다. 왓슨은 창조적인 야생 오리들이 마음껏 일할 수 있는 분위기를 만들어주면, 회사에 변화를 가져올 것이라고 믿었던 것이다.

주식시장에서 예측을 이용해 돈을 버는 방법들 중의 한 가지는 모든 기업이 미래에는 존재하지 않으리라고 생각하는 것이다. 철강과 철도 산업이 주요 사업이던 1900년대 초로 돌아가 보자. 그 당시에는 산업혁명이 종말을 고하고, 기술 혁명이 다가오리라는 점을 정확히 예측했던 사람은 거의 없었다. 그러나 예측했던 사람은 어마어마한 수익을 기록했다.

전문가들조차도 미래를 예측하는 데에는 어려움을 겪는다. 1899년 미국 특허청장이었던 찰스 H. 듀엘은 이렇게 말했었다. "발명될 수 있는 것은 이미 모두 발명되었다."

여기에 한 웹사이트에서 인용한 주목할 만한 잘못된 예측들을 소개한다.

"640킬로바이트 정도면 모든 사람들에게 충분할 것이다."

—빌 게이츠, 1981

"자신의 집에 개인용 컴퓨터를 설치해야 될 필요를 느끼는 사람은 한 명도 없을 것이다."

—켄 올슨 (디지털 이큅먼트 대표이사), 1977

"우리는 그들의 음악을 좋아하지 않는다. 그리고 기타 음악이란 한물 간 것 아니냐."

—데카 레코드 사, 비틀즈를 거절하며, 1962

"나는 이 나라를 폭넓게 여행하며 많은 사람들과 얘기도 해보았습니다. 그러기에 데이터 프로세싱은 일년도 못 갈 일시적 유행에 지나지 않는다는 점을 분명히 말씀드릴 수 있습니다."

—경영서 전문 출판사 프렌티이스 홀의 편집장, 1957

"미래의 컴퓨터는 아마도 1.5톤 정도로 축소될 수 있을 것입니다."

―〈파퓰러 매카닉스〉, 1949

"전세계적으로 아마도 다섯 대 정도의 컴퓨터는 팔릴 것이라고 생각합니다."

―토마스 왓슨, 전 IBM 회장, 1943

"주식은 더 이상 올라갈 곳이 없는 영원한 꼭대기에 도달한 것 같습니다."

―어빙 피셔, 예일대학 경제학과 교수, 1929

60

내부자들이 무엇을 하는지 알아내라

좋은 주식 아이디어를 얻는 좋은 방법 한 가지는, 회사 내부자들의 주식 이동을 추적하는 것이다. 기업 경영진이 내부 정보를 밝히는 것은 법으로 금지되어 있지만, 그들의 주식 이동은 공개 사항이다. 주식 내부자 거래를 지켜보며, 당신은 그들의 주식이 어떤 상황에 도달했는지를 짐작해볼 수 있다.

스타인 로우 성장펀드의 펀드매니저 에릭 구스탑슨은 이렇게 설명한다. "우리는 내부자들이 주식시장에 뛰어들어 그들의 자본을 주식에 투자하는 것을 즐거이 지켜봅니다. 매우 흥미로우니까요. 내부자들은 회사의 장래를 비교적 정확히 압니다. 그리고 그들은 일반적으로 정보를 이용하는데 뛰어나지요."

구스탑슨은 개인 투자가들이 내부자 거래를 지켜보는 것은 매우 쉽다고 얘기한다. "유용한 소프트웨어들이 있습니다. 경제신문을 이용해도 추적할 수 있습니다."

빌 밀러도 내부자 거래는 투자가들이 이용할 수 있는 중요한 도구라는 데 동의한다. “우리는 내부자들이 매입하는 것을 보게 되면, 추가 조사의 필요가 있는지 고려해봅니다. 그러나 우리는 내부자들이 매수 매도한다 해도, 덩달아 따라하지는 않습니다. 그러한 움직임은 단지 우리에게 추가 조사를 해야 될 필요가 있음을 알려주는 정보 조각에 불과할 뿐입니다.”

Interview

| 월가 고수와의 인터뷰

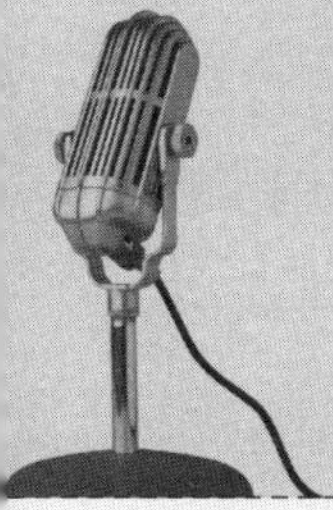

에릭 구스탑슨

스타인 로우 뮤추얼 펀드 부사장
스타인 로우 성장펀드 & 영 인베스터 펀드의 펀드매니저

에릭 구스탑슨의 주식시장에 관한 첫 번째 추억은 그의 아버지가 도표에 자신이 소유한 주식 이름 위에 직접 만든 점과 숫자를 붙이는 모습이었다. 어린 에릭은 그의 아버지가 만든 도표에 커다란 호기심을 느꼈다. 그리고 자라면서 주식시장에 관한 관심은 점점 커졌다. 그러한 그가 대학 졸업 후 플로리다 주 로더데일의 스타인 로우 지점에서 사회생활을 시작하게 되었다는 점은 어쩌면 당연하다고 할 수 있겠다.

그에게 맡겨진 첫 번째 임무는 대형 재단과 기금을 고객으로 하는 기관 펀드의 매니저 임무였다. 1994년 그는 뮤추얼 펀드로의 전근을 요청했고, 그 결과 시카고의 지점에서 여러 개의 개인 펀드 관리를 맡게 되었다.

그는 자신을 성장 투자가로 여겼고, 재무구조가 건실한 대기업 주식을 찾았다. "나는 수익 성취와 수익 성공의 변천을 살펴보았습니다. 나에게는 수익의 성장이 장래에도 계속되리라는 확신을 가져야만 할 필요가 있었습니다. 그래서 나는 성장을 지속할 수 있고, 구조적으로 건실한 회사를 찾아보았습니다."

구스탑슨은 한 주식을 매입하기 전에 그 회사의 계량적, 질적 지침에 적합한지 확인했다. "계량적으로, 몇 가지 기준에 충족되어야만 합니다." 그의 설명을 들어보자. "주식은 주당 순이익 15% 이상을 기록해야만 하고, ROE(자기자본 이익률)은 15% 이상, ROI(투자 자본 수익률)은 10% 이상, 주가 대 수익률(PER)은 그 곱이 3년간의 수익 상승률 1.5배 이내, 그리고 향후 3년간의 기대 수익률이 최소 50%라는 기준입니다."

질적 측면에서는 회사의 영업 신장률은 높은지, 시장 점유율, 독점 영업망, 그리고 독자적 경쟁력을 갖추었는지를 살펴본다. "경영진이 뛰어난 사람인지를 확인할 뿐만이 아니라, 그들의 연봉이 주식 가격 상승과 연계된 인센티브제로 되어 있는지도 살펴보아야만 합니다. 그러면 주가도 상승하는 경향이 있으니까요."

어떻든 계량적, 질적인 면에서 중요한 변화가 일어날 경우, 구스탑슨은 주저없이 그 주식을 매각한다. "중요한 변화는 우리를 그 주식으로부터 멀어지게 합니다." 그가 중요시하는 변화에는 그 회사가 시장에서 우월적 지위를 잃었다거나, 경영진이 효율적으로 경영을 못했다거나, 새로운 시장에 진출하는 과정에서 경영진이 우왕좌왕했다는 등의 문제가 포함된다. "우리는 사업이 정상으로 돌아오리라는 확신만 있다면, 6개월 정도의 수익 감소는 참고 견딜 수 있습니다. 어떤 사업이든지 어려움을 겪을 때도 있음을 알기 때문입니다. 그렇지만 가끔 우리는 그러한 확신을 가지지 못할 때도 있습니다."

그는 또한 한 주식이 그의 포트폴리오에서 5% 이상을 차지하면 잘라내기도 한다. "실적이 좋은 주식을 매도하는 것은 매도 연습을 위한 것이 아닙니다." 그의 설명이다. "어느 한 회사도 포트폴리오에서 지배적인 위치를 차지하지 못하도록 하는 조치입니다. 우리는 그런 문제가 발생하는 것을 좋아합니다. 문제가 아니라 긍정적이라고 여기기 때문입니다."

구스탑슨은 자신이 저지른 실수들 중 가장 큰 실수는 과대평가 되었다는 애널리스트의 주장에 따라 좋은 주식에서 완전히 빠져나온 것이라고 얘기한다. "나는 애널리스트의 전화를 받고 시스코 시스템 주식의 절반 물량을 매도했습니다. 그는 우리의 애널리스트가 아니라, 평소에 내가 존경하던 인물로서, 시스코는 특정 제품으로 인한 문제에 휘말리게 될 것이라고 얘기하더군요. 우리는 1달러 정도의 매우 낮은 가격에 그 주식을 매입했었고, 오랜 기간에 걸쳐 보유하고 있었습니다. 그리고 분할 매각 방식으로 30달러에 처분했던 것입니다."

그러나 그 주식은 계속 상승했다. "시스코는 펀더멘탈이 탄탄한 대단한 회사입니다." 구스탑슨은 자신의 실수를 깨닫고 시스코의 주식을 되사들였다. 그러나 그때는 이미 가격이 두 배로 뛴 다음이었다. "애널리스트들은 가치 판단에 지나칠 정도로 민감합니다. 그것은 과도한 분석으로 해당 주식의 적정 가격 수치에 얽매여 있기 때문입니다. 가끔 그들은 그러한 세부적인 사항에 묶여, 큰 그림을 보지 못하는 것입니다."

구스탑슨은 투자가들에게 애널리스트들의 추천을 따를 때에는 매우 신중해야 한다고 제안한다. "애널리스트들의 입에서 나오는 말들 중 가장 위험한 말은 '그것은 매도 가격으로는 너무도 쌉니다' 하는 말입니다. 나는 애널리스트들에게서 그 말을 들을 때면, 당장 거래소를 향해 뛰어갑니다. 그 주식의 가격이 더욱 하락하려고 하기 때문입니다." 그는 애널리스트들의 얘기를 듣는 것은 정보를 얻기 위함이지, 매매 결정을 위해서는 아니라고 말한다.

여기에 더하여, 구스탑슨은 개인 투자가들이 증권 브로커의 추천 종목을 매수할 때도 신중해야 한다고 조언한다. "소매 브로커들은 전형적인 세일즈맨들입니다. 그들은 우수한 자산 운용자들이 아닙니다. 그들은 회사의 이익대로 일하는 사람들입니다."

구스탑슨은 개인 투자가들은 투자 결정에 대한 책임은 전적으로 자신이 져야만 된다고 말한다. "밖으로 나가 질적인 분석을 하십시오. 피터 린치도 몇 가지 조사는 당신 자신이 직접 할 수 있다고 얘기했습니다. 당신이 소비하는 제품을 살펴보십시오. 당신이 보고 있는 영화를 잘 살펴보십시오." 그는 간단한 조사라 할지라도, 각 개인에게는 좋은 투자 아이디어를 제공할 수도 있다고 얘기한다.

구스탑슨에 의하면, 개인 투자가들이 저지르는 가장 보편적인 실수는, 하락하는 주식은 붙들고 있고 상승하는 주식은 매도해버린다는 것이다. "개인 투자가들은 보유하고 있는 주식의 가격이 떨어지는 것을 보고 있노라면 병을 앓게 됩니다. 그리고 이렇게 말합니다. '오! 이 주식이 원래의 가격으로만 되돌아와도 기꺼이 팔아버리겠습니다' 라고요. 하지만 그것은 큰 실수입니다. 정확히 말하자면 실패를 위한 전술입니다. 그 결과 패배자의 참상으로 변해버리기까지 합니다. 그리고 그들은 순간적인 수익을 맛보기 위해, 상승 종목 주식을 매도해버립니다."

구스탑슨은 투자가들은 엄격한 매도 규칙을 배워야 된다고 믿는다. "가격이 하락하는 주식은 계속 하락하고, 상승하는 종목은 계속 상승하는 경향을 보입니다. 그리고 시장은 그것이 내부자의 매도인지, 혹은 회사가 그 정보를 기관 투자가에게 흘렸기 때문인지를 잘 압니다. 어쨌든 그 주식이 하락하는 데에는 그럴 만한 이유가 있는 것입니다."

많은 사람들에게 있어서 하락하는 주식을 매도하는 것은 어려운 일이라는 점을 그도 인정한다. "만약 당신이 손실을 입히는 종목을 재빨리 털어버리고, 상승하는 종목을 계속 보유하고 있으면, 당신은 투자에서 성공을 거두게 될 것입니다."

61

당신의 **꿈**을 무시하지 말라

꿈으로 인해 어려운 문제를 해결하고, 복권에 당첨되고, 혹은 꿈을 통해 진실을 발견했다고 하는 사람들의 예는 얼마든지 찾아볼 수 있다. 어떤 사람들은 꿈을 미확인된 심리학적 마술과도 같은 것이라고 얘기하며 부정해버리기도 하지만, 꿈이 풀리지 않던 문제를 해결해 주었다거나, 억압된 무의식적인 감정을 풀어주었음을 가리키는 증거는 수없이 많다.

지그문트 프로이트는 꿈이 어떻게 당신의 삶을 변화시킬 수 있는지를 보여주기 위해, 그의 인생의 상당 부분을 바쳤다.

〈새로운 시장의 마법사들〉에서 잭 슈웨이거는 주식 거래에 꿈이 미치는 영향을 알아보기 위해 심리학자 밴 K. 다프 박사를 인터뷰했다. 다프 박사는 최고 트레이더들이 시장에 관한 꿈을 꾸는 것은 흔히 있는 일이라고 말했다. 그는 그 꿈들 중의 일부는 매우 정확했다고 얘기했다. 아인슈타인은 상대성 이론을 꿈에서 보았고, 폴 매카트니는 그의 노래 '예스터데이'를 꿈에서 들었다. 그러나 다프 박사는, 대부분의 사람들은 그들의 꿈을 해석하는 데 시간을 바치지 않기 때문에, 그 상징적인 징조를 놓치게 된다고 얘기했다.

슈웨이거는 꿈을 이용하는 것에 대해서는 초자연적인 것은 아무 것도 없다고 얘기한다. "잠들었을 때, 당신은 모든 억압에서 벗어나며, 당신의 잠재의식으로 들어가는 문이 열리게 됩니다. 무슨 이유에서인지는 모르지만, 그 문은 의식 상태에서는 존재하지도 않다가, 꿈의 상태에서 나타나는 것입니다."

슈웨이거는 캐나다 달러를 거래할 때, 꿈에 그 가격이 폭등하는 것을 보았을 때를 회상한다. 꿈에서 깨어났을 때 상황을 살펴보니, 캐나다 달러는 이미 많이 올라 있어, 거기에 투자한다는 것은 매우 위험하다는 점을 느꼈다. 어떻든 그의 꿈은 그에게 반대되는 얘기를 했었다. 나중에 밝혀진 바에 의하면, 슈웨이거의 꿈은 매우 정확했음이 입증되었다. 다행스럽게도 그는 꿈에서 받은 정보에 따라 성공적으로 대처했고, 그 결과 그는 캐나다 달러 거래에서 큰 이익을 남겼다. "캐나다 달러 가격은 꿈에서 본 그대로 계속 상승했습니다." 그는 놀랍다는 듯이 말했다.

슈웨이거는 달러 가격에 영향을 끼칠 보고서에 관한 꿈을 꾸었던 외환거래 전문가 빌 립슈츠의 얘기를 소개했다. 립슈츠가 꿈에 관한 얘기를 하자, 그의 비서는 웃으며 "당신이 꿈에 따라 거래를 시작하는 날은, 아마도 우리가 보따리를 꾸려야 하는 날이 될 것입니다." 이렇게 말했다.

립슈츠는 꿈에 따라 거래한다는 것이 꺼림칙해서 그날은 거래하지 않았다. 그러나 다음날, 그 보고서가 공개되었을 때, 숫자는 꿈에서 본 것과 일치함을 깨달았다. 립슈츠는 매우 혼란스럽고, 너무도 이상하다는 느낌이 들었다고 얘기한다. 아이러니컬하게도, 그가 만약 그런 꿈을 꾸지 않았었더라면 그날 거래를 했을 테고, 그랬으면 큰 이익을 남겼으리라고도 얘기한다.

주식시장에서, 꿈이 어떻게 성공적으로 작용했는지에 대한 연구 조사는 거의 없다. 어떤 전문가도 꿈에 근거해 주식을 매수 매도하라고 공개적으로 권장하지는 않는다. 그러나 몇몇 전문가는 꿈을 완전히 무시하지는 말라고 얘기한다. 슈웨이거는 거래에 관한 꿈을 자주 꾸는 것은 아니겠지만, 그러한 꿈을 꾸게 되면 그 꿈에 관심을 기울이라고 말한다.

62

당신의 투자철학에 맞는 **매도 전략**을 세워라

많은 펀드매니저들은, 매도는 그들의 업무에서 가장 어려운 부분이라고 얘기한다. 이점 때문에 전문가들은 주식 매도를 위한 전략을 중요하게 여긴다. 매도 결정은 그들이 매우 신중하게 추진하는 결정이다.

하버 캐피탈 어프리쉬에이션 펀드의 펀드매니저 스피로스 세갈라스는, 주식을 사야 될 이유 15가지는 누구든지 항상 생각할 수 있다고 말한다. 매수할 때면 당신은 자신감과 낙관적인 생각을 갖게 된다. 그 주식이 오르면 얼마나 많은 돈을 벌게 될 수 있을지를 생각하게 된다. 반면에, 매도하는 것은 많은 사람들에게 불편을 안겨준다.

갈등을 안겨주는 여러 가지 심리적 요인이 활발하게 활동한다. 〈지금은 기대하는 것을 팔아야 할 때 *It's When You Sell That Counts*〉의 저자 도널드 캐시디는 손해를 감수하며 주식을 파는 것은 자신이 잘못했고, 실수를 저질렀음을 인정하는 것이라고 썼다. 어떤 사람들에게는 손해를 인정한다는 것이 극히 어려운 일이기도 하다. 캐시디는, 당신이 수익을 남기기 위해 주식을 매도했다 해도 오래 보유하고 있으면 더 많은 돈을 벌 수도 있을 텐데, 너무 일찍 매도해버리는 것이 아닌가 하는 의문이 떠나질 않는다고 얘기한다. 어느 경우든, 매도는 투자가들의 입장에서는 골치 아픈 문제이다.

전문가들은 매도하기 위한 구체적이고, 확실한 이유를 가져야만 된다고 조언한다. 그러지 못하기에, 투자가들이 시장에서 지속적으로 평균치 이하의 실적을 기록한다는 것이다.

소겐 펀드의 사장 장 마리 에벨라드는 “이익을 취할 때는 누구도 다치지 않는다”라는 월가의 격언을 전했다. “우리는 거듭 그것은 바보 같은 얘기라고 합니다. 주식 가격이 오른다는 단순 사실은 매도의 이유가 되지 못합니다.”

심리적인 갈등을 피하기 위해 많은 투자가들은 매도할 때는 재빨리 처리해버리고 만다. 그러나 전문가들에게는 그들의 투자전략과 철학에 따라 엄격하게 지키는 매도 규칙이 있다. 예를 들어, 가치투자가들은 그들의 계산에 의해, 한 주식이 적정한 가격에 도달하면 그 주식을 매도할 가능성이 높다. 성장 투자가라면 경영상의 변화 혹은 기업 수익이 낮아지면 매도할 가능성이 높다. 만약 당신이 기술 분석가라면, 한 주식이 소량으로 급격히 상승한다면 매도할 가능성이 높다. 약간 부정확한 방법이긴 하지만 오래된 월가의 격언을 따르는 것이다. “편안히 잘 수 있는 수준까지 팔아버려라.” 다시 말해, 당신이 밤에 아무런 걱정 없이 잘 수 있는 수준에 도달하기까지 계속 매도하는 것이다.

매도를 위한 다른 공격적인 아이디어도 있다. 레그 메이슨 밸류 트러스트의 펀드매니저 빌 밀러는, 한 주식을 매수하면 동료들과 함께 그것을 매도해야만 하는 이유를 찾아본다. 그는 언젠가는 자신의 포트폴리오의

30%는 시장 평균 이하의 실적을 기록할 것이라고 얘기한다. 어느 30%가 그렇게 될지 모른다는 점이 문제이다. 그는 그 점에 대해 이렇게 얘기한다.

"당신의 포트폴리오에 가치를 더해주지 못하는 주식을 매도하기 위한 확신을 갖기 위해서는 용기가 필요합니다. 한 주식이 단기적으로 아주 형편없다거나, 잘 나가지 못한다면, 그 주식을 매도해야만 된다는 신호일지도 모릅니다. 반면, 당신이 매수한 주식이 그 직후부터 심각할 정도로 하락한다면, 그 주식을 매도하거나, 혹은 자신의 선택이 옳았다고 확신한다면 오히려 더 매수해야만 됩니다."

밀러와 그의 동료들은 지속적으로 그들이 소유하지 않은 주식에 대해서도 긴장을 늦추지 않고 관찰한다. 그들은 한 주식을 매수해야만 되는 모든 이유를 생각하고, 그것을 매수한 다음에는, 그 주식을 매도해야만 될 이유를 생각한다.

UAM FPA 크레센트 포트폴리오의 펀드매니저 스티븐 로믹은 흥미로운 가정을 했다. 만약 당신 주택의 가격이 매일 신문에 실리고, 당신 집의 가격이 하락하는 것을 알게 되었다. 그러나 당신은 그 집을 팔 가능성이 거의 없다. 당신은 그 집에서 살고, 또 그 가치를 알고 있기 때문이다. 주식의 경우에도 똑같은 원칙이 적용될 수 있다. 당신이 보유한 주식의 가격이 하락한다 할지라도, 당신이 그 회사의 잠재 가치를 알고 있다면, 당신은 그 주식의 매도를 망설일 것이다. 주식 가격이 그 회사의 가치를 반영하는 만큼 상승해주길 기다릴 것이다.

대부분의 전문가들은 주식을 매도할 때도, 매수할 때와 마찬가지로 상당한 시간을 들여 생각해 보아야 한다고 믿는다. 당신의 투자 철학에 맞는 주식 매도 전략을 생각해 보라. 그리고 매도 시기를 결정하는데 도움을 줄 몇 가지 구체적인 규칙을 발전시켜라.

마지막으로, 합리적으로 여겨지는 매도 규칙을 세운 다음이면, 그 규칙들을 확실히 지킨다는 점을 항상 염두에 두어라. 이렇게 하면 주식을 매도할 때 일반적으로 저지르기 쉬운 실수들을 피하는데 큰 도움이 될 것이다.

63

낮은 가격에 사고 높은 가격에 **팔라**

주식시장에서 돈을 버는 비결을 알려달라는 요청을 받았을 때, 전설적인 월가의 증권 트레이더는 이렇게 대답했다. "낮은 가격에 사고, 높은 가격에 파십시오."

만약 당신이 믿을 수 없을 정도로 간단한 이 전략을 이용한다면, 당신은 월가에서 큰돈을 벌게 될 것을 보장받는다. 그러나 불행하게도, 낮은 가격에 매수해 높은 가격에 매도하는 것은 많은 사람들이 생각하는 것과는 달리 매우 복잡한 문제이다.

물론, 모든 사람들이 낮은 가격에 매수해 높은 가격에 매도하기를 원한다. 그러나 현실에서 가장 일반적으로 나타나는 현상은, 사람들은 그 반대로 행동한다는 것이다.

〈냉정한 투자가 *The Unemotional Investor*〉의 저자 로버트 셔드는 낮은 가격에 사서 높은 가격에 파는 것은, 인간의 본성에 반대되는 것이기에 매우 어렵다고 말한다. 원하는 사람이라곤 없는 버려진 주식을 매수하려는 용기를 가진 투자가는 찾아보기 어렵다. 또한, 가격이 급상승하고, 그당시에는 모든 사람이 원하는 것만 같은 주식을 매도할 사람도 많지 않다.

셔드의 의견에 따르면, 낮은 가격에 매수해 높은 가격에 매도하는데 가장 효과적인 방식은 '다우지수의 개(Dogs of the Dow, 다우지수를 구성하는 30개 종목 중 상위 10개 종목)' 전략을 이용하는 것이라고 한다. 그는 이 방식을 이용했을 때의 결과는 여러 연구에 의해 증명되었다고 말한다.

당신은 매년 최고의 성적을 기록한 다우 주식 10 종목을 매수한다. 배당금 순위 10위까지의 주식 리스트는 어느 경제 신문에나 모두 실린다. 매년 연말이면, 더이상 높은 성적을 기록하지 못하는 주식은 매도하고, 그 자리를 새로이 그 리스트에 들어온 주식으로 대치한다.

셔드는 이 전략은 매매 비용도 저렴하고, 세금도 절감하면서, 대부분의 전문 펀드매니저들의 실적을 능가하게 될 것이라고 얘기한다. 그는 이 전략은 지난 26년 동안에 걸쳐 오직 두 번의 손실을 기록했을 뿐이라고 주장한다.

낮은 가격에 매수하고 높은 가격에 매도하는 또 다른 방법을 〈월 스트리트 머니 머신 *Wall Street Money Machine*〉의 저자 웨이드 쿡이 소개한다. 쿡은 어느 주식이건 그 주식의 가장 높을 때의 가격이나 가장 낮을 때의 가격을 알아보려 애쓰지 않는다. 대신에 그는 등락 폭이 좁은 10여 개 종목을 찾는다. 그는 그러한 주식을 '구르는 주식'이라고 부른다. 예를 들어, 어느 주식이 몇 년 동안 10달러에서 15달러 사이에서 등락을 거듭했다면, 아마도 쿡은 그 주식을 11달러에 매수해, 14달러에 매도했을 것이다. 주식을 정확히 선택했다면, 당신은 이 방법을 이용해 돈을 벌 수 있다. 그러나 이것은 '다우지수의 개들' 전략보다 리스크가 클 뿐만이 아니라, 매매 회수가 많다는 것을 의미한다.

당신은 낮게 매수해 높게 매도하는 것을 노려야만 하지만, 그 방법에 사로잡혀서는 안 된다.

전문가들은 최고의 주식을 당신으로서 가능한 최저의 가격에 매수할 것을 권유한다. 주식 가격의 변천사를 살펴보면, 과거에 그 주식의 가격이 얼마나 낮게까지 하락했었는지를 알게 될 것이다. 이루기는 어렵긴 하지만, 낮은 가격에 매수해 높은 가격에 매도하라는 이 논리적 전략에 이의를 제기하는 투자가는 하나도 없을 것이다.

64

높은 가격에 사서 **더 높은** 가격에 팔라

이 조언은 "낮은 가격에 사서 높은 가격에 팔라"는 전략과 모순되기는 하지만, 일부 투자가들은 높은 가격에 주식을 사서 더 높은 가격으로 파는 전략으로 극단적인 성공을 거두기도 한다. 이른바 모멘텀(기세) 투자가들이라고 불리는 사람들은 가격을 더 높이 밀어올려줄 것이라는 기대감을 가지고 높은 가격에 주식을 매수한다.

이런 현상의 대표적인 예는 인터넷 주식이다. 이 주식들은 회사가 단 한푼의 수익도 내지 못했을 때부터도, 그 주가는 액면가에 비해 엄청나게 뛰어올랐었다. 그럼에도 불구하고, 투자가들은 장래 큰 수익을 올릴 것이라는 기대를 안고 그 주식들에게 돈을 쏟아부었다. 그리고 실제로 아마존, 야후, 아메리칸 온라인 등의 초기에 그 주식에 투자했던 사람들은, 그 노력에 대해 풍요로운 보상을 받았다.

〈상승주식 집중매수〉의 저자 J. 모튼 데이비스는 높게 치솟은 주식을 매수하는 것은 직관에 반대되는 투자 행위로 보인다고 썼다.

그러나 물리학에서와 마찬가지로, 상승하는 주식은 계속 상승하는 경향을 보인다. 모든 데이비스는 계량적으로도 많은 거래와 함께 정점에 도달했던 주식이, 계속 새로운 기록을 갱신하며 계속 더 높이 올라가는 경우는 수도 없이 많이 볼 수 있다고 얘기한다. 새로운 정점은 무언가 커다란 일이 일어날 것을 암시하는 신호이다.

데이비스는 기관 투자가들이 선두 마차에 뛰어올라 그 주식을 더욱 높게 밀어 올린다고 얘기한다. 그래서 만약 상승하는 주식을 발견하면 당신도 그것에 올라타고, 그 주식이 더 이상 상승하지 않는다는 신호를 보일 때까지, 예를 들어 당신이 기대하는 것만큼 수익이 빠른 속도로 상승하지 않을 때까지 그대로 타고가야 한다고 얘기한다.

그러한 태도는 월가에서 오래 전부터 전해오는 격언을 따르는 것이기도 하다. "추세는 당신의 친구이다." 이 말은 다른 사람들 모두가 매수하는 주식을 매수하는 모멘텀 투자가들이 중얼거리는 주문(呪文)이기도 하다.

이 전략을 이용해 뛰어난 성공을 거둔 친구가 있다. 그는 계속 상승하는 주식을 상당량 매수한다. 그러다가 어느 순간에 도달하면 큰 차익을 남기며 매도한다. 그리고 만약 그 주식이 하락할 기미를 보이지 않으면 다시 매수한다. 이 극단적으로 공격적인 전략은 그에게는 커다란 성공을 안겨 주었다. 그는 작게 시작해서 그 주식이 계속 힘을 받으면 자신의 포지션을 더욱 강화했기 때문이다. 그는 자신의 주식이 상승한다고 즉시 더 매수하지는 않는다. 자신의 주식이 승리자임을 확신할 때까지 기다린다.

피터 린치는 투자 아이디어 중에서 한 주식의 가격이 오르면, 그 투자는 틀림없이 성공적인 투자라고 생각하는 것은 투자가들이 범하는 가장 큰 잘못이라고 얘기한다. 그는 주가가 오르는 유일한 이유는 누군가 당신보다 더 높은 가격을 기꺼이 그 주식에 지불하려 하기 때문일 뿐이라고도 얘기한다. 어떤 사람들이 냉소적으로 '더 큰 바보 이론'이라고 지칭하기도 하는 이 이론은, 당신은 언제나 당신보다 더 높은 가격을 기꺼이 지불하려는 바보를 찾을 수 있음을 의미한다.

모멘텀 투자가들의 결론은 이렇다. 멋진 주식, 승리하는 주식을 찾았을 땐, 그것을 보유하고 더 많은 주를 매수해, 피라미드 형태를 이루어라. 상승한 가격에 매수했다면, 더 많은 주식을 매수하라. 모멘텀 투자가들은, 특히 강력한 강세장에서는, 높은 가격에 매수해 더 높은 가격에 매도하는 전략은 공격적인 투자가들에게 큰 보상을 안겨줄 수 있다고 주장한다.

어쨌든 모멘텀 투자는 매우 위험할 수 있다. 특히 한 주식이 한동안 상승을 계속해왔을 경우에 그렇다. 나쁜 소식이 들려오리라는 희미한 암시만 있어도, 모멘텀 투자가들은 재빨리 주식을 포기해버린다. 뒤늦게 올라탄 사람들에게는 빈 자루만 남겨주고 말이다. 한 전문가는 이것을 '의자 빼기 게임'에 비교한다.

다른 모든 게임에서와 마찬가지로, 당신은 그 게임에 관해 완전히 배우게 될 때까지 그 게임에 참여해서는 안 된다. 가격이 계속 상승하는 추세의 주식을 찾으려 한다면, 1년 동안의 가장 높은 수준까지 가격이 치솟은 주식을 찾아보라. 당신은 주식 정보지를 한 부만 집어들어도 그러한 주식을 여럿 찾아볼 수 있다. 1년 동안의 최고 기록에 더하여, 당신이 모멘텀 주식을 찾는데 도움을 줄 거래와 가격폭 등, 여러 가지 기술적 수치를 찾아볼 수 있다.

Interview

| 월가 고수와의 인터뷰

개리 필그림

필그림 백스터 & 어소쉬이츠의 최고 투자 책임자
PBHG 펀드 회장, PBHG 성장펀드 펀드매니저

개리 필그림은 대학을 졸업할 때, 자산 운용자가 되고 싶다는 확신을 가졌다. 주식 분석과 포트폴리오 운용 과정을 밟으면서, 그는 자신이 본능적으로 성장 전략에 이끌림을 깨달았다. "나는 천성적으로 성장 투자가이고, 또 그렇게 예정되어 있었습니다." 필그림은 이렇게 얘기한다. "나는 급속도로 성장해왔고, 또 지속적으로 성장 잠재력을 갖춘 회사를 찾습니다. 투자가로서, 당신은 주가를 끌어올리는 요인이 무엇이고, 당신이 추구하는 투자전략은 무엇인지를 파악하고 있어야만 됩니다."

필그림에게 그것은 수익 성장이었다. "만약 한 회사가 그 규모면이나 수익면에서 성장한다면, 틀림없이 그 회사 주식은 결국 가치가 상승합니다. 나에게는 모든 것이 이렇게 간단했습니다."

필그림은 주가수익률(PER) 등 여러 평가 도구에 큰 관심을 갖지 않았다. "사람들은 주가수익률이 가장 간단한 도구라며 활기차게 얘기합니다. 그러나 나는 소규모지만 높은 성장을 기록하는 아주 활기찬 회사들에게는 주가수익률이 매우 비생산적이라고 생각합니다. 나는 초기부터 PER는 고려해볼 만한 가치가 별로 없는 도구라는 점을 배웠습니다."

대신에 그가 독자적으로 개발한 주식 순위 제도를 활용했다. "조사해야 할 가장 기본적인 사항은, 평균 이상임이 확실한 일련의 기업들이 어떤 성장을 이루었느냐 하는 점입니다." 필그림의 얘기이다. "우리는 일반적으로 시장 평균치의 2배 내지 3배의 성장을 기록한 기업을 찾습니다. 대부분의 사람들이 S&P 500을 생각하기에, 우리는 평균보다 20%, 30%, 혹은 40% 더 성장한 기업을 찾습니다."

필그림은 해당 회사가 '반짝'하는 그런 회사가 아님을 확실히 하기 위해 성장 이외의 다른 사항에도 눈을 돌린다. 신뢰할 수 있는 애널리스트가 작성한 수익 평가를 참조하고, 그 회사로부터 나오는 정보를 끊임없이 모니터한다. "우리는 기업의 성장이 이루어졌을 때 지대한 관심을 기울입니다. 그리고 펀더멘탈에 대해 알아봅니다. 그러한 노력에는, 그 회사에 정통하다고 자부하는 사람들과의 면담도 포함되지요. 그렇게 해서 모든 자료를 업데이트한 다음, 상황의 추이를 지켜봅니다. 이것이 내가 하루를 보내는 방식입니다."

필그림 자신은 부정적이든 긍정적이든 변곡점에 대해서는 매우 민감하다고 얘기한다. "변화를 깨달을 수 있는 유일한 방법은 해당 회사의 상황을 파악하기 위해 부지런히 뛰는 것입니다." 그것은 그 회사의 주식 가격과는 무관하고, 그 회사의 실적이 더 중요하다고 말한다. "그 사업의 모멘텀을 유지하느냐가 중요하지요. 투자가들도 그래야만 그 당시의 주식 가격에도 편안함을 느낄 테니까요." 그가 말한다. "긍정적인 변화라면 사람들은 그 주식을 매수하길 원하고, 부정적인 변화라면 사람들은 그 회사의 주식에 대해 걱정하고 도망칠 출구를 찾게 될 것입니다."

다른 성장 투자가들과는 달리, 필그림은 회사 경영진과의 만남을 내키지 않아 한다. "내가 저지른 실수 중에는, 정반대의 증거가 나타났는데도 회사의 전망에 대한 경영진의 얘기를 너무 확신했다는 점도 포함됩니다." 이렇게 얘기하며 필그림은 체서피크 에너지의 경우를 그 예로써 소개한다. "나는 기본적으로 상황이 우리가 희망했던 그대로 펼쳐지지 않는다는 점을 재빨리 파악하지를 못했습니다. 시장에서의 그들에 대한 평가와는 달리, 상황이 좋아질 것이라는 그 회사 경영진의 얘기를 계속 믿고 있었던 때문이지요."

결국 그는 25달러에 샀던 주식을 5달러에 팔아야 했다. 그리고 이제 그는 경영진의 얘기를 믿을 수 없게 되었다며, 그들과의 직접적인 만남에 많은 시간을 할애하지 않게 되었다고 얘기한다. "나는 그 사람들을 만나보는 것보다는 여러 가지 재정적 통계에 더 큰 관심을 갖게 되었습니다."

필그림은 주식 가격이 10달러에서 70달러까지 뛴 반도체 제조회사 시트릭스의 주식과 함께 야생마 타기도 벌였었다. "우리 펀드의 가장 큰 보유 주식은 시트릭스 주식입니다. 그리고 2년 만에 우리의 돈은 4~5배가 되었습니다. 하지만 그 야생마 타기는 몹시 동요가 심했습니다. 회사 전망에 관한 오해가 자주 발생했기 때문입니다. 그러나 그 기간 동안에도 회사의 수익은 계속 증가했습니다."

필그림은 오로지 수익 성장에만 집중했었기에 그 주식을 계속 보유할 수 있었다.

널뛰는 주가에 대한 감정상의 어려움에 대해서 묻자, 필그림은 이렇게 대답했다. "여기는 성장 주식 세계입니다. 예전에는 나도 주식에 관해 다분히 감정적이었습니다. 그렇지만 지금은 아닙니다. 몇 년 동안에 걸쳐 시장에서 배운 것은, 감정은 그리 도움이 되지 않는다는 사실입니다. 우리 모두에게는 감정이 있지만, 그것을 통제하는 방법을 빨리 배우게 될수록, 더욱 좋습니다."

만약 한 기업이 예기치 못하게 수익이 악화됐거나, 혹은 다른 회사들이 목표 성장률을 낮추기 시작했다면, 필그림은 주저없이 주식을 매도할 것이다. "가끔은 주가 손실이 클지라도, 한걸음 물러서서 그 회사가 회복되는 것을 지켜보는 것이, 가만히 앉아서 애태우며 잘되기만을 기도하는 것보다는 낫습니다. 투자가들은 악재를 접하면서도 기회를 보려고 하는 실수를 저지릅니다. 그것은 리스크를 매우 크게 합니다."

필그림은 한 주식이 예상에 미치지 못하는 실적을 기록할 때면, 재빨리 조치를 취해야만 된다고 조언한다. "평균의 법칙 때문에, 당신은 실수를 저지르게 됩니다. 누구든지 매수를 결정할 때면, 그 과정에서 당신이 틀렸음을 인정하기는 매우 어렵다고 생각합니다. 손실을 받아들이는 것은 어렵습니다. 그러므로 합리화하기 쉽습니다. 대부분의 사람들은 하락하는 주식의 매수는 선호하지만, 금액상의 손해를 감수하며 매도하는 것은 좋아하지 않습니다. 그러나 그러한 태도는 어려운 문제들만 만들게 됩니다."

필그림은 성공적인 투자가가 되기 위해서는, 당신이 이용하는 투자전략에 대한 강한 믿음을 가져야 된다고 얘기한다. 그리고 당신은 시장의 상황이 어떻게 변할지라도, 그것을 지속적으로 실천해야만 된다. "성공적인 투자가가 되기 위한 비결은, 자신의 기술을 실행해보고 수정하는 데에서 얻어지는 자신만의 투자전략에 대한 흔들리지 않는 확신입니다."

그는 주식 선택에 많은 시간을 바칠 수 없는 개인 투자가들은 뮤추얼펀드에 투자해야만 된다고 생각한다. "오늘날의 정보는 너무도 빠르게 변하기에, 파트 타임으로 주식시장에 뛰어드는 사람에게는 매우 불리합니다." 그는 이렇게 제안한다. "당신은 전문가들이 접하는 정보에 접근하지 못합니다. 당신에게는 직원도 없고, 수단도 없지 않습니까."

공정하게 말하면, 필그림은 자신은 오직 성장 주식과 신규 성장 주식 투자가에 관련된 얘기를 했음을 지적한다. "장기적으로도 흔들림 없을 것으로 보이는 탄탄한 기반을 갖춘 좋은 회사 주식을 매수한 개인 투자가들의 경우는 완전히 다른 게임입니다. 그러나 성장하는 작은 회사에 참여하길 원하는 개인 투자가의 경우, 정보망에서 벗어날 리스크가 매우 크다고 생각합니다. 일반적으로 당신은 그 회사의 진정으로 잘못된 점이 무엇인지, 이미 때늦은 다음에야 알게 될 것이기 때문입니다."

65

손절매를 하라

많은 투자 전문가들에 의하면, 손절매보다 더 중요한 규칙은 없다고 입을 모은다. 적당한 타이밍의 매도 결정은, 투자가들이 직면하는 가장 어려운 결정이라고도 얘기한다. 손실을 떠안을 때는 당신이 패배했음을 인정하는 결과가 되기 때문이다. 그것은 당신이 본능적으로 거부한다. 그러기에 많은 투자가들이 되살아나길 기대하며 하락하는 주식을 붙들고 있는 실수를 저지르는 것이다.

하락하는 주식을 붙들고 있는 동안, 상황을 더욱 나쁘게 이끄는 것은, 너무도 많은 투자가들이 상승할 주식을 매도해버린다는 점이다. 피터 린치는 이것을 "잡초에 물을 주고, 꽃을 꺾어버리는 것과 같다"고 얘기한다. 그들은 작은 수익을 취하기 위해 이기는 주식을 매도하고, 기적을 기대하며 지는 주식을 붙들고 있다는 것이다.

하락하는 주식을 매도하는 데 대한 갈등을 극복하기 위해 많은 전문가들은 보유중인 하락 주식을 팔아야 할 때를 미리 결정해두고 있다. 〈인베스터스 비즈니스 데일리〉의 발행인 윌리엄 오닐은 손실 최소화 계획을 발전시켰다. 그는 어느 주식이든지 자신이 매수한 가격에서 7~8%가 하락하면 매도해 버린다. 그는 이러한 결정은 투자가들에게는 극히 어려워서, 그들은 이렇게 말할 것이라고 한다. "나는 이 주식을 팔 수 없어. 언젠가는 반전해서 상승하리라는 것을 잘 알고 있으니까"라고.

오닐은 "주식은 당신을 모르고, 또 당신이 무슨 생각을 하건 전혀 개의치 않으니 그것을 매도하는 것을 두려워하지 말라"고 얘기한다. 그리고 지는 주식을 매도한 뒤에는, 강한 잠재력을 가진 주식을 찾아볼 것을 제안한다.

오닐은 최고의 투자가라 할지라도, 열 번에 일곱 번 이상 옳은 판단을 내리지는 못한다고 얘기한다. 그 수치는 다른 주식 전문가들에게서도 확인된다. 최악의 경우, 8%에서 손절매한다면, 당신의 포트폴리오에 불행한 결과를 초래하지는 않을 조그만 손실 보따리들을 떠안을 뿐이다. 그러나 오닐은 "만약 당신이 손실에 대해 아무런 조치도 취하지 않는다면 손실은 눈덩이처럼 커져, 마침내는 회복불능의 상태에 이르게 된다"고 말한다. 최악의 경우, 당신은 지는 주식들로만 이루어진 포트폴리오를 가지게 되는 것이다.

그리고 그 점에 대해 오닐은 이렇게 말한다. "주식시장에서 승리하는 비결은 당신이 잘못했을 경우, 손실을 가능한 최소한으로 줄이는 것입니다. 달리 말해, 승리하기 위해서는 당신이 잘못했을지도 모른다고 인식했다면, 망설이지 말고 손절매해야만 됩니다."

우량기업에 악재가 생겼을 경우에도, 손절매한다면 돈이 묶이는 것을 막아준다. 내가 데이터 저장장치를 생산하던 아이오메가 주식을 보유하고 있을 때 겪은 일이 바로 그것이다. 그 주식은 최고 55달러까지 치솟은 다음, 주당 12달러 50센트까지 하락하고, 곧이어 2주당 1주로 병합되어

버렸다. 뛰어나지 못한 수익 보고서와 일련의 경영상의 실수가 그 회사 주식을 하락으로 이끌었다. 그러나 나는 개인적으로 아이오메가는 집 드라이브(Zip drive)라는 뛰어난 제품을 생산하는 좋은 회사라고 믿었다. 그리고 그 당시 나에게는 매도 원칙이 없었기에, 스스로 손실이 보전되기만을 기다렸다. 만약 그 주가가 하락하기 시작했을 때, 약간의 손해를 감수하고서라도 손절매했더라면 훨씬 좋았을 것이다. 그러고나서 그 돈을 이용해, 더 좋은 회사의 주식을 매수할 수도 있었다.

손실을 최소화해서 손절매하는 방법은 여러 가지 있다. 가장 보편적인 한 방법은 당신의 중개인과 조건을 미리 정해놓고, 당신의 주식이 그 가격까지 떨어지면 자동적으로 매도하는 것이다. 어떤 투자가들은 자동 매도 프로그램에 불편함을 느껴, 얘기를 듣고 파는 것을 선호한다. 당신이 큰 손해를 떠안을 때까지 기다리지 않고, 작은 손실만으로 주식을 매도한다는 원칙이라면, 어느 방법이든 그것은 큰 문제가 되지 않는다.

66

매수와 매도 **목표가**를 설정하라

대부분의 애널리스트와 펀드매니저는 공개적으로 한 주식을 추천한 다음에는 6~12개월 후의 매도 가격을 설정한다. 전문가들은 목표치를 주먹구구식으로 설정하는 것이 아니다. 그들은 정확한 목표 가격을 설정하기 위해 복잡한 평가 도구를 이용해 광범위한 연구 조사를 펼친다. 많은 애널리스트들은 의도적으로 엄격한 평가를 하기도 한다. 그리고 때로는 예상 기간 전후로, 목표 가격에 정확하게 들어맞기도 한다.

당신이 주식을 매수 매도할 때에도 전문가들을 모방해 목표를 설정할 수 있다. 그러기 위한 두 가지 방법이 있다. 첫째, 한 주식의 적정 가격을 파악하기 위해 노력하는 것이다. 당신이 직접 그렇게 하려면, 몇 가지 수고를 해야만 된다. 인터넷에는 몇 가지 평가 계산 프로그램이 올라와 있다. 그레이엄의 〈현명한 투자자〉를 읽어보거나, 혹은 기업 평가법에 관한 책을 읽어보는 것도 좋은 방법이다.

만약 기업 평가가 너무도 복잡하게 느껴진다면, 그 주식이 어디까지 상승했었는가를 참고해 목표치를 설정할 수도 있다. 예를 들어, 어떤 사람들은 주가가 30% 혹은 40% 오르면 주식을 매도할 것이다. 그것은 당신의 수익을 제한할 수도 있어, 모든 전문가들이 추천하지는 않을 테지만, 이 방법의 장점은 당신에게 규칙에 따를 것을 강요한다는 점이다. 어떤 투자가들은 자신이 정한 가격 목표치에 도달하면, 보유한 주식의 반을 매도한다는 규칙을 지킨다.

인베스코 스트레티직 테크놀로지의 펀드매니저 댄 레나드는 목표치 설정이 개인 투자가들에게 얼마나 유용한지를 얘기한다. "당신은 목표치 설정을 원할 수도 있습니다. 주가가 그 목표에 도달하면, 당신은 상황이 어떻게 변했는지를 재평가해야만 됩니다. 내 수익은 더 높이 올라가게 될까? 나는 목표 가격을 더 높게 설정해야만 될까? 내 돈을 빼내야 될까? 당신이 무엇을 소유하고 있고, 또 기꺼이 매도할 의도가 있는지 정확히 파악해야만 됩니다. 나는 너무도 많은 사람들이 그들의 주식이 빙빙 돌아가도록 내버려두고 있음을 보았습니다. 주식 가격은 올랐는데, 당신은 그에 대해 아무런 조치도 취하지 않습니다. 그러다가 상황은 갑자기 움직이기 시작하고, 그 다음은 당신도 잘 알고 있는 바와 같습니다. 주식 가격이 제자리로 돌아온 것입니다."

목표치를 설정했으면, 주가가 목표에 도달했을 때 당신은 조치를 취해야만 된다. 설정 가격을 투자노트에 써놓으면 큰 도움이 된다. 예를 들어, 만약 당신의 주식이 40달러라는 목표치에 도달했으면, 당신은 그 주식을 매도하거나, 혹은 재평가해 목표 가격을 더 높이 설정해야만 된다. 무엇보다도 중요한 점은, 목표 가격이 현실적이고 달성 가능한 것이어야만 한다. 희망사항이어서는 안 된다.

67

매매 회수를 **최소화**하라

수수료가 낮은 온라인 계좌가 속속 등장하고, 주식시장에서 큰돈을 벌 기회가 많아짐에 따라, 그 어느 때보다 많은 개인 투자가들이 주식 매매에 뛰어들고 있다. 그러나 전문가들은, 사람들이 매매를 지나치게 많이 한다고 지적한다.

투자 칼럼니스트 개리 클롯은 캘리포니아 대학 데이비스 분교에서의 연구에 관한 글을 썼다. 테런스 오딘 교수와 브래드 바버 교수는 한 중개회사의 고객 1만 명의 계좌를 추적해본 결과, "매매는 당신의 부(富)에 장애물이 된다" 라고 결론지었다. 두 교수는 사람들이 판 주식 가운데 실적 미달주가 너무 많다고 얘기했다. 매매에 따른 수수료와 비용 그리고 세금을 생각한다면, 그 결과는 더욱 좋지 않다.

잭 슈웨이거는 그의 저서 〈새로운 시장의 마법사들〉에 전문 투자가 마크 와인스타인의 인터뷰 기사를 실었다. 와인스타인은 자신은 매매로 인해 큰돈을 날리지는 않았는데, 행동을 취해야 될 정확한 순간까지 기다렸기 때문이라고 얘기했다. 그는 다음과 같은 비유를 통해 자신의 철학을 설명한다. "치타는 이 세상에서 가장 빠른 동물이고, 평원지대에서는 어떤 동물이든지 잡을 수 있음에도, 잡을 수 있다고 확신하는 먹이가 나타날 때까지 기다립니다. 어린 기린이 나타날 때까지 말입니다. 어린 기린만이 아니라, 병들고 절뚝거리는 동물을 좋아합니다. 그러한 기회, 즉 자신의 먹이를 놓칠 가능성이 없을 때 공격에 나섭니다. 치타의 그런 태도는, 나에겐 전문 트레이더의 태도는 어떠해야 될지를 핵심적으로 얘기해주는 것만 같습니다."

슈웨이거는 성공적인 트레이더일수록 매매에 극히 신중하다고 얘기한다. "당신도 매매를 자주 해서는 안 됩니다. 분명한 기회라고 확신할 때까지 기다려야만 합니다."

이것은 매매를 하기 위해서는 몇 달 혹은 일년을 기다려야만 한다는 의미가 될 수도 있다.

나는 처음에 시장에 뛰어들었을 때, 여유가 있는 한 자주 매매하려는 충동에 시달렸다. 어떤 때는 일주일에 12번씩이나 매매하기도 했다. 그때 나는 투자하는 것이라고 확신했다. 그러나 지금 생각해보면 그때의 태도는 투기에 불과했음을 깨닫는다. 가끔, 매매에서 손실을 입었을 때면, 나는 그 손실을 메우기 위해 즉시 다른 매매를 체결했다. 어느 저자가 지칭한 '마케티티스(marketitis: 오버 트레이딩)' 증상에 시달리고 있음을 내 스스로 깨달을 때까지 이러한 악순환은 몇 개월 동안이나 지속되었다. 또한 1년 동안의 수익을 보면서 과도한 매매의 허무함을 깨닫기도 했다. 나는 끊임없이 매매를 했지만, 1년 결산을 해보니 겨우 손실을 면했을 뿐이었던 것이다. 그 모든 것은 나의 매매 습관을 바꿔야만 한다는 것을 알려주는 증거였다.

68

작게 시작하라

주식시장에서 당신의 돈을 가장 빨리 날려버리는 방법은, 당신이 가진 모든 것을 '도 아니면 모' 식의 위험에 거는 것이다. 어쨌든 전문가들은 주식시장에서 돈을 벌기 위해 많은 돈을 리스크에 내맡겨야만 할 필요는 없다고 얘기한다. 예를 들어 윌리엄 오닐은, 대학을 졸업했을 때 단돈 500달러로 시작했다. 21세 때, P&G사의 주식 다섯 주를 매수했던 것이다. 지금까지도, 오닐은 새로운 주식을 매수할 때면 가끔은 작게 매수하는 것에서 시작한다. 만약 그 주식이 몇 포인트 더 상승하면 그때 조금 더 매수한다. 그리고 자신의 판단이 옳았다고 밝혀지면 매수를 계속한다.

전문가들이 작게 시작한다는 의미는 금액을 말하는 것이지 주식 수를 얘기하는 것은 아니다. 실제로 많은 전문가들은 당신이 매수하는 주식 수에 대해서는 신경쓰지 말라고 얘기한다. 예를 들어, 당신에게 5000달러의 여유가 있다면, 그 절반을 당신이 찾아낸 우량 회사에 투자하라. 그런 다음, 그 주식의 가격이 상승한다면 조금 더 매수하라. 만약 그 주식이 이기는 주식으로 밝혀지면, 당신은 점진적으로 나머지 5000달러 전액을 그 회사에 투자한다. 전액을 한 주식에 단숨에 투자하는 것보다는 이것이 훨씬 안전한 방법이다.

전문가들은 한 번에 조금씩 점진적으로 매수하는 방법으로, 천천히 부유해지는 것이 가능하다고 얘기한다. 이 방법을 이용해, 당신은 장기간에 걸쳐 여러 번 조금씩 매수할 수 있다. 그리고 당신의 돈이 얼마나 빨리, 상당한 기간에 걸쳐 눈덩이처럼 쌓여가는지를 깨닫게 되면 놀랄 것이다.

Interview

| 월가 고수와의 인터뷰

셀비 데이비스

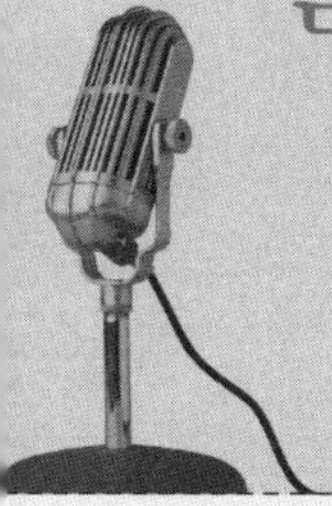

데이비스 셀렉티드 어드바이저의 CEO

데이비스 뉴욕 벤처 & 셀렉티드 아메리칸 셰어 이사

누구든지 셀비 데이비스의 성공적인 투자는 가문의 전통이라고 할 수 있을 것이다. 데이비스의 증권에 대한 정열은, 지속적인 수익을 기록하는 회사의 주식을 낮은 가격에 매수하는 전략을 가졌던, 고인이 된 그의 아버지 셀비 컬롬 데이비스에게서 물려받은 태도였다. 그의 아버지는 보험 주식을 선호했기에, 셀비의 투자에 관한 첫 추억은 여름방학 때 아버지를 따라 보험회사를 방문한 일이었다.

1997년, 데이비스는 그의 아들 크리스에게 펀드 운용을 맡김으로써 가문의 전통을 이어갔다. 그것이 셀비 데이비스가 은퇴했다는 의미는 아니다. 최고 투자 책임자로서, 그는 여전히 많은 시간을 주식 선택과 새로운 투자 기회를 찾는데 할애하고 있다.

데이비스의 전략은 전통적으로 장기적으로 실적이 성장할 가능성이 있으면서도 저평가된 것으로 보이는, 기본적으로 안정적으로 성장하는 회사를 찾는 것이다.

그 점에 대해 데이비스는 이렇게 말한다. "우리는 성장 회사의 주식을 가치 가격에 매수하려고 노력하는 것입니다. 실제적으로 우리는 가장 뛰어난 성장률을 기록하는 회사를 찾거나 신흥 성장시장을 찾아가지는 않습니다. 대신에 우리는 일시적으로는 외면당하고 있지만, 오랜 동안 독점권을 행사해왔고, 장기적으로는 성장 전망이 있는 그런 대기업을 찾습니다. 우리는 어떤 이유로 그 당시에는 찬밥 신세인 회사의 주식을 매수합니다. 이것이 우리가 가치 주를 선택하는 방식입니다. 성장 주를 선택하기 위해서는, 그 회사의 장기간에 걸친 기록을 살펴봅니다."

이런 기업들은 우수한 경영진에 의해, 그 업계의 선도적인 위치로 되는 경향을 보인다. 그런 회사들은 시간의 시험에도 이겨내고 변화에도 적응한 그런 회사이다. 그가 특히 금융회사의 주식을 선호하는 이유도 그 때문이다. "그들이 다루는 상품은 돈입니다. 돈은 유행을 타지도 않고, 사라지지도 않습니다. 예대마진으로, 돈으로 돈을 버는 사업은 이 세상에서 두 번째로 오래된 사업입니다."

셸비 데이비스는 매수를 결정할 때면, 종이 조각이 아닌 기업을 매수하는 것이라고 생각하기를 좋아한다. "당신은 주식을 매수할 때는 마치 그 회사 전체를 기꺼이 몇 년 동안 보유할 것처럼 생각할 수 있어야만 합니다." 신념이 없다면 문제가 될 수도 있다. 그 점에 대해 데이비스는 이렇게 얘기한다. "가장 손실이 큰 실수는, 너무 높은 가격에 주식을 매수하고, 낮은 가격에 매도하는 것입니다. 그것은 당신이 보유한 주식에 대한 확신이 없기 때문에 저지르는 실수입니다."

그는 만약 당신이 그 회사를 믿는다면, 그 회사의 주가가 하락하기 시작한다 해도, 당황해서 팔아버리는 경향은 줄어들 것이라고 얘기한다.

"또 다른 큰 실수는 재무제표에 신경을 쓰지 않는 것입니다. 상황이 나빠진다면, 재무제표는 당신을 구해주는 안전망 역할을 합니다. 만약 재무제표가 형편없다면, 당신은 안전망을 가지지 못하고 절벽에서 그대로 떨어지거나, 커다란 구멍 속으로 빨려 들어가게 됩니다."

어느 회사든 투자하기 전에, 데이비스는 많은 조사를 하고 주기적으로 경영진을 직접 만나 여러 가지 사항을 물어본다. 데이비스는 경영진을 만나는 이유에 대해 이렇게 설명한다. "우등생 명단에 들고 싶어하지 않는 사람이 어디 있겠습니까? 우리는 경영진에게 최소한 세 가지 질문을 합니다. 먼저 그들의 목표가 무엇이고, 회사를 어떤 방향으로 끌고 갈 것인지를 묻습니다. 그리고 회계, 경쟁사, 현금흐름 등에 관해 물으며 경영진의 능력을 파악하려고 합니다."

그는 그 회사가 1년 동안 얼마나 성장할지뿐만이 아니라, 그 이후에는 어떻게 될 것인지에 대해서도 알아보려 한다. 그 다음 경영진에게 목표를 달성할 능력이 있는지를 알아본다.

경영진을 광범위하게 만나보긴 하지만, 데이비스는 자신이 상황을 잘못 판단할 가능성도 있음을 인식한다. "가끔은 경영자들이 허세를 피운다고 느낄 때도 있습니다. 실제로 뛰는 것이 아니라, 언제나 수치를 들이대며 변명만 늘어놓는다고 말입니다. 붕괴가 다가오는 것이 명백한데도, 경영진이 수익을 과시하기 위해 그럴 듯하게 꾸며진 회계 장부에만 의지한다면, 그것은 파멸일 수 있습니다."

데이비스는 경영진에 대한 확신을 잃거나, 장부를 분식회계했다고 느끼게 되면 그 회사의 주식을 매도한다. 그 주식이 과대평가 되었거나, 혹은 회사의 성장 전망이 나빠지는 것을 보게 되어도 주식을 매도한다.

데이비스의 의견에 따르면, 사람들이 주식시장에서 돈을 잃게 되는 것은, 자신들이 매수하려는 주식에 대해 충분한 조사를 하지 않고 육감에만 의존해 행동하기 때문이라고 한다. 그는 사람들이 주식을 매수하는데 들이는 시간이 오븐이나 자동차를 사는데 들이는 시간보다 훨씬 더 적다는 피터 린치의 의견에 동감이라고 얘기한다.

"사람들은 이것저것 자동차 잡지를 구입해 읽어보며, 모델과 가격을 비교합니다. 그런 다음 2만 달러짜리의 매수를 결정합니다. 그후 10년 동안 가격이 계속 하락할 자동차를 구입하는 데에도 그만한 시간과 노력을 들이는 것입니다. 만약 그들이 원하는 회사에 대해서도 그만큼의 조사를 하고 주식을 매수한다면, 이후 10년 혹은 20년 동안 돈을 벌게 되리라는 것은 보장된 것이나 마찬가지입니다."

데이비스는 투자 비결이라는 것이 있다면, 그것은 장기적인 투자를 하는 것이라고 얘기한다. "우리는 세 시간, 사흘, 3개월, 혹은 3년을 넘어서서, 30년 후의 장래를 생각해야만 됩니다. 복리 법칙은 이 세상의 여덟 번째 기적이라고 합니다. 그러므로 번성할 수 있는 기업에 30년 이상의 기간에 걸쳐 투자하면, 복리 혜택을 누릴 수 있습니다." 데이비스가 보험사 주식을 특히 좋아하는 것도 바로 그 이유에서다. 그는 보험사 주식을 복리 기계라고 부르기까지 한다.

데이비스는 최고의 투자가는 비전과 인내심을 가질 뿐만 아니라, 그 가치에도 집중한다고 얘기한다. 그리고 그것은 어느 개인 투자가든지 발전시킬 수 있는 기질이라며 이렇게 설명한다. "가치에 집중한다는 것은 대형 회사의 10년 혹은 그 이상의 기간에 걸친 기간 동안의 활동을 살펴본다는 의미입니다. 그리고 비전을 가진다는 것은, 철강산업과 같이 그 빛이 서서히 스러지지 않는 기업이라는 점을 분명히 확인한다는 의미입니다."

데이비스는 성공적인 투자가가 되기를 원하는 개인은 밥을 먹고 잠을 자는 것처럼, 투자 습관을 길러야 한다고도 얘기한다. "매주 혹은 매년 투자하며, 일상적인 시장의 동요에 대해서는 걱정하지 마십시오. 당신은 고점에서 매수할 수도 있고, 저점에서 매수할 수도 있습니다. 그렇게 하면 평균이 됩니다. 그리고 30년이라는 장기적 관점에서 바라보며 장기투자 프로그램을 세우십시오. 미래를 믿고, 좋은 회사의 주식을 좋은 가격에 매수하십시오."

69

관망하며 기다려라

아무런 결정도 하지 않는 것이 최선의 결정일 경우가 있다. 전문가들은 그러한 태도를 '관망한다'고 말한다.

〈기대했던 것을 팔아야 할 때〉의 저자 도널드 캐시디는 한 주식을 보유하겠다는 결정은 매도나 매수 결정만큼이나 중요한 것이라고 얘기한다. 많은 투자가들에게는 보유하는 것이 편안하게 느껴진다고 한다. 주식이 오르고 있을 때면 그들이 현명하다는 것을 입증하는 셈이고, 돈을 잃고 있는 동안에도 언젠가는 회복되리라는 희망을 가질 수 있기 때문이다. 보유하고 있는 동안에는 수치상의 손실일 뿐이지만, 매도해버리면 실제 손실이 된다.

관망하며 앉아 있는 것은 어마어마한 인내심이 요구된다. 윌리엄 오닐은 상승장의 처음 2년은 앉아만 있어도 황금의 기회를 제공해 준다고 말한다. 그러한 시기에는 가끔 앉아만 있어도 큰 수익을 남길 수 있기 때문이다.

대부분의 전문가들은 기회가 있을 때마다 매매하고 싶다는 충동을 강력히 억누를 것을 조언한다. 당신은 모든 정보, 루머, 추천에 따를 필요는 없다. 노련한 투자가라면, 가만히 기다리는 것이 최선일 때, 매매에 뛰어들어 쓴맛을 본 경험을 들려줄 수 있을 것이다. 전문적인 트레이더들까지도, 가끔은 뒤로 물러나 관망한다. 그것은 다음 행동에 관해 생각해보고, 평가해볼 시간을 주기 때문이다. 주식시장에서, 다음에 어떻게 해야 될지를 몰라 혼란스러울 때면 '아무것도 하지 않는 것'도 일종의 결정이라는 점을 기억하기 바란다.

70

사업하는 마음으로 투자하라

진정으로 회사를 운영하는 태도로 투자에 임하는 사람들은 그렇지 않은 사람들에 비해 크게 유리하다. 만약 당신이 재무제표를 이해할 수 있고, 한 기업의 가치를 평가하고, 당신 자신의 회사를 운영하는 것처럼 투자할 수 있다면 그것은 큰 행운이다. 당신에게 그러한 재능이 없다 해도 돈을 벌 수는 있다. 그러나 그러기 위해서는 다른 사람들의 계산에 의존해야만 된다.

〈월 스트리트 머니 머신〉의 저자 웨이드 쿡은 당신이 자신의 회사를 운영할 때면 가격, 매입, 판매, 고용관계, 세금, 경쟁사 그리고 시장 점유 등을 이해해야만 된다고 썼다. 또한 그는 성공적으로 사업을 운영하는 지식은 주식시장에서의 지식으로 변환될 수 있다고 얘기한다. 결론은 양쪽 모두 수익을 창출하는 것이기 때문이다.

벤저민 그레이엄은 사업에서 성공을 거둔 많은 사람들이 주식시장에서는 처음 그들을 성공적으로 이끌어주었던 태도를 따르지 않는다고 말한다. 그는 자신의 저서 〈현명한 투자자〉에서 만약 주식시장에서의 성공을 원한다면, 당신은 다음과 같은 사업 원칙을 받아들여야만 한다고 썼다.

▲당신의 사업을 이해하라
▲다른 사람에게 회사 운영을 맡기지 말라
▲적정 수익을 창출할 수 있기 전에는 사업에 뛰어들지 말라
▲당신의 지식과 경험을 믿어라

개인 투자가들이 사업을 운영하는 방식을 배우는 방법에는 여러 가지가 있다. 한 가지 아이디어는 대학이나 대학원에서 강의를 받는 것이다. 다른 분야를 전공한 학생들보다는 경영학 과정을 이수한 학생들이 주식시장을 좀 더 잘 이해할 가능성이 높다.

피터 린치는 개인 투자가들이 주식 한 주가 복권이 아닌, 한 기업의 부분적 소유권임을 깨닫지 못한다고 얘기한다. 목표는 주식시장에서의 투자와 당신 자신의 사업을 운영하는 것 사이의 연관성을 인식하는 것이다. 만약 그 두 가지 모두를 할 수 있다면, 당신은 진정한 행운아이다.

71

떨어지는 **칼날**을 잡지 말라

내가 만나본 많은 전문가들은 가끔 떨어지는 칼을 받으려 했다고, 즉 어느 주식을 급락 직후 매수한 경험이 있다고 시인했다. 평소에 좋아하던 주식이 수익을 내지 못했다거나 혹은 부정적인 뉴스로 인해 일시적으로 하락했을 때, 그 주식을 사지 않고 버티기란 사실 어렵다.

만약 당신이 한 주식의 적정 가격을 55달러라고 판단했다면, 그 주식이 30달러로 하락했을 때면 몹시 좋아하게 된다. 많은 투자가들은 그 주식이 더 이상 떨어질 수는 없다고 생각하기도 한다.

컬럼비아 스몰캡 펀드의 펀드매니저 리처드 존슨은 FPA 메디컬의 주가가 갑자기 떨어졌을 때 그 주식을 매수했었다. 그리고 그후에 일어난 일에 관해 설명한다. "그 회사의 주가는 곤두박질쳤습니다. 그렇지만 나는 많은 애널리스트들과 얘기했던 바에 근거해, 주식시장보다 내가 더 똑똑하다고 생각했습니다. 그리고 그 가격은 매우 매력적이라고 생각했습니다. 실제로는 그렇지 못한데도, 내가 아주 유리한 위치에 서게 되었다고 판단했던 거지요. 돌이켜 생각해보니, 나는 모든 악재들이 걷힐 때까지 기다려야만 했었습니다."

다행스럽게도, 존슨은 자신이 유리한 위치에 선 것이 아님을 깨닫는 순간, 재빠르게 매도해버림으로써 자신의 실수를 바로잡았다. 한편 그 주식은 계속 하락했다.

가끔 한 주식이 계속 하락하는 데에는 특별한 이유가 있기도 한다. 존슨은 바퀴벌레가 한 마리 보이면, 다른 바퀴벌레들이 많이 있을 가능성이 높다는 '바퀴벌레 이론'을 소개한다. "한 주식이 실망시키면, 십중팔구 그 주식은 다음 분기에도 수익을 올리지 못할 것입니다." 그는 떨어지는 주식을 바닥에서 받아보려 하는 짓은 무모한 짓이라며 이렇게 덧붙인다. "당신이 슈퍼맨이 되어야 할 필요는 없습니다."

많은 자산 운용자들이 떨어지는 주식을 매수해 수익을 두 배로 올리는 경우도 있긴 하지만, 대부분은 그것이 매우 위험한 전략이라고 얘기한다. 한 전문가의 말처럼 매입 단가 평균치를 내리는 것은 비참한 결과를 보증하는 방법일 뿐이다. 상황을 더욱 나쁘게 하는 것은, 어떤 투자가의 경우 하락하는 주식을 더 많이 매수해 잃는 종목을 추가한다는 점이다.

만일 당신이 옳았고, 그 주식이 잘 나가기 시작한다면 그것은 극단적으로 높은 수익이 된다. 그러나 전문가들이 떨어지는 주식을 추가하는 것은 엄청난 시간을 들여 그 주식을 재평가하고 자신들의 결정이 올바르다고 확신한 다음에야 그렇게 한다는 점을 잊지 말기 바란다. 만일 그들이 틀렸다면, 손실은 더욱 복잡해진다.

그러기에 한 전문가는 떨어지는 주식을 추가하는 것은 재정적인 자살 행위라고까지 한다. 그러나 또 다른 사람은 떨어진 가격에 매수한다고 얘기한다.

전문가들은, 특히 당신이 초보 투자가라면 떨어지는 투자는 피하라는 데 의견을 모은다. 한 주식이 떨어지기 시작하면, 그 회사에 무슨 일이 일어났는지를 정확하게 이해할 수 있을 때까지 기다리라고 말한다. 주가가 아무리 낮게 떨어졌어도 언제라도 그보다 더 낮게 떨어질 수도 있다.

72

당신이 매도한 주식을 **잊지 말라**

많은 개인 투자가들은 손절매한 주식에 대해서는 두 번 다시 생각하기도 싫어한다. 컬럼비아 스몰캡 펀드의 펀드매니저 리처드 존슨은 투자가들이 자신에게 실망을 안겨준 주식들을 그들의 기억에서 지워버리는 것은 매우 흔한 일이라고 얘기한다. 그 이유를 이렇게 설명한다.

"심리적으로 그러는 것이 훨씬 편하기 때문입니다. 특히 한 주식이 큰 실망을 안겨주었을 때, 그 주식을 매도해버리고, 그것에 대해서는 두 번 다시 생각하려고도 하지 않습니다. 그 주식은 페널티 박스로 쫓겨나고, 투자가는 손을 씻어 버립니다. 하지만 그것은 잘못된 태도입니다. 가끔은 기관 투자가들까지 그런 태도를 보입니다. 그것으로 손해를 보았으니 제거해버리고, 두 번 다시 보고 싶어하지 않는 것입니다."

그러나 많은 전문가들은 매도한 주식을 가까이 지켜봐야 한다고 말한다. 존슨은 자신의 최고의 투자 아이디어는 과거에 소유했던 것들로부터 얻어진다고 얘기한다. 그리고 당신과 가까웠던 주식을 추적하는 것은 훨씬 쉽다고도 얘기한다. "그 주식에 대한 기본적인 지식을 십분 활용하는 것입니다. 그러면 당신은 빠르게 그 주식을 따라잡을 수 있습니다. 그러고나서 지켜보면, 상황이 좋아지는 것을 놓치지 않을 수 있고, 그렇게 되면 그 주식으로 돈을 벌어 멋지게 복수할 수도 있는 겁니다."

이미 매도해버린 주식을 추적하는 방법들 중의 한 가지는 기록으로 혹은 추세표로 작성하는 것이다. 주식을 매도한 다음에도 날짜, 가격, 매도 이유, 그리고 잠재적인 수익 혹은 손실 등 상세한 메모를 해둔다. 그것은 많은 개인 투자가들이 저지르는 실수인, 너무 일찍 매도해버린 것은 아닌지를 판단할 수 있는 방법이 되어주기도 한다.

Interview

월가 고수와의 인터뷰

스피로스 세갈라스

제니슨 어소쉬이츠의 사장 겸 투자 총 책임자
하버 캐피털 어프리쉬에이션 펀드의 펀드매니저

스피로스 세갈라스는 뉴욕시에서 성장했던 어린 시절에 주식시장을 처음 접했다고 얘기한다. 그리스 이민자인 그의 아버지는 미국에 도착한 이후 레스토랑 인테리어 사업을 시작했었다. "아버지는 밤낮없이 일하셨지요. 매우 힘든 일이었지요." 세갈라스의 아버지는 건축업에서 어느 정도 성공을 거두게 되자, 어렵게 모은 돈으로 주식 투자를 시작했다. 아버지는 영어에 어려움을 겪었기에, 매일 저녁 아들에게 신문의 주식 관련 기사를 읽어달라고 부탁했다. "어떤 주식은 상승하고, 어떤 주식은 하락하더군요." 세갈라스는 웃는다.

그 자신의 장래와 관련, 세갈라스는 건설 원청업자를 쫓아다니는 것보다는, 주식 선택 방법을 배우는 것이 훨씬 재미있겠다고 생각했다. 그리고 프린스턴 대학 시절에는 여러 가지 투자 잡지를 정기 구독했고, 졸업 후에는 RJ 레이놀즈 주식에 투자했다. 놀랍게도 그가 투자한 주식은

50%나 상승했고, 그후 그는 주식시장에서 빠져나오지 못했다.

세갈라스는 자신은 일생 동안 성장투자를 했으며, 항상 적정 가격의 성장 회사를 찾기 위해 노력했다고 얘기한다. 그는 최고의 성장주를 선호했으며, 독점권을 가진 회사를 찾아내기 위해 노력했다. "그 말은, 어느 회사든지 기술적 우위와 지배적인 시장 점유율, 그리고 잘 알려진 브랜드와 같은 독특한 무엇인가를 가져야만 한다는 의미입니다. 나는 재무구조 면에서도 평균 이상이고, 높은 이윤과 함께 높은 수익률을 기록하는 회사를 찾습니다. 그렇지만 수익률뿐만 아니라, 영업 신장률도 평균 이상인 기업을 찾습니다. 15%나 그 이상 성장할 수 있는 회사를 찾습니다."

성장 투자가로서, 그는 과거에 성장했던 회사보다 장래에 성장할 회사를 찾는 것이 더 중요하다고도 얘기한다. 세갈라스는 성장은 기술 쪽에 있다고 생각하기에, 기술주에 끌려 들어간다. 그러나 그에게는 HMO(민간 건강보험 조합)처럼 멀리하는 회사도 있다. 많은 사람들이 그 주식으로 돈을 벌었다 해도, 그는 거들떠보지도 않는다. "만약 당신이 아프다면, 의사가 오직 수입을 원해 아픈 부위를 째는 것이 아니라, 당신에게 적절한 최상의 치료를 해주기를 원합니다. 그리고 당신의 건강 문제에 대해서는, 의사보다는 약을 선호한다는 특별한 입장을 택할 수도 있습니다."

재무구조에 대한 기초 조사를 하는 것에 더하여, 세갈라스는 경영진을 방문하는 것도 좋아한다. 어떻든, 그는 혼자 독단적으로 결정하는 것이 아니라, 그의 직원들의 조사 결과도 충분히 참조한다. "나는 항상 나보다 현명한 사람들에 둘러싸여 있는 것을 좋아합니다. 그리고 기본적으로 그들의 조사 결과에 의존해 결정합니다." 그의 얘기는 계속된다. "나는 누가 뜨겁고, 누가 냉정한지를 느낄 수 있고, 누구의 판단 기준이 더 보수적인지도 알 수 있습니다."

뮤추얼 펀드를 관리하다 보면, 많은 주식을 매수하라는 유혹을 받기 쉽지만, 그는 자신의 하버 펀드에 오직 65종목을 보유하도록 강요한다. "나는 항상 전액 투자하는 경향이 있습니다. 나는 만약 시장이 하락하면, 결국에는 다시 상승하리라고 추측합니다. 지난 30년 동안 그러한 태도는 효과가 있었고요."

세갈라스는 투자에서 가장 어려운 때는 매도 시기를 판단하는 것이라고 솔직히 얘기한다. "한 주식을 처음 매수할 때면, 당신은 최고로 확신 상태입니다. 당신은 아마도 그 주식을 매수해야 할 이유를 15가지는 정도는 가질 것입니다. 그러나 일단 보유한 다음에는, 그 확신은 전과 달라집니다. 만약 그 주식이 상승하면, 당신은 매도해야 될 때가 언제인지를 걱정하게 되고, 그 주식이 하락하면 무엇이 잘못되었는지를 걱정하게 됩니다."

세갈라스는 그의 포트폴리오의 주식 수를 65종목으로 제한함으로써 스스로 매도 규칙을 강요해준다고 느낀다. "특히 당신이 전액 투자했을 경우, 좀 더 좋아하는 주식을 매수하기 위해 무엇인가를 매도해야만 될 때가 있습니다. 그리고 그것은 쉬운 결정이 아닙니다."

리스크를 최소화하기 위해, 세갈라스는 어느 한 종목도 5% 이상을 차지할 수 없도록 원칙을 정해 분산된 포트폴리오를 보유한다. 세갈라스는 또한 기본적으로 소기업보다는 리스크가 낮은 경향이 있는 대기업을 선호한다. "베타 기준에 의하면 포트폴리오는 1.15와 1.20 사이에서 머무는 경향이 있습니다." 세갈라스는 베타는 시장 변동성 수치라고 설명한다. 예를 들어, S&P 인덱스는 베타 계수가 1이다. 세갈라스는 베타를 이용하지는 않지만 1.15에서 1.20은 S&P보다 약간 높은 정도라고 말한다.

25년 동안의 투자 경험을 쌓은 세갈라스는 자신의 실수에 대해서도 분명히 기억한다. "가끔은 성장주로 보였던 주식이 그렇지 않은 것으로 밝혀지기도 합니다. 매우 쓴 경험이 될 수도 있지만, 우리는 미래를 예측하려고 노력합니다. 그러나 당신은 규칙을 고수함으로써 올바른 결정을 하게 될 가능성을 높일 수 있는 것입니다."

세갈라스는 만약 성공적인 투자가가 되는 비밀 같은 것이 있다면 자신도 배우고 싶다고 얘기한다. "나는 매일 새로운 것을 배웁니다." 그는 솔직히 얘기한다. "많은 사람들은 모든 것을 다 아는 것처럼 행동합니다. 하지만 그러한 태도는 그들을 문제로 이끌 뿐입니다. 성공적인 투자가가 되기 위해서는 먼저 당신의 강점과 약점을 알아야만 합니다." 여기에 더하여, 투자가는 각자 투자 스타일이 다르듯이, 시장에서 성공을 거두는 방법도 여러 가지 있다고 그는 믿는다. "당신은 자신의 투자 스타일을 알아야 하고, 그 스타일을 고수하며, 설혹 그것이 효과가 없다 해도 절대로 흔들리지 말아야만 합니다."

세갈라스에 의하면, 개인 투자가들이 저지르는 커다란 실수는, 전혀 모르는 주식을 매수하는 것이라고 한다. "당신은 그 주식을 왜 사는지 알아야만 됩니다. 한 브로커의 전화를 받고 뜨거운 주식에 관한 추천을 받고 그 주식을 매수합니다. 그런 다음 그 주식이 하락하면, 당신은 그 주식을 왜 매수했는지 이유를 생각해봅니다." 개인 투자가들은 크게 요동친 주식을 매수하는 실수를 저지르기도 한다. "쉽게 말해, 그들은 꽁무니만을 따라다니는 셈입니다."

개인 투자가들을 위해, 세갈라스는 달러 원가 평균법을 추천한다. "시장을 예측할 수 있는 사람은 거의 없습니다. 시장의 바닥 혹은 정점을 잡으려고 노력하는 것은 매우 위험합니다. 지속적으로 시장에서 돈을 번 사람들은, 시스템을 토대로 오랜 기간 투자한 사람들입니다."

73

모의 투자로 연습하라

실제 돈을 리스크에 내맡기지 않고 주식 매매를 연습하는 방법은 모의 투자를 해보는 것이다. 많은 전문가들도 능력을 키우고, 여유를 찾기 위해 그리고 새로운 주식 아이디어를 테스트해보기 위해 모의 거래를 한다. 몇 차례 모의 투자로 연습해보지 않고 바로 주식시장에 투자하는 것은 자살행위와도 같다. 그것은 월드 시리즈에 출장한 투수가 몸을 풀지도 않고, 곧바로 마운드에 올라서는 것과도 같다.

만약 당신이 주식시장을 진지한 눈으로 바라본다면, 게임의 방법을 정확하게 이해하기 전까지는 투자를 원치 않게 될 것이다. 만약 당신이 온라인으로 매매를 하고, 잘못된 버튼을 누르기라도 하면, 그것은 몇 백 달러라는 비용이 될 것이기 때문이다.

투자 연습 포트폴리오를 작성하는 방법에는 여러 가지 있다. 당신의 투자 경로를 추적하는 가장 싼 방법은 노트를 이용하는 방법이다. 5만 달러, 10만 달러, 혹은 백만 달러 등 일정 금액을 설정한다. 그런 다음 당신이 좋아하는 주식을 매수하고, 주식 수, 지불 가격 그리고 수익과 손실

등 상세한 상황을 기록해둔다.

투자 연습을 하는 좀 더 실질적인 방법은 온라인 투자 회사에 등록하는 것이다. 이러한 온라인 회사는 당신이 실습 포트폴리오를 작성해 투자를 추적해볼 수 있는 고성능 프로그램을 제공해주기 때문이다. 그리고 투자 추적 프로그램을 매입할 수도 있다.

여러 웹 사이트에는 나이에 상관없이 즐길 수 있는 주식투자 시뮬레이션 게임도 있다. 몇몇 게임은 실적이 좋은 사람에게 상금을 주기도 한다. 재미와 상금을 노리며, 당신은 전국의 수많은 투자가들과 겨루며 주식 선택 능력을 키울 수 있다.

이와 비슷하게, 나는 일리노이 주 배링턴의 한 초등학교 8학년 담임 선생을 도와 다양한 주식시장 게임을 통해 투자에 관한 여러 가지를 가르친 적이 있다. 미국 전역의 다른 학생들과 비교해, 그들의 주식 선택 능력을 테스트해보기 위해, 반 학생들을 여섯 명씩의 투자 그룹으로 나누었다. 매일매일 그들의 투자 결과를 기록해 컴퓨터 데이터베이스에 저장했다. 각각의 그룹은 그들의 모의 포트폴리오에 들어 있는 주식을 매매하도록 가상의 돈 10만 달러를 배당 받았다. 학생들은 〈인베스터스 비즈니스 데일리〉나 〈월 스트리트 저널〉을 이용해 몇 시간씩 조사한 다음, 그들이 매수하고 싶은 주식을 보고했다. 가장 많은 돈을 버는 그룹이 이기는 게임이었다.

흥미와 경쟁의 열기를 더하기 위해, 교사들은 날마다 1등을 발표했다. 내 추측이지만, 학교에서의 주식시장 게임이 자신들을 성공적인 투자가로 이끌어주었음을 회상하는 펀드매니저가 한둘이 아닐 것이다.

모의 투자 포트폴리오를 이용하는 게임에는 또 다른 혜택이 있다. 예를 들어, 오직 주식 정보를 얻기 위해 포트폴리오를 작성하는 것이다. 당신은 정보를 얻을 때마다 주식을 매수한다고 가정한다. 이런 식이라면, 당신은 정보에 의존해 주식을 매수하지 않음으로써 얼마나 큰돈을 절약할 수 있는지를 깨달으며 큰 즐거움을 얻을 수도 있다.

74

위탁 증거금에 의지하지 말라

어떤 사람들은, 주식시장에서의 수익을 극대화하기 위해 위탁 증거금 제도를 이용한다. 즉 매매를 계속하기 위탁 증권사로부터 돈을 빌리는 것이다.

위탁 증거금의 자유로운 이용은 1929년의 주식시장 붕괴의 한 원인이 되기도 했다. 그때의 투자가들은 오직 10%의 증거금만을 담보로 제공하면 되었다. 그 덕분에, 시장이 최고조에 달했을 때는, 돈이 조금밖에 없는 사람들도 그들이 보유한 순 가치의 10배 혹은 20배에 달하는 주식을 매수할 수 있었다. 시장의 붕괴는 피할 수 없는 상황이었다. 시장이 급락하기 시작하자, 투자가들은 대부금을 갚기 위해 돈을 긁어모아야만 했다. 충분한 돈을 가지지 못했던 사람들은 커다란 손실을 감수하며 매도해야만 했고, 그 결과 하락세는 더욱 가속화되었다.

붕괴 이후, 정부는 위탁 증거금을 최소 50%로 상향 조정했다. 그러나 그러한 조치는 너무 늦어, 이미 수천 명도 더 되는 투자가들이 모든 것을 잃은 다음이었다.

위탁 증거금 제도를 이용할 때는, 꼭 시장이 붕괴되어야만 곤란에 처하는 것은 아니다. 폭락하는 주식 한 가지만으로도 충분하다.

위탁 증거금 제도의 가장 큰 장점은, 다른 사람의 돈을 이용해 당신의 수익을 증가시킬 수 있다는 것이다. 만약 당신이 매수한 주식의 가격이, 증권사에 지불해야 되는 이자보다 더 높이 상승했다면 당신은 큰 수익을 얻게 된다. 이것을 레버리지(지렛대) 효과라고도 한다. 증거금 계좌는 편리하다. 빌린 돈에 대한 이자를 지불해야 되기는 하지만, 그 이율은 신용카드 대출금 이율보다 낮기도 하다.

이 책의 서문에서 밝힌 것처럼, 나 역시 증거금 제도를 이용하며 어려움을 겪기도 했다. 대출에 대한 관대한 규칙과 나의 무원칙이 결합해 여유보다 두 배에 달하는 액수를 빌리도록 했던 것이다. 나는 혹시라도 틀렸을 경우 잃게 되는 것보다는, 수익을 얻게 되는 부분에만 집중했던 것이다.

이제 나는 더 이상 위탁 증거금에 의지하지 않는다. 그 결과 나는 밤에 잠을 잘 잘 수 있게 되었을 뿐만이 아니라, 주식시장이 붕괴되건 조정기에 들어가건 걱정하지 않게도 되었다.

몇몇 전문가들은 투자가들이 수익을 증대하기 위해 증거금 제도를 이용해야 된다고 얘기하지만, 대부분의 전문가들은 그것은 좋지 않은 방법이라고 믿는다. 그들은 증거금 제도는 위험한 전략으로서, 당신의 재정적 안정에 큰 재앙이 될 수도 있다고 얘기한다. 증거금 제도를 이용할 때, 당신의 주식이 50% 혹은 75%가 떨어졌다고 가정하고 그 결과를 생각해보라. 생각하기도 싫은 상황으로 발전하면, 미지급금은 당신의 고통을 더욱 가중시켜줄 것이 확실하다.

75

데이 트레이딩을 하지 말라

어떤 사람들은 아침에 주식을 매수했다가 몇 분 혹은 몇 시간 뒤 빠른 수익을 챙기고 매각해버릴 때의 짜릿함에 저항하지 못하고 끌려 들어간다. 일명 데이 트레이딩이라고 하는 것이다. 도박을 좋아하는 사람들에게 주식시장이 제공해주는 극단적인 흥분이 바로 거기에 담겨 있기도 하다. PC와 온라인 계좌만 갖추면 매매를 시작할 수 있다. 어떤 사람들은 자신이 근무하는 회사의 계좌를 이용하기도 한다.

또한 그 시장에 중독된 사람들은 집에서 일하기 위해 직장을 그만두기도 한다. 자신의 집에서, 자신이 사장이 되어 일하며, 몇 시간 혹은 며칠 만에 한달치 월급보다 더 많은 돈을 번다. 얼마나 매혹적인 얘기인가? 그러나 많은 사람들은 주식시장에서의 생활이 극단적인 스트레스에 시달려야만 하고, 생활을 꾸려가기에는 너무도 불안정하다는 점을 이해하지 못한다.

많은 전문가들에 의하면, 매매에 따른 수수료와 세금까지 고려한다면, 데이 트레이딩으로 돈을 번 사람은 극소수일 뿐이라고 한다.

〈모틀리 풀〉의 저자 데이빗 가드너와 톰 가드너는, 만약 당신이 일년에 600번의 매매를 한다면(대략 하루에 두 번 정도), 매매 수수료를 최소한으로 잡는다 해도 연간 수수료가 총 1만 8000달러에 달한다고 말한다. 그러나 가드너의 통계는 아주 적게 잡은 것이고, 실제로 어떤 데이 트레이더는 1년에 1500번이나 매매하기도 했다.

자유기고가인 데빈 레나드는 〈스마트 머니〉 지에 기고한 글에서, 직장을 그만두고 집에서 매매하는 사람들에 관한 글을 썼다. 전자 장비를 갖추고 여러 가지 서비스를 제공받는 일부 데이 트레이더들은 주식시장 개장 시간 동안에는 다른 사람들과의 대화도 피하며 일에만 몰두한다. 어떤 데이 트레이더는 하루에 18시간 이상을 컴퓨터 앞에 앉아 있으며, 또 어떤 트레이더는 5만 5000달러에 달하는 손실을 입고도, 자신이 주식 선택을 잘못했음을 인정하지 않는다고 썼다. 그리고 데이 트레이딩으로 성공하겠다는 일념으로, 주식 매매 자금을 마련하기 위해 집까지 처분했다. "이 분야에는 전사자들이 널려 있습니다." 한 트레이딩 강사의 얘기이다.

자신의 계좌를 직접 매매하는 많은 전문 트레이더들은 감정적으로 흥분에 사로잡혀 있다. 심리학자이며 스타인버그 글로벌 에셋 펀드매니저인 존 셔트 박사는 많은 데이 트레이더들은 미미한 승리를 거둘 뿐이라고 얘기한다.

"나는 데이 트레이더들에게 지난 한 해 동안의 수익을 물어보는 조사를 했습니다." 셔트 박사의 얘기이다. "그들이 자신의 성공을 얼마나 과대평가하는지 놀라울 정도였습니다. 80% 이상을 과대평가한 것입니다. 그들은 성공한 매매에 대해서는 기억하지만, 실패한 매매는 언급하지도 않으려 했던 것입니다. 대부분의 트레이더는 3년 동안의 거래를 마친 다음, 차분히 앉아 자신들의 수익을 평가해보고 '균형 뮤추얼 펀드'의 수익보다 약간 나을 뿐임을 인정했습니다. 큰 수익을 기록한 데이 트레이더는 극소수에 불과합니다."

셔트 박사는 자신을 찾아와 문제점을 털어놓은 사람들만을 상대로 한 조사이기에, 단정적으로 결론내리기에는 힘들다고 말했다. 그리고 어떤 데이 트레이더들은 시장에서, 특히 지난 몇 년간에 걸쳐, 매우 큰 수익을 올렸음을 인정한다.

데이 트레이더가 되기 위해 직장을 그만두기 전에, 2주 정도 집에서 실습을 해보라. 실제로 2주 동안에 돈을 벌 수 있는지를 알아보라. 많은 전문가들에 의하면, 도박 본능이 강한 사람이 특히 데이 트레이딩에 이끌린다고 한 점을 기억하라.

또한 컴퓨터는 매매 도구이지, 슬롯머신이 아님을 잊지 말라. 나는 만약 당신이 그 차이를 인식하지 못한다면 즉각 매매를 중단하고 컴퓨터를 끈 다음, 이 책에 실린 많은 투자 원칙들을 다시 한번 읽어볼 것을 권한다.

76

시장의 타이밍에 맞추려 하지 말라

시장 시간을 맞추려 한다는 것은 시장이 어느 방향으로 흘러가는지를 예측해, 당신의 주식 채권 혹은 현금을 정확한 시간에 맞추어 적절한 시간에 맞추어 매도 매수하려는 것을 의미한다.

예를 들어, 내가 연방정부에서 금리를 인상하려 한다는 점을 정확히 예측했다고 가정하자. 아마도 시장은 그 뉴스에 반응을 보여, 주식 가격이 하락할 것이다. 그렇게 되는 상황을 예상하고, 나는 모든 주식을 매도해 현금화한다. 만약 내가 옳다면, 나는 떨어진 가격으로 내가 선호하던 주식을 되살 수 있다.

성공적으로 시장 타이밍에 맞추기 위해서는, 당신은 성공적으로 장래를 예측할 수 있어야만 한다. 어떤 사람들은 복잡한 차트 혹은 기술적 분석을 이용해 시장이 흘러가는 방향을 예측한다. 그러나 만약 당신이 서드 애비뉴 펀드의 CEO 마틴 휘트먼에게, 시장이 어느 방향으로 나아가느냐고 물어보면, 그는 이렇게 대답할 것이다. "확실한 근거는 전혀 없습니다" 라고. 그럼에도 불구하고, 우리는 매일매일, 시장이 흘러가는 방향에 대한 공개적인 예측을 듣게 된다. 그러나 많은 전문가들은 지속적으로 시장의 타이밍을 맞추는 것은 불가능한 일이라는 데 동의한다.

브릿지웨이 펀드의 펀드매니저 존 몽고메리는 그 자신이 직접 연구한 결과, 그는 시장 동향 예측 보고서 중 10개에 한 개만이 맞추었음을 깨닫게 되었다. 그리고 한때 맞추었던 보고서도, 그후로 6년 동안 계속해서 맞추지를 못했다.

그의 결론을 들어보자. "시장 타이밍을 예측하기는 어렵습니다. 추적 기록은 끝이 없습니다. 문제는 단 한 번으로 끝나는 것이 아니라는 점입니다. 만약 당신이 1987년 8월의 절정기에 주식을 매도했다 할지라도, 10월의 붕괴를 놓쳤다면, 그것은 그 다음 10년 동안 찾아오지 않을 강세장을 놓쳤다는 의미인 것입니다."

다른 연구 결과도 시장 타이밍을 맞추려는 노력이 헛된 것임을 증명해준다. 랄프 웨인저는 그의 저서 〈사자 나라의 얼룩말〉에서, 최고 90일 동안의 수익이 시장 수익의 95%를 차지했다는 연구 보고서를 거론했다.

장기간을 대상으로 한 또 다른 연구 보고서는, 만약 1926~1990년 동안 최고의 54개월의 월간 수익을 놓쳤다면, 64년을 투자한 데 대한 당신의 투자 수익은 제로가 될 것임을 보여주었다.

만약 당신이 최고의 날들에 시장을 벗어나 있었다면, 64년의 7%에 불과한 기간 동안 벗어나 있었다면, 당신은 아무런 수익도 올릴 수 없었음을 뜻한다. 시장의 타이밍을 맞추려 노력하는 사람들에게는 큰 두려움을 주는 뉴스가 아닐 수 없다.

대부분의 전문가들은 주식을 매입하면 장기간 보유하거나, 특히 뮤추얼 펀드를 통해, 정액 매입법을 이용할 것을 권한다. 정액 매입법을 이용하게 되면, 당신은 일정 기간을 두고 일정 금액을 투자하게 된다.

시장의 타이밍을 맞추려 노력했던 사람들은 정점에 이르렀을 때 매수하게 되고, 바닥을 쳤을 때 매도하는 것으로 끝나고 말았음을 연구 결과는 보여주고 있다. 만약 당신이 지속적으로 시장을 드나들며 가장 적절한 때 매도 매수하려고 노력한다면, 돈을 버는 것은 오직 당신의 증권회사뿐인 것으로 나타났다.

Interview

월가 고수와의 인터뷰

데이빗 N. 드레만

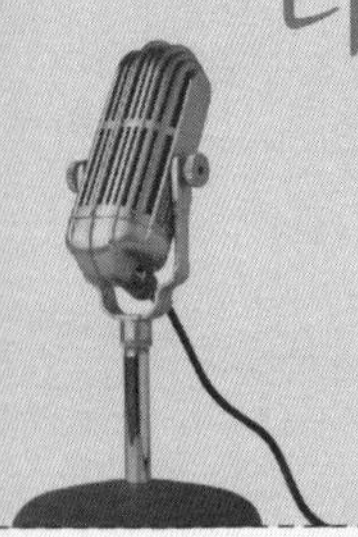

드레만 밸류 매니지먼트의 회장 겸 최고 투자 책임자
켐퍼 드레만 하이리턴 에퀴티 펀드의 펀드매니저
저서 〈주식시장의 심리학〉 〈역투자 전략〉

만약 당신이 역투자가들 중 상징적 인물을 찾는다면, 그가 바로 데이빗 드레만이다. 드레만은 20년이 넘도록 역투자 전략의 선봉장을 맡아왔으며, 월가에서는 역투자를 가장 강력하게 지지하는 인물로 정평이 나 있다. 이 전략의 전제는 단순하다. 어느 업종이든 가장 가격이 낮은, 가격이 최저 수준으로 떨어진 기업의 주식을 매수하는 것이다.

그는 역투자 철학이 아버지 덕분에 아주 자연스럽게 찾아왔다고 말한다. "이제 여든여덟 살이 되신 내 아버지는 본능적으로 역투자가였습니다." 드레만의 얘기이다. "생필품 장사를 했던 그분은 언제나 대중들과는 다른 방향으로 가셨습니다. 모든 사람이 어떤 방식의 행동을 확신할 때면, 일반적으로 그것은 잘못된 것으로 밝혀졌습니다."

드레만은 어린 시절부터 대중의 의견과 전문가들의 연구에 도전해, 직접 명백한 자료를 찾아 그들이 옳다는 것을 증명해 보이라는 교육을 받아왔다. 대학시절 그는, 기업, 주식시장, 그리고 경제상황에 관한 모든 정보는 주식 가격에 반영된다는 효율적 시장가설(efficient market hypothesis) 같은 당시에 인기있던 투자 이론에 의문을 품었다. 이 이론에는 주식시장은 이성적이어서 한두 가지 전략이 그것을 깨트릴 수 없다는 의미도 포함되어 있었다. "많은 경제 이론들이 나를 괴롭혔습니다. 나는 합리적이고 착한 학생이었지만 주식시장이 완벽하게 이성적이라는 것을 받아들일 수 없었습니다. 주식시장의 심리적 공황상태를 지켜보는 우리에게는 납득이 가지 않았기 때문입니다."

그후 그는 첫 번째 저서 〈주식시장의 심리학 *Psychology of the Stock Market*〉를 준비하면서, 투자할 때 감정이 중요한다는 것을 깨닫게 되었다고 말한다. 그는 투자가들이 예상할 수 있는 행동 패턴을 가졌다고 얘기한다. "지나치게 비관적이거나, 지나치게 낙관적이거나, 그 둘 중 하나입니다."

그러한 감정적인 과민반응 때문에 주식이 과대평가되거나, 과소평가되는 것이라고 말한다. 그는 이러한 감정을 이해하고, 컨트롤할 수 있다면, 당신은 시장을 능가할 수 있다고 얘기한다. 그는 지난 20년 동안 역투자 이론을 발전시키며, 효율적 시장가설의 맹점을 지적했다.

예를 들어, 대형 주식의 기업공모(IPO)가 시행된 다음의 흥분을 지적한다. "이제 기업공모에도 거품이 들어 있고, 사람들은 어떤 종목의 주식에 어리석을 정도로 높은 가격을 지불합니다. 제2차 세계대전 이후 이러한 거품에는 네 종류가 있다는 연구 보고가 있습니다. 그리고 그 거품들이 꺼지면, 평균 가격이 80~90%까지 하락합니다. 그러한 전략 때문에 얼마나 많은 돈을 날렸는지를 생각해보면, 깜짝 놀랄 일입니다."

그러한 연구 결과에도 불구하고, 드레만은 사람들은 끊임없이 실수를 되풀이한다고 생각한다. 그것은 당시의 가장 인기 있는 흐름에 동참하는 것이 사람들의 본성이기 때문이다. "기억이란 큰 힘을 발휘하지는 못하는 것 같습니다." 그의 생각이다.

드레만은 투자가들이 과열반응을 보이는 회사로 인터넷 회사를 지적한다. 그는 많은 인터넷 기업들이 튼튼한 회사임을 인정하면서도, 그들 중 몇몇은 엄청나게 과대평가되어 있다고 얘기한다. "예를 들어 아메리칸 온라인의 경우, 오늘날 1300만 계약자를 가진 매우 성공적인 회사로 성장했습니다. 그러나 그들의 주가 수익을 정당화하기 위해서라면, 앞으로 15년 동안 12만 배는 더 성장해야만 됩니다. 그럴려면 계약자는 1300만 명에서 180억 명이 되어야만 합니다. 혹은 세계 인구가 3배로 증가해야만 됩니다. 그래요, 그 회사는 매우 좋은 기업입니다. 그러나 당신도 그 회사의 주식 가격을 보면, 너무 높다는 점을 인정할 것입니다."

이러한 과열된 주식은 드레만을 유혹하지 못한다. "좋은 회사와 지나치게 가격이 높게 형성된 회사 사이에는 뚜렷한 구분이 있습니다. 그 회사의 상품이나 서비스가 얼마나 좋은지는 문제가 되지 않습니다. 만일 주가가 너무 높게 형성되어 있다면, 언젠가는 매우 큰 조정기를 겪을 가능성이 있으니까요."

가장 뜨겁거나, 인기 있는 주식을 매수하는 대신에, 드레만은 시선을 끌지 못하거나, 다른 투자가들의 관심을 벗어난 대기업의 주식을 찾는다. 그러한 주식을 찾기 위해, 주가수익률(PER)이 낮고, 주가 대 장부가격이 낮고, 주가 대 현금흐름이 낮은 주식, 그리고 고배당 산출과 같은 객관적인 평가 자료를 이용한다. 그런 다음 자신이 산출한 평가액보다 20% 정도 낮은 주식을 선택한다.

드레만의 역투자 방식이 좋아하는 주식은, 단기적으로 부정적인 영향으로 인해 선호도에서는 벗어났지만, 일반적으로는 장래 전망이 좋은 그런 회사이다. "우리는 낮은 가격의 다각화를 원합니다. 그런 동시에, 일정 기간 동안 시장의 수익 성장보다는 높은 성장을 기록하고, 시장의 수익보다 높은 수익을 기록하고, 주당 수익이 빠르게 성장하는 주식을 좋아합니다. 우리는 이 모든 특징을 한 주식에서 찾지는 않습니다. 그러나 일정 기간 동안 선호도에서 벗어난 주식들 중에서, 그런 주식을 많이 찾을 수 있습니다."

드레만은 흐름에 역행한다는 것은 쉬운 일이 아니라고 얘기한다. "그것은 전문가들의 조언에 반대로 가고, 상승하는 주식 가격에 반대로 가고, 인터넷과 같은 가장 흥미로운 분야에 집중하는 것이 현명하다고 생각하는 사람들과는 반대로 간다는 것을 의미합니다."

많은 투자가들은 역투자가로서의 고독감을 극복하지 못하고, 결국에는 그 전략을 포기해버리고 만다. 그러나 드레만은 자신만의 치밀하고 엄격한 규칙으로부터 절대로 흐트러진 적이 없다. "매 분기마다 승리하는 그런 전략은 없습니다. 역투자 전략이 성장 투자만큼 좋은 효과를 내지 못하는 때가 몇 개월, 몇 분기, 혹은 몇 년씩 계속될 수도 있습니다. 그러나 연구 결과는 이 체계적인 접근법이 장기간에 걸쳐 지속적으로 시장을 능가함을 보여줍니다."

드레만은 리스크를 최소화하기 위해 분산 투자를 한다. 그는 15개 업종에 20~30주씩 투자한다. 그는 한 주식에 투자하는 액수를 철저히 제한하는 것이다. "역투자 주식은 약세장에서 하락폭이 적습니다. 그것은 더 큰 안전을 보장해주지요." 그가 인기 있는 주식을 깨끗이 밀어내는 것도, 리스크를 최소화하기 위해서이다.

대부분의 전문가들과 마찬가지로, 드레만도 투자가들이 나름대로의 매도 규칙을 가져야 한다고 믿는다. 그는 목표치를 설정하지는 않지만, 주가 수익률이 올라가 29~30까지 도달하면, 망설이지 않고 매도한다. 드레만에게는 매도하는 또 다른 이유가 있다. "우리는 그 회사에 문제가 있거나, 예상치 못한 경영 상태가 되면 매도합니다."

드레만은 항상 명확한 매도 규칙을 가졌던 것은 아니지만, 과거의 실수로부터 많은 것은 배웠다고 시인한다. "우리가 활동을 시작했던 초기에는, 그러한 규칙은 없었지요. 하지만 규칙에 따르지 않는 태도는 큰 비용이 든다는 것이 입증되었습니다. 과거의 또 다른 실수는 기업의 수익에는 그다지 신경 쓰지 않았던 것이었습니다. 그 이후로, 우리는 만약 수익이 떨어지면, 그 주식의 가격이 아무리 싸더라도 더 떨어질 가능성이 있음을 깨달았습니다."

만약 주식시장 전체가 붕괴되면, 드레만은 매매를 중단할 것을 제안한다. "주식은 오랜 기간에 걸쳐 최고의 재테크 교실 역할을 해왔습니다." 그의 주장이다. "내가 이제까지 들어본 조언들 중 최고의 조언은, '낮은 가격에 매수해 높은 가격에 매도하라' 는 조언 외에도, '가치주를 매수하고 가만히 기다려라' 는 조언이었다고 생각합니다. 인내심과 규칙을 가져야만 합니다."

뮤추얼 펀드를 매수하려는 개인 투자가들에게 드레만은 두 가지 조언을 한다. 첫째, 역투자 전략과 같은 시장을 능가하는 전략을 이용하는 펀드에 투자하라. 둘째, 장기간에 걸쳐 수익을 입증한 펀드매니저에게 투자하라.

"많은 자산운용 회사와 뮤추얼 펀드는 장기간에 걸친 실적을 보관하고 있습니다. 그것은 떠난 지 오래된 사람들이 작성해놓은 기록입니다. 당신이 진정으로 기록을 살펴보려 한다면, 그 기록을 작성한 사람들이 아직도 거기에서 일하는지를 확인해야만 됩니다."

77

선물 거래를 하지 말라

시카고에서 살 때, 많은 내 친구들이 시카고선물거래소(CBOT)에서 일했다. 선물 거래는 시장에 돼지, 소, 옥수수, 밀, 귀리, 콩 등 수많은 생필품을 공급하기 위해 생겼다. 선물 계약이란 보유자에게 특정 상품을 미리 정해진 가격에 특정 기간에 걸쳐 매수하거나, 매입할 것을 요구하는 합의이다.

이론가들에 의하면, 선물 계약의 반 정도는 CBOT에서 이루어진다고 한다. 10%만 하락해도 큰 수익을 기록할 것이기에, 트레이더들은 큰 리스크를 감수해야만 한다.

프란체스카 테일러는 그의 저서 〈선물 시장 마스터하기 *Mastering Derivative Markets*〉에 실제로 선물시장에서 일어나는 일들에 관해 썼다. 트레이더들은 자신들이 취급하는 상품의 계약을 위해 거래소의 한 구획에 선다. 그들은 그 구획의 모든 사람들에게 주문과 가격을 언어로 선언해야만 된다는 것을 의미하는 '공개 호가' 제도를 이용한다. 이것은 모든 사람들에게 똑같은 정보에 접근할 수 있도록 해준다. 트레이더들은 계약이 체결될 때까지 주문과 가격을 계속 큰 소리로 외친다. 그와 동시에 상대 트레이더와 수신호로 대화한다. 수백 명의 남자와 여자들이 뒤엉켜 손을 흔들며 소리를 질러대는 이러한 광경은, 외부인들에겐 아수라장으로 보일 것이다.

대부분의 투자 전문가들은 개인 투자가들은 철저하게 선물 시장을 피해야만 된다고 권고한다. 이 책에서 언급한 모든 거래들 중에서, 선물 거래는 가장 위험하다.

내 동료 중 한 명은 1년 동안 선물 시장을 연구한 다음, 중개회사를 통해 5000달러 오렌지 주스 선물 계약을 체결했다. 불행하게도, 일기불순으로 인해 오렌지 수확에 나쁜 영향을 줄 것이라는 뉴스가 나간 이후 가격이 제한되었다. 그것은 모든 트레이더가 그 뉴스를 인식할 때까지 모든 계약 거래가 중단된다는 의미였다.

내 동료는 사흘 동안이나 뜬눈으로 거래가 재개되기를 기다렸다. 그리고 마침내 그의 물건을 파는 것이 허락되었을 때, 그는 사흘 동안 자신의 상품 가격이 폭락했음을 깨달았다. 선물 시장의 규칙에 따라 그는 2000달러의 손해를 보고, 계약을 이행했다. 시작할 때의 원금에 비하면 엄청난 손해였다. 내 동료는 두 번 다시 선물 시장을 기웃거리지도 않겠다고 맹세했다.

만약 당신이 선물 거래에 뛰어들어야만 한다는 압박을 받는다면, 먼저 선물 시장에 관한 모든 것을 공부하기 바란다. 수익이 클 수도 있지만, 리스크도 못지 않게 크기 때문이다. 나는 선물 시장에서 수십만 달러를 버는 사람도 보았지만, 모든 것을 잃어버리는 사람도 보았다.

너무 많은 돈을 리스크에 내맡기지 않고 선물 시장에 참여해보는 방법은, 선물 거래 전문 뮤추얼 펀드를 매수하는 것이다. 그들의 실적은 기록에 굴곡이 많긴 해도, 당신이 직접 선물 시장에 뛰어드는 것보다는 훨씬 안전하다. 만약 당신이 시장에서 큰돈을 빨리 벌기 원한다면, 추천하기에 가장 적합한 곳이 바로 선물 시장이다. 어떻든, 당신이 선물 시장에 뛰어들고 싶다면 부디 신중하게 그리고 충분히 공부를 한 후 시작하기를 바란다.

78

싸구려 주식을 매수하지 말라

전문가들이 가격이 낮은 투기 주식을 매수하지 말라고 아무리 여러 번 경고해도, 주식시장이 존재하는 한, 사람들은 5달러 이하의 이른바 페니 스톡(penny stock)에 끌려든다. 매일 수천 명의 투자가들이 운, 주식 마케터들의 장담, 그리고 돈을 벌겠다는 희망에만 의지하며 그러한 주식에 수백만 달러를 쏟아붓는다. 그리고 다른 투자가들이 돈을 벌기도 하고 날리기도 하는 동안, 페니 스톡 보유자들은 언젠가는 그들이 보유한 주식 중 하나가 황금으로 변해주길 기대하며, 기다리기만 한다.

간혹 그러한 주식들 중 어떤 것은 대박을 터뜨리기도 한다. 아메리칸 온라인의 주식은 3달러에서 130달러로 뛰었고, 아이오메가 주식은 2달러에서 55달러로 뛴 것이 그 예이다. 그러나 다른 수백 종목의 주식은 랄프 웨인저가 죽음의 병동이라고 부르는 곳에 누워 있기만 한다. 그는 그러한 주식들 중 되살아나는 것은 극소수에 불과하다고 말한다.

어떤 사람들은 낮은 가격의 주식이 상승할 기회가 더 많다는 잘못된 믿음을 가지고 있다. 그러나 전문가들은 그것은 사실이 아니라고 얘기한다. 윌리엄 오닐은 "지난 45년 동안 최고의 실적을 기록한 주식들은, 2~3배로 뛰기 전에 평균 주가가 28달러였다"라고 말한다.

코카콜라나 마이크로소프트 주식을 매수할 여유가 없는 투자가들에게는, 페니 스톡이 바겐세일을 하는 것처럼 보인다. 1000달러로 50달러짜리 주식 20주를 매수하는 대신에, 2달러짜리 주식 500주를 매수할 수 있기 때문이다. 많은 사람들은 주식 가격이 낮으므로, 리스크도 적다고 생각한다. 그러나 진실은, 당신의 돈 전부를 리스크에 거는 결과가 되고 만다. 주식 가격이 아무리 낮아도 더 낮아질 수 있다. 수익이 지속적으로 떨어질 때는 더욱 그렇다.

오닐은, 당신이 보유중인 페니 스톡 한 종목이 2배로 뛰기를 기다리는 것보다는, 복권이 당첨되기를 기다리는 편이 낫다고 얘기한다. 그러한 주식에 대해 언급할 가치도 없는 4등급 주식이라고 말한다. 오닐은 좋은 상품을 싼 가격에 살 수 없는 것과 같은 이치라고 얘기한다. 인생의 다른 여러 가지와 마찬가지로, 당신은 돈을 지불한 만큼의 가치를 얻게 되는 것이다.

많은 전문가들은 주당 5달러 혹은 10달러 이하로 매도되는 주식은 매수하지 말라고 말한다. 만약 당신의 중개인이 이러한 형편없는 주식을 매수하라고 추천한다면, 그것은 당신의 사업이니 당신이 알아서 하라는 의미일 뿐이다. 혹시 친구나 친지가 그런 권유를 하면, 그들의 얘기는 들어주되, 정중하게 매수 권유는 사절하도록 하라. 그들이 당신에게 미래의 월마트의 주인이 되는 것이라고 장담할지라도, 그런 주식의 매수를 생각하기 전에, 상승한다는 증거를 보게 될 때까지 기다린 다음 행동에 옮기도록 하라.

79

정보에만 의존해 주식을 매수하지 말라

대부분의 전문가들은, 투자가들이 저지르는 가장 큰 실수 중의 하나는 친구 친척 동료로부터 들은 정보에 근거해 주식을 매수하는 것이라고 말한다. 좋은 의도를 가진 사람이 당신을 유혹해 나쁜 주식을 매수하도록 끌어들이는 것은 쉬운 일이다. 당신이 잘 알고 있고, 또 믿고, 당신이 성공하기를 바라는 사람들로부터의 정보를 무시해버리기는 극히 어려운 일이다. 가족과 친구들은 도움을 주기 위해 당신에게 정보를 제공한 것이다.

불행하게도, 사실이기에는 너무나 좋아 보이는 정보들이 있다. 칵테일 파티에서 당신은 성공적인 기업의 CEO로부터, 곧 그의 회사가 투자가들의 주요 매수 목표가 되리라는 얘기를 듣는다. 또한, 주식 중개인 친구는 어떤 회사에서 곧 혁신적인 제품을 내놓을 것이라며, 여유가 있으면 그 회사 주식을 최대한으로 매입하라고 권유한다.

어떤 정보 제공자는 은밀히 한 회사가 최근의 악재를 곧 해결하기 일보 직전이라고 얘기해준다. 피터 린치는 그것을 '속삭이는 주식'이라고 얘기한다. 만약 그 주식을 즉시 매수한다면, 큰돈을 벌 수 있다고 정보 제공자는 속삭인다.

당신의 부에 가장 큰 재앙이 되는 정보 제공자는 '응원단장'이다. 한 주식을 추천한 다음, 그는 당신에게 전화를 걸어 당신이 그 주식을 실제로 매수했는지 확인한다. 그리고 만약 당신이 매수하지 않았다면, 그 투자를 하지 않음으로써 당신이 얼마나 큰돈을 놓치게 되었는지를 상기시켜준다. 만약 매수했다면, 응원단장은 다음과 같이 얘기하며 계속 보유할 것을 권유한다. "이 주식은 당신을 부자로 만들어줄 거야."

그 사람들은 좋은 뜻에서 그럴지 모르지만, 그들은 객관적이지는 못하다. 어떤 응원단장은 한 주식으로 돈을 날려버리고서, 당신이 그 주식을 바닥 가격으로 여기고 매수해주길 바라는 친지일 수도 있다. 가끔 이러한 주식은 바닥에서 절대로 회복되지 않을 것처럼 보인다.

전문가들은 정보에는 거의 관심을 기울이지 말아야 된다는 것을 경험으로 배웠다. 브릿지웨이 펀드의 펀드매니저 존 몽고메리는, 정보가 이익이 되는 경우는 매우 드물다고 얘기한다. 누군가 뜨거운 주식에 관한 정보를 제공하면, 그는 반대로 해석한다.

실제로, 정보에 근거한 주식의 수익은 시장 평균에도 미치지 못한다. 거의 모든 전문가는 자신의 기준에 맞는 주식을 찾으려 노력하지, 접근해오는 정보에 의존하지는 않는다.

다른 투자가들과 마찬가지로, 나 역시 정보로 인해 손해를 보기도 했다. 친한 친구 한 명이 한 생명공학 회사가 곧 FDA의 승인을 받게 되었다는 얘기를 해주었다. 그리고 자신도 2만 주를 낮은 가격에 매수했다는 것이다. 나는 그 회사에 대한 기본 조사를 하며, 유명한 제약회사인 워너램버트 사가 대주주의 하나임을 알게 되었다. 그때까지도 나는 반신반의

하면서도, 내 친구의 추천에 따라 그 회사 주식 1000주를 매수했다. 2년 후, 그 회사는 아직도 FDA의 승인을 기다리는 상황이었고, 나는 좌절한 상태로 그 회사 주식을 투매해 버렸다.

내가 마지막으로 살펴보았을 때, 그 회사 주식은 내가 매도한 가격의 50% 수준으로 하락한 상태였다. 그런데 아이러니컬하게도, 워너 램버트의 주식은 더욱 높게 상승해 있었다.

많은 전문가들은 정보에만 의지해서 주식을 매수해서는 절대 안 된다고 강조한다. S&P 보고서를 구독하고, 공공 도서관에서 〈밸류 라인〉을 자세히 읽어보고, 해당 주식에 대한 주식 애널리스트들의 평가를 확인해보라.

마치 기자처럼 해당 주식이 매수할 만한 가치가 있는 것인지, 나름대로의 경로를 통해 확인해보라. 그렇지 못하다면, 다른 주식에 대해 연구하고 매수하라.

80

거품에 투자하지 말라

월가의 정의에 의하면, 거품이란 사람들을 하여금 열에 들뜨고, 나아가 광적인 상태로 몰아가 주식이나 다른 유가증권을 매수할 수밖에 없도록 하는 현상이라고 한다. 〈월가의 랜덤워크 다운〉의 저자 버튼 멜키엘은 그것을 투기 잔치라고 불렀다. 주식시장에서 한몫 잡으려는 투자가들은 열에 들떠 상식과 논리에는 전혀 개의치 않고, 그의 표현이 의하면, 하늘에 성을 세우려고 난리를 피운다. 때로는 나라 전체가 그 광기에 휩쓸려 들기도 한다.

투기적 거품의 문제점은 대부분의 참가자들이 뒤늦게까지도 자신들이 거품 속에 있다는 점을 깨닫지 못한다는 것이다. 랄프 웨인저가 말하기를, 그 거품은 사람들이 행동을 멈추고 주위를 둘러보고서, 어떻게 제정신을 가진 사람이 한 주식을 그토록 많이 매수할 수 있었는지를 궁금해하는 것으로 끝난다는 것이다.

역사상 가장 투기적인 거품 현상은 17세기의 네덜란드에서 발생했었다. 〈유명한 금융 대실패 *Famous Financial Fiascos*〉의 저자 존 트레인에 의하면, 그것은 '튤립 광기'라고 부른다고 한다. 그 당시 사람들은 하나의 튤립 구근을 손에 넣기 위해 무엇이든지 기꺼이 지불했었다. 그들이 애타게 추구하는 튤립 구근은, 실제로는 네덜란드 사람들이 '비자레스'라고 부르는 화려하고 아름다운 잡종에 불과했다고, 트레인은 얘기한다.

투기꾼들은 그것을 하나 매수하면, 즉시 높은 가격에 다른 사람에게 매도했다. 바이어들에게 일정한 기일에 일정한 가격으로 튤립 구근을 매수할 권리를 주는, 풋 앤드 콜 옵션(Put & call option)은 그때부터 시작되었다. 그 계약은 실제 튤립과 마찬가지로 매우 빠른 속도로 매매되었다.

트레인의 말에 의하면, 네덜란드 사람들은 그것을 '공기를 매매한다'(windhandel)는 의미로 명명했다고 전한다.

매니아들이 증가하자 투기꾼들은 그 가격을 더욱 높였다. 어떤 사람들은 그 광기에 끼어들기 위해 저택을 저당 잡히기까지 했다. 최고 품질의 튤립 구근 하나를 사려면 황소 4마리, 돼지 8마리, 돼지 머리 두 개 분량의 포도주, 양 12마리, 호밀 4마차, 밀 2마차, 맥주 2배럴, 버터 2배럴, 그리고 치즈 반 톤에 고급 가구의 값을 지불해야 했다.

많은 사람들은 튤립에 대한 열기가 영원히 계속될 것이라고 믿었다. 그러다가 거품이 꺼지자, 재산은 날아가고, 엄청난 혼란이 일었다. 네덜란드 경제도 붕괴되었다. 그러나 다행스럽게도 그러한 튤립 광기는 전세계 어디에서도 두 번 다시 발생하지 않았다고 얘기한다.

그럼에도 불구하고, 당신은 거품 혹은 광풍이 발생했을 때, 정신 똑똑히 차리고 그것을 인식해야만 된다. 어떤 투자가들에게는 인터넷 주식이 그런 현상으로 보일 수도 있다. 예를 들어, 아메리칸 온라인이나 아마존닷컴 같은 인터넷 주식은 투기적으로 보이면서도, 확고한 수입으로 지탱

하고 있어, 비평가들을 당혹케 만든다. 그렇게 잘 나가지 못하는 주식도 있어 인터넷 주식이 무조건 열풍으로 이끄는 것은 아니라고 믿는 것이 공정하겠지만, 많은 전문가들은 조심스럽게나마 동의하지 않는다.

당신이 거품 혹은 광기를 인식했다 할지라도, 거기에 참가하는 것을 거부하기 위해서는, 엄청난 자제가 요구된다. 투자가들의 감정이 어떤 주식을 비현실적인 수준으로 밀어올린다 해도, 전문가들은 당신이 그 주식을 매도할 때에 대비해야만 된다고 얘기한다.

Interview

| 월가 고수와의 인터뷰

루이스 나벨리에

나벨리에 & 어소쉬이츠의 이사장 겸 사장
〈MPT 리뷰〉 편집인 겸 발행인

루이스 나벨리에는 자신이 '콴츠'라고 불리우는 것을 자랑스러워한다. 그 별명은 그가 계량적(quantitative) 분석가임을 가리키기 때문이다. 그것은 그가 고성능 컴퓨터 모델을 이용한 계량적 데이터 분석에 근거해 주식을 선택한다는 의미이다. 달리 말해, 그는 컴퓨터의 숫자판을 두들겨 최고의 주식을 찾아낸다.

나벨리에가 계량적 데이터 분석에 흥미를 느끼게 된 것은 그가 대학에서 재정금융학을 전공할 때였다. 그 당시에는 해리 마코위츠 박사의 현대 포트폴리오 이론(MPT)이 인기를 끌고 있었다. 이 이론의 근본은 투자가에게 수익을 극대화하고, 리스크를 최소화하는 방법을 보여준다는 것이었다. 1950년대에 MPT에 대한 집중적인 분석과 실험이 시작되었다. 그리고 많은 연구가 비슷한 결론에 도달했다. 시장은 효율적이었기에 MPT를 이용해 시장을 이기는 것은 거의 불가능하다, 라는 결론이었다.

대학을 졸업할 때 나벨리에는 MPT에서 주장하는 사항들이 시장에서 완전히 적용되지 않는다고 판단했다. 그래서 그는 자신만의 연구를 시작했다. 그는 운도 좋은 편이어서, 웰스 파고 은행과의 계약으로 일하는 대학 시절 은사 밑에서 주요 프로그래밍 사업에 참여해 일할 수 있었다. "그 은행은 처음으로 인덱스펀드를 준비중이었는데, 주식을 편입시키려고 하는 중이었습니다."

그들은 시장과 보조를 맞추는 대신 시장을 능가하려 했다. "우리는 시장을 능가하는 요인을 찾으려고 노력했습니다." 나벨리에는 그때의 일들을 회상한다. 그리고 그는 포트폴리오에 포함된 주식들을 분석하기 위해 여러 가지 컴퓨터 모델을 발전시켰다. 그가 '알파'를 발견한 것은 그때였다.

알파는 시장과는 독자적으로 주식의 실적을 나타내는 수치이다. 달리 말하여, 시장이 제로로 끝날 때, 주식의 수익이 얼마인가를 나타낸다. 알파는 긍정적일 수도, 부정적일 수도 있고, 제로일 수도 있다. 나벨리에는 컴퓨터 분석에 의하면, 시장에서 좋은 실적을 기록할 가능성이 높은 주식을 찾는 데에는 알파가 필수적이라고 얘기한다. "높은 알파는 우리의 장기적 성공을 위해서는 매우 중요합니다." 그가 얘기한다. "시장이 동요할 때, 높은 알파 주식은 훨씬 더 좋은 실적을 거둡니다. 그들은 잠재적인 시장 상황이 어떻게 변하느냐에 개의치 않고, 지속적으로 좋은 실적을 기록했습니다."

자신의 연구에 의한 발견을 다른 사람들과 공유하고자, 그는 높은 알파 주식을 찾는데 도움을 주는 〈MPT 리뷰〉를 발간했다.

그는 19년의 역사를 가진 〈MPT 리뷰〉에 게재된 컴퓨터 산출 모델 포트폴리오는, 시장 실적을 능가하며 성공적이었음을 입증했다고 말한다.

"나는 내 철학이 성장투자인지, 가치투자인지는 얘기할 수 없습니다. 그러나 그것은 고도의 계량적 분석입니다. 우리는 월가에서 적용되는 것이 무엇인지를 연구하고, 우리의 모델도 지속적으로 다시 재정비합니다. 우리가 하는 일은 주식 선택 방법을 위한 각기 다른 모델들을 만들어가는 것입니다."

그가 발행하는 회보의 고정 독자는 대부분이 중개인들이지만, 나벨리에는 개인 투자가들도 유용하게 이용할 수 있을 것이라고 얘기한다. "우리는 사람들에게 우리 회보에 실린 주식들을 추천합니다." 그의 포트폴리오에 포함된 주식들은, 모두가 나벨리에와 동료 애널리스트들에 의해 철저히 분석된 주식들이다.

먼저, 나벨리에는 알파를 기본적 수익 지침으로 하며, 주식을 일련의 계량적 스크린(걸러내기)을 거치도록 한다. "계량적 분석의 목적은 수익을 극대화하고, 리스크를 최소화하는 것입니다." 한 주식의 위험 요소를 판단하기 위해, 그는 알파를 그 주식의 위험도로 나누어 리스크 적응 알파를 구한다. "우리는 그것을 리스크 보상 알파라고 부릅니다."

그는 또한 영업 이익과 같은 기본 데이터도 평가한다. "우리는 영업 이익이 늘어나는 주식을 좋아합니다. 나의 평균 주식은 지난 1년 동안 59%의 수익 성장을 보였습니다. 영업 성장률이 59%라면, 그것은 잘 나가는 사업 아닙니까?"

나벨리에도 그의 컴퓨터 산출 주식 선택 방법이 냉정하다는 점을 인정한다. 그러나 그것이 자신들의 회보가 성공한 이유들 중 하나라고 주장한다. "우리가 비행기를 타고 하늘을 나는데, 만일 바깥 날씨가 좋아도 우리는 창 밖을 내다보려고도 하지 않습니다. 우리는 문명의 이기에 의존해 비행을 하늘을 날 뿐이니까요. 우리가 주식을 선택하는 방법도 완전히 자동화되어 있다는 뜻입니다. 철저히 감정이 배제되지요. 나는 그것이 우리가 성공적일 수 있었던 이유라고 생각합니다."

일반 투자가들은 주식에 대해 너무도 감정적이다. 그러나 그의 시스템에 의하면 컴퓨터가 주식을 선택할 뿐만이 아니라, 각각의 주식에 특정한 조치를 취해가며 특정한 포트폴리오를 구성하기 위한 최선의 주식 혼합을 결정한다.

나벨리에의 시스템에는 인간의 실수가 개입될 여지는 적지만, 때때로 컴퓨터에 잘못된 자료가 입력될 가능성은 있다. "가끔은 한 회사로부터 받은 회계자료가 조작된 것일 수도 있습니다." 그는 솔직히 시인한다. 예를 들어, 그는 한 회사가 합병되는 과정에서 1억 달러에 달하는 회계상의 실수를 저질렀다고 얘기한다. "다행스럽게도 우리는 그 회사 주식을 매수하지는 않았습니다. 그들이 재투자를 하지 않았기 때문이지요. 한 회사가 그들 스스로에게 재투자하지 않는다는 것은, 무엇인가 잘못된 것입니다." 그는 이렇게 얘기하며, 만약 그 잘못된 회계 수치를 컴퓨터에 입력했으면, 결과는 달랐을 것이라는 데 동의한다.

나벨리에는 리스크를 최소화하기 위한 첫 번째 규칙은 분산이라고 얘기한다. "분산할 때면 당신은 어디어디에 투자할지를 신중해야만 됩니다. 내 경우에는 어느 업종에 10% 이상을 투자하는 경우는 매우 드뭅니다. 두 번째 규칙은 전략을 혼합하는 것이다. 성장 전략과 가치 전략을 혼합하면 리스크는 크게 떨어집니다. 대형주와 소형주 전략을 혼합해도 리스크는 떨어집니다."

주식을 팔아야 할 경우에도, 나벨리에는 다시 컴퓨터에 의존한다. "우리에게 어느 주식이 최고의 주식이며, 보유할 주식 수를 얘기해주는 낙관 모델을 이용합니다. 또한 우리는 리스크 보상 분석도 이용합니다."

주식이 너무 리스크가 크게 되면, 그들은 그 주식을 매도해 버릴 것이다. 예를 들어, 나벨리에는 컴퓨터가 만약 기술 주에 거품이 너무 많이 들어간다고 얘기하면, 그는 포트폴리오에서 '거품을 뺀다'고 말한다. "우리는 더 좋은 주식을 매수하기 위해 좋은 주식을 매도합니다."

그는 개인 투자가들은 그의 전략을 따르게 되면 좋은 효과를 얻게 될 것이라고 얘기한다. "나는 투자가들은 더 좋은 주식을 매수하기 위해 지속적으로 좋은 주식을 매도해야만 된다고 생각합니다." 그는 개인 투자가는 뮤추얼 펀드로 투자를 시작해야만 된다고 생각한다. "당신은 사람들이 계란을 모두 한 바구니에 담고 불타게 되기를 원하지는 않을 것입니다. 뮤추얼 펀드와 함께 시작하십시오."

그런 다음 경험이 쌓였을 때, 그의 회보에 실린 포트폴리오를 모델로 개별 주식 투자로 들어갈 수 있다고 얘기한다.

81

행운을 낭비하지 말라

복권에 당첨된 사람이 불과 2년만에 파산하게 되었다는 기사를 읽으면 누구든지 놀라지 않을 수 없다. 그렇게 많은 돈을, 그 짧은 기간 동안 어떻게 다 날려버릴 수 있었다는 것인지 이해하기 어려울 것이다. 그러나 서글프게도, 신문에는 투자 실패나 투기성 주식으로 거액을 날려버린 불행한 사람들의 얘기로 가득차 있다.

내 회계사는 10만 달러 이상을 유산으로 상속받은 부부의 얘기를 들려주었다. 그들은 박식한 친구로부터 입수한 정보에 의지해 유산으로 물려받은 돈 전액을 투자해 한 소프트웨어 회사 주식을 주당 9달러에 매수했다. 그리고 그 주식을 매도해, 유산을 20만 달러로 불렸다. 그들이 얻게 된 유일한 지식은 주식시장에서 돈을 버는 것은 너무도 쉽다는 것이었다.

얼마 후, 그들은 6개월 이내에 두 배가 될 것이 확실한 주식에 관한 얘기를 듣게 되었다. 순식간에 백만장자가 될 수 있겠다는 생각을 품게 된 그 부부는, 중개인으로부터 돈을 빌리기까지 해, 그 주식에 30만 달러를 투자했다. 그들의 전 재산이 한 주식에 묶이게 된 것이다. 불행하게도 이

번에는 행운이 따라주지 않았다. 그 주가가 하루에 50% 이하로 떨어지게 되자, 그들은 10만 달러가 넘는 빚을 떠안게 되었다. 그리고 결국에는 재정적뿐만이 아니라, 감정적으로도 황폐화되고 말았다.

트리뷴 미디어 소속으로, 전국적인 신문에 투자 칼럼을 쓰는 험버토 크루즈는, 자신이 부동산으로 번 돈 7만 5000달러를 어떻게 했는지에 관해 썼다. 그는 먼저 동료들에게 자신이 그 돈으로 무엇을 해야 될지를 물어보았다. 한 사람은 그 돈으로 계속 오를 것으로 보이는 주식에 투자하라고 조언했다. 어떤 사람은 횡재한 돈이니 융자금을 상환할 것을 추천했다. 크루즈는 그 칼럼의 결론으로 자신의 돈으로 무엇을 해야 될지는 각자 스스로 결정해야만 된다고 썼다. 그건 그렇고, 크루즈는 7만 5000달러로 무엇을 했는지는 밝히지 않았다. 독자들이 맹목적으로 그의 행동을 본받을 것을 두려워해서였다.

만약 당신이 예기치 못한 유산을 받게 되거나, 복권에 당첨되거나, 혹은 다른 금전적 횡재를 하게 되면, 당신은 현명한 투자 계획을 세우게 될 때까지, 금융 계좌를 비롯한 현금 운용 수단을 고려해볼 수도 있다. 당신의 목표는 원금 손상 없이 현금을 운용하는 것이다. 만약 당신이 커다란 횡재를 했다면, 당신은 유능하고 경험도 많은 투자 자문가를 고용하는 것도 고려해볼 수 있다.

여기에 더하여, 당신은 실제로 돈을 받게 될 때까지 직장을 그만두거나, 집을 구입하는 등의 극단적인 결정은 미루어야만 한다. 세금과 각종 경비로 인해, 예상했던 돈 전액을 받게 되지는 못할 것이기 때문이다. 예를 들어, 30만 달러 횡재라면 큰돈이다. 그러나 그 돈이 10년 동안 분할 지급된다는 얘기를 듣게 되면, 사정은 많이 달라진다.

주식시장에 대해 충분히 이해하게 될 때까지는, 주식시장에 직접 투자하는 것은 피해야만 된다. 주식시장은 당신이 투자 준비를 마칠 때까지 기다려준다는 점을 잊지 말라. 전문가들은, 수표를 손에 쥐게 되었을 때, 나쁜 조언을 받게 된다면, 당신은 어이없을 정도로 나약해진다고 얘기한다. 만약 당신이 주식시장에 참여하고 싶다는 충동을 느끼는데, 어느 주식을 매수해야 될지 모르는 상황이라면, 당신의 돈을 전문적으로 관리되는 뮤추얼 펀드에 넣어두는 것이 좋다. 그렇게 하면, 당신 스스로 증권을 매수하는 방법을 익힐 때까지의 시간을 벌어줄 것이다.

당신이 이 책에서 얻을 수 있는 교훈이 있다면 '큰돈을 가졌지만 지식을 갖추지 못한다면, 주식시장에서 알거지가 될 수도 있다'는 점이다.

82

너무 **뜨거운 주식**은 피하라

인기가 하늘 높은 줄 모르고 치솟았던 주식의 운명이 어떻게 되었는지를 알아보고 싶으면, 역사책을 보면 된다. 1720년, 일단의 영국인 투자가들은, 영국 정부의 특혜에 힘입어, 그들의 회사 사우스 씨 컴퍼니의 주식을 발행할 수 있게 되었다. 존 트레인은 그의 저서 〈유명한 투자 대실패〉에서 그 다음의 상황을 적고 있다. 그 주식은 129파운드에서 160파운드로 뛰어오르며, 많은 사람을 서류상의 백만장자로 변신시켜 주었다. 하원의원들이 그 주식을 매수할 때는 380파운드까지 치솟았다.

시인들은 사우스 씨 컴퍼니에 큰 감명을 받아, 그 회사에 관한 시를 썼다.(이를 빗대어, 짐 오쇼네시는 농담으로, 시인들이 당신의 주식에 관한 시를 쓰기 시작하면, 당신은 그 주식을 매도할 생각을 해야만 된다고 얘기한다.)

아이작 뉴턴을 비롯한 수천 명의 불운한 투자가들에게는 불행한 일이었지만, 그 주식은 대폭락하고 말았다. 한때 890파운드까지 치솟았던 주가가 135파운드로 떨어졌던 것이다. 트레인은 뉴턴의 얘기를 인용한다

"나는 하늘의 일들은 계산할 수 있지만, 사람들의 광기는 계산할 수 없다."

많은 투자가들은 지난해의 뜨거웠던 주식을 매수하는 실수를 저지른다. 그들이 신문이나 책에서 읽었던 기사는 이미 낡은 기사가 되어버린 다음이다. 더욱 상황을 악화시키는 것은, 그들은 최고점에 달했을 때 매수한다는 점이다.

너무 지나치게 인기를 끄는 주식은 정상적인 주식이 아니다. 가끔은 뮤추얼 펀드까지도 그러한 재앙으로 인해 고통을 겪는다. 만약 너무도 많은 돈이 새로 들어온다면, 특히 자신이 무엇을 하는지도 정확하게 인식하지 못하는 투자가들의 돈이라면, 그 펀드는 스스로의 성공으로 인한 피해자가 될 가능성이 높은 것이다.

그해의 가장 잘 나가고, 가장 인기 높던 몇몇 펀드들은, 그 자신의 성공에 대한 피해자가 될 수 있다. 강세장이 정점일 때에 투자하겠다고 몰려드는 사람들이 휩쓸고 지나가 버린 다음에는 붕괴되고, 불타버리는 것이다.

가끔 한 분기 혹은 일년 동안 가장 뜨거웠던 뮤추얼 펀드는 바이오테크 주식 같은 조그만 업종에 투자했던 펀드일 가능성이 높다. 그들이 한 분기 동안 잘 나갔다 해서, 장래에도 그러리라는 것을 의미하지는 않는다. 이러한 펀드들이 비틀거리기 시작하면, 당황한 투자가들은 즉시 그들의 돈을 빼낸다. 이러한 문제에 대한 대응책으로, 많은 펀드 회사들은 펀드가 너무 커지는 것을 막기 위해, 신규 투자를 막고 있다.

개인 투자가들은 뜨겁고 지나치게 인기 높은 주식에 투자를 고려할 때면, 특히 주의해야만 한다. 그러한 주식에 대한 기대감이 너무도 높기에, 단 한 번 그 주식의 수익이 아주 약간이라도 떨어지면, 그 주식은 급락할 가능성이 높다. 존 셔트 박사도, 그 의견에 동의한다. "많은 사람들이 첫 투자로 지나치게 인기가 높은 주식에 투자하는데, 그들은 이런 태도 때문에 큰 상처를 받습니다. 이런 주식의 수익은 실망스런 결과를 가져오기 쉽기 때문입니다."

83

루머에 흔들리지 말라

월가에는 오래 전부터 "루머에 매수하고, 뉴스에 매도하라"라는 말이 있다. 그러나 이러한 리스크 관리 전략을 따르는 사람은 망하기 십상이다. "그건 패배자의 전략입니다." 한 펀드매니저의 얘기다. 대부분의 전문가들은, 개인 투자가들이 뉴스를 들었을 때면, 이미 그것은 주가에 반영된 다음이라고 말한다.

이 전략의 가장 큰 문제는 루머와 뉴스를 구분하기 극히 어렵다는 점이다. 어떤 투자가들은 유익한 루머 혹은 내부정보를 찾기 위해 인터넷 채팅방에 들어가 보기도 한다. 채팅방은 주식시장을 파악하는 데 매우 유용하다고 믿는 사람들도 있다. 채팅방에 들어가 몇 분 이상 머물러본 적이 있는 사람이라면, 그 방은 끝이 없다는 것을 알고 있을 것이다.

비록 증명할 수는 없지만, 나는 채팅방의 가십을 이용해 돈을 번 투자가는 많지 않으리라고 생각한다. 실제로, 작전세력들이 온라인을 통해, 해당 회사의 주가를 떨어뜨리기 위해 파괴적인 루머를 퍼뜨린다는 것은 다 아는 사실이다. 만약 당신이 자신의 주식에 대한 합법적인 뉴스와 정보를 찾는다면, 채팅방에 들어가기 전에 다시 한 번 신중히 생각해보아야만 된다.

가끔 그러한 루머는 증권거래소 객장에서 시작되기도 한다. 1996년 11월 16일, 다우지수는 65포인트가 상승하며 또 다른 기록을 향해 나아가고 있었다. 골드만 삭스의 유명한 전략가 어비 조셉 코헨이 강세장 예측에서 돌아섰다는 루머가 나돌았다. 코헨이 약세장을 예상했다는 루머와 함께, 다우지수는 방향을 바꾸어 매우 빠른 속도로 떨어지기 시작했다. 코헨이 자신에 관한 루머를 보고받았을 때는, 지수가 이미 60포인트나 하락한 상태였다.

코헨은 즉시 월가의 트레이더와 브로커들로부터 그녀는 아직도 강세장이라고 장내 방송해줄 것을 요청받았다. 코헨이 몇 마디 긍정적인 얘기를 하자 시장은 또다시 역전되었고, 다우지수는 31포인트 상승한 채 그날은 마감 되었다.

월가에 루머를 퍼트리며 살아가는 사람들이 있다. 그들은 허위 정보를 언론에도 싣기 위해 온갖 노력을 기울인다. 일반적으로, 그들의 그러한 노력은 시장 전체에 영향을 미치는 데에는 실패한다. 그러나 가끔은 자신들의 전략을 고수해야 된다는 원칙을 지키지 못하는 개인 투자가들을 함정에 빠트리기도 한다.

일반적으로, 전문가들은 개인 투자가들에게 루머에는 개의치 말고, 실제 사실에만 집중해야 된다고 강력히 권고한다. 짐 오쇼네시가 투자강의에서 외치는 것이 바로 그것이다. "확실한 사실만이 중요합니다!"

84

불법적인 일은 하지 말라

많은 사람들은 주식시장을 보통 사람은 이길 수 없는 사기 게임이 벌어지는 곳이라고 생각한다. 이 논리에 따르면 주식시장에서 돈을 버는 유일한 방법은 남을 속이거나, 회사의 내부자, 혹은 내부 사정을 잘 아는 사람을 친구로 두어야만 한다.

비윤리적인 증권 트레이더는 투자가의 탐욕을 이용해, 불법이지만 내부 정보를 잘 알고 있는 것 같은 태도를 보인다. 예를 들어, 누군가가, 어느 회사의 신약이 FDA의 공인을 받기 일보직전이고, 그렇게 되면 그 회사 주식은 투자가들의 매수 목표가 되리라는 얘기를 들려준다. 혹은 그 회사의 수익 보고서가 예상을 훨씬 뛰어넘을 정도로 좋은 것으로 밝혀질 것이라고 속삭인다. 어떤 때는 일면식도 없는 낯선 사람이 회사 기밀을 얘기해준 사실이 밝혀지면 자신은 매우 곤란해질 것이지만, 직장에서 해고될 각오를 하고, 심지어는 감옥에 들어갈 각오를 하고 얘기해준다며, 돈 버는 방법을 속삭여준다.

그럴 때 당신은 누군가에게서 비밀 정보를 듣고도, 주식 매수에 대한 충동을 억누르는 것이 결코 쉬운 일이 아니다.

J. 모튼 데이비스는, 어리석게도 내부 정보라고 믿고서 증권 브로커에게 상당한 돈을 바친 하버드 경영대학원 동기생 한 명에 관한 얘기를 썼다. 그 정보는 실제로는 떠도는 루머들의 종합판에 불과했다. 그러나 내부정보라는 그 정보에 의존해 주식을 매수한 그의 친구는 그때마다 상당한 손실을 입었다. 하지만 증권 브로커는 다음 거래에서는 모든 것을 만회할 수 있다며, 그의 친구를 놓아주지 않았다. 그리고 마침내는 좀 더 큰돈을 벌어야 한다며, 증거금 제도를 이용해 돈을 빌려 투자하는 데까지 이끌었다. 그 결과 그 친구는 모든 것을 잃고 말았다. 데이비스는 이 얘기가 던져주는 교훈은 직접 연구 조사를 하고, 자기 자신의 판단을 믿어야만 한다는 것이라고 얘기한다.

개인 투자가를 위한 최고의 조언은, "너무도 많은 것을 알고 있는 것처럼 행동하는 사람을 만나면, 피해버리라"는 것이다. 그들이 더욱 많은 것을 알고 있다고 주장할수록, 당신은 빨리 피해버리는 것이 좋다. 월가에는 게임을 자기에게 유리하게 이끌려다가 모든 것을 잃고만 사람들의 가슴 아픈 얘기로 넘쳐난다. 만약 당신이 자기자신을 믿는다면, 그리고 열심히 일할 각오가 되어 있다면, 불법적이거나 비윤리적인 짓은 절대로 하지 않고서도 돈을 버는 것이 가능하다.

85

친구와 주식 거래를 하지 말라

주식시장에서 돈을 벌 수 있도록 친구를 도와준다는 것이 얼마나 어리석은 짓인지를 내 경험으로 잘 알고 있다. 처음에 나는, 단순히 호의를 베푼다는 생각으로 가까운 친구들에게 주식 정보를 아무런 대가도 받지 않고 제공했었다.

예를 들어, 내가 처음으로 증권정보를 제공해준 사람은, 청구서를 지불하기 위해 몹시 돈을 필요로 했던 직장 동료였다. 그녀는 내키지 않아 하면서도, 비상금 계좌에서 2500달러를 인출해 주식시장에 투자했다. 그녀는 뮤추얼 펀드에 투자하는 것이 더 좋았을 것임에도, 나는 실수로 그녀에게 상당히 공격적인 컴퓨터 주식에 전액을 투자하라고 추천했다. 그 주식 가격은 하락했고, 그러자 그녀는 안달하기 시작했다. 그것은 그녀의 주식시장에 대한 첫 번째 경험이었고, 그녀는 어떤 상황을 예상했어야만 했는지 전혀 모르고 있었던 것이다.

날마다 그녀는 오늘은 얼마를 잃게 되었다며 불평을 늘어놓았고, 나는 그녀의 불평을 견디기 힘들었기에, 그녀에게 약간의 손해를 보더라도 모든 주식을 매도해 버리라고 추천했다. 그리고 죄책감에서 벗어나기 위해 그녀의 손실 금액에 맞춰 수표를 써준 다음, 다시는 그 누구에게도 주식 정보를 제공해주지 않겠다고 맹세했다. 아이러니컬하게도, 내가 추천한 컴팩 사의 주식은, 그녀가 전량을 매도한 다음부터 되살아나기 시작했다.

나는 학비를 마련하기 위해 안간힘쓰는 친구를 위해 더욱 열심히 주식 거래를 맺어주기도 했다. 나는 주식시장에서 얼마나 빠르고, 그리고 얼마나 쉽게 돈을 벌 수 있는지를 그녀에게 과시해 보이고 싶었다. 그녀는 투자할 돈이라곤 단 몇 백 달러뿐이었기에, 내가 그녀의 돈을 빠르게 두 세 배로 불려줄 수 있는 방법은 리스크가 아주 크고, 또 투자하기에 복잡한 콜 옵션(주식 매수 선택권) 한가지뿐이었다.

결론부터 얘기하자면, 그 투자는 성공적이었다. 나는 일주일만에 그녀의 돈을 두 배로 불려주었다. 어떻든, 단 몇 백 달러의 수익을 위해, 나는 놀라울 만큼의 시간과 노력을 투자해야만 했다. 옵션의 거래 방식 때문에, 나는 지속적으로 그녀의 투자를 모니터하며, 그것이 최고의 가격에 팔릴 수 있도록 확실한 조치를 취해야만 했었던 것이다. 결국, 그녀의 돈은 두 배가 되었지만, 그녀는 투자에 대해서는 아무 것도 배우지 못했다.

다른 사람들에게 주식시장을 배울 수 있도록 도와주는 가장 좋은 방법은, 그들 스스로 할 수 있는 방법을 가르쳐주는 것이다. 만약 친구에게 투자하는 방법을 가르쳐주고 싶다면, 그들에게 뮤추얼 펀드 혹은 증권회사에 계좌 개설 방법을 가르쳐주는 것이다. 읽어볼 만한 책을 권해주거나, 투자 클럽에 가입하도록 권유하는 것도 좋은 방법이다. 무엇보다도 중요한 점은 그들로 하여금 재정적 문제에는 직접 책임을 지고, 매매 결정을 할 때마다 다른 사람에게 의존하지 않도록 이끌어주는 것이다.

Interview

| 월가 고수와의 인터뷰

마틴 J. 휘트먼

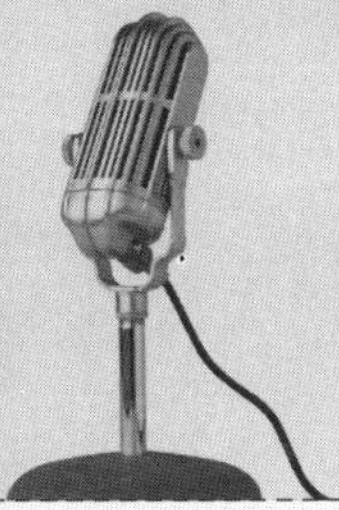

서드 애비뉴 펀드의 CEO, 서드 애비뉴 가치펀드의 펀드매니저
예일대학 경영대학원 30년 회원
저서 〈가치투자: 균형 접근〉

마틴 휘트먼은 증권 중개인 시절에 매우 중요한 교훈을 얻었다. 사람들은 너무도 많은 시간을 주식시장 추세 예측에 쏟아붓는다는 점을 깨달았던 것이다. 휘트먼에게는, 주식시장의 심리적인 면에 주의를 기울이는 것보다는, 한 기업의 재정적 측면을 파악하는 것이 더욱 합리적이라고 생각되었던 것이다. 20년 전에 이런 교훈을 깨달은 이후, 그는 기업을 연구하고 대차대조표를 분석하며 경력을 쌓아 이제는 M&A의 전문가가 되었다.

휘트먼의 관점에서 보기에, 투자의 첫 번째 원칙은 안전하고 좋은 회사의 주식을 낮은 가격에 매수하는 것이다. 그러한 조건을 갖춘 주식을 찾기 위해서, 휘트먼은 다음 네 가지 특징에 들어맞는 회사를 찾는다.

첫째, 그 회사의 재무구조가 상당히 튼튼한지를 확인한다. 둘째, 회사가 합리적으로 잘 경영되고 있어야 한다. 셋째, 그 회사는 납득할 만한 사업을 수행해야 된다.

휘트먼에게 이것은 그 회사가 최소한 SEC(미국 증권거래위원회)의 기업공개 요구 조건에 맞아야 되고, 공인 감사를 마친 재무제표를 발간해야만 된다는 의미이다. 휘트먼은 이러한 문서는 한 회사에 대한 믿을 수 있고 객관적인 재정 정보를 제공해준다고 믿는다. 그리고 마지막으로, 휘트먼은 그가 생각하는 기업 가치의 50% 이상을 지불하는 것은 좋아하지 않는다.

어떤 회사가 위의 네 가지 조건에 부합하는지를 확인하기 위해 휘트먼과 그의 동료들은 시행착오를 감수하며 광범위한 조사 연구를 벌인다. 그들은 시장의 움직임에는 거의 주의를 기울이지 않고, 대신 회사의 중요한 사항, 즉 펀더멘털에 집중한다. 가치투자가로서 휘트먼은 낮은 가격에 매수할수록 그 수익은 커지고, 떠안게 되는 리스크는 작아진다고 믿는다. 그리고 그에 대해 이렇게 말한다. "우리는 싸고 안전한 것을 매수합니다."

주식을 선택할 때, 휘트먼과 그의 동료들은 위의 네 가지 조건에 충실하려 하지만, 가끔은 그 네 가지 조건을 모두 충족시키는 회사를 찾는 데 어려움을 느낄 때도 많다는 점을 시인한다. "예를 들어, 합리적으로 잘 경영되고 있어야 한다는 기준은, 우리로서는 가장 분석하기 어려운 기준이기도 합니다. 지난 20~30년간 경영권의 침해와 그에 대한 대응이 끊임없이 이루어져 왔기에, 이제는 외부의 주주들과 경영상의 문제로 마찰이 없는 회사를 찾아보기 어렵게 되었습니다. 그러므로 그 기준들에 대해 약간의 타협을 하지 않는다면, 우리는 그 어떤 주식도 매수하지 못할 것입니다. 즉, 우리는 융통성을 가져야만 합니다." 그러나 자금난으로 어려움을 겪는 회사의 주식을 매수하는 경우는 거의 없다.

많은 투자가들은 분산이 리스크를 최소화하는 방법이라고 믿고 있지만, 휘트먼은 그 점에 대해서는 강조하지 않는다. "만약 당신이 사업을 운영한다면, 당신은 보통주를 매수해 분산시키지는 않을 것입니다. 사업을 성공으로 이끌기 위해 재정적 인적 자원을 모두 쏟아부을 것 아닙니까. 이것이 막대의 한쪽 끝입니다. 그리고 반대쪽 끝에는 그들이 투자한 회사에 대해서는 아무 것도 모르는 학구적인 효율시장이론이 있습니다. 당연히 그들은 분산할 것입니다. 분산이란 지식, 지배, 주가 인식을 대신하니까요."

그는 또한 리스크라는 말에도 강력히 이의를 제기한다. 그 점에 대한 휘트먼의 얘기를 들어보자. "우리는 투자 리스크를 피할 수 있기를 희망합니다. 그리고 거대한 시장 리스크를 감수하면서도, 우리는 그것에 대해서는 관심을 기울이지 않습니다. 단지 투자에 따른 리스크를 최소화하려고 노력할 뿐입니다. 현재 우리는 막대한 액수를 일본에 투자하고 있습니다. 그러나 우리는 환 리스크는 감수하지 않습니다. 통화에 헤지를 걸었기 때문이지요. 당신도 자신이 무엇을 하는지 충분히 깨닫고 있어야만 합니다." 그는 지식과 광범위한 조사 연구, 해당 회사에 관한 결정적인 정보를 가지는 것은, 리스크를 최소화하는 최고의 전략이라고 믿는다.

한 가지 규칙으로, 휘트먼은 매수한 주식을 장기 보유하는 것을 선호한다. 때문에 그의 펀드에서 주식 교체율은 10%에 불과하다. 그렇지만 재정 악화, 혹은 그 기업이 무엇인가 잘못되어가면 보유중인 주식을 매도할 것이다. "우리가 가장 자주 보게 되는 재정 악화는 금융 자산의 감소, 시장 점유율의 하락입니다." 그는 덧붙여 말한다. "비록 소형주에서는 자주 보지만, 일반적으로 그런 상황을 자주 보는 건 아닙니다."

휘트먼은 한 회사의 일시적인 손실과, 회복 불능 상황과는 엄연히 다르다고 말한다. 사업 잠재력과 재정 상태가 영구적으로 손상되는 수준으로까지 악화되면 휘트먼은 그 회사의 주식을 매도할 것이다. "우리는 결코 확인되지 않은 시장의 소문 때문에, 주식을 매도하지는 않습니다."

휘트먼은 투자에서 가장 중요하게 고려해야 할 사항은 안전성과 장기투자라고 조언한다. 그리고 최고의 투자가는 활력과 가치를 보고 그 회사를 분석하고, 그게 전부다 라고 말한다. 그들은 모두가 가지고 다니는 커다란 분석 도구를 가지고 다니지 않는다. "배당률, 국가 GNP, 이자율, 주식시장의 기술적 접근, 분기별 수익, 이 모든 것이 사업 잠재력과는 무관한 지나친 짐들입니다. 최고의 투자가는 그 사업에만 집중할 뿐, 주식시장에서 보통주가 팔릴 것인지를 알아보려 하지는 않습니다."

그것이 바로 주식시장에 너무 많은 시선을 집중시키는 것을 실수라고 말하는 이유이다. "대부분의 사람들은 단기적이고, 주가에 큰 영향을 받습니다. 그들은 단기적인 시장 놀이를 하는 것입니다. 하지만 그것은 도박과도 같습니다. 개인 투자가들뿐만 아니라, 어떤 때는 기관 투자가들도 그런 실수를 저지르더군요."

마지막으로, 휘트먼은 개인 투자가들은 뮤추얼 펀드에 투자해야 된다는 점을 확신한다고 했다. "1940년에 정비된 투자 회사들은 개인 투자가들을 위해 매우 조건이 좋습니다. 이러한 기관과 함께 하면, 세금이나 거래 방식에 의해 빈털터리가 되는 일은 없기 때문입니다. 특히 뮤추얼 펀드에 투자하는 것은 매우 안전합니다." 휘트먼의 얘기이다. "당신은 진정 환영받을 수 있고, 비용은 낮고, 많은 돈을 빌려줄 수도 없고, 또 당신의 돈을 관리해주는 사람이 있어 누구도 당신 돈을 훔쳐가지는 못할 테니까요."

86

공모주에 투자하지 말라

IPO라고도 알려진 기업공개는 개인회사에서 공개기업으로 변환하는 과정을 일컫는다. 회사는 주식을 먼저 증권 인수인에게 매도하고, 증권 인수인은 그것을 사전 합의된 가격에 투자가들에게 되판다. 기업이 공개되면서 회사는 막대한 자금을 모은다. 그 돈은 회사가 부채를 상환하고 사업을 확장하고 그리고 성장에 도움을 준다.

많은 투자가들은 제2의 마이크로 소프트에 참여할 수 있게 되기를 바라며, 정해진 가격이 얼마든 공모주를 매수하고 싶은 유혹을 느낀다. 그러나 많은 전문가들은 공모주는 개인 투자가들에게는 위험할 수 있다고 경고한다.

데이빗 드레만은 그의 저서 〈역투자 전략〉에서, 투자가들은 새로운 물건을 너무도 탐낸다고 썼다. "사람들은 새로운 것에 흥미를 느낍니다. 새로운 아이디어를 잡아 홈런을 기록하겠다는 유혹은, 모든 긴장을 흩트려 놓습니다. 140배의 수익과 13배의 배당을 준 플래닛 할리우드 같은 지글거리는 주식은 너무도 멋지지 않습니까." 그러나 진실은, 모든 공개기업을 연구해본 결과, 마이크로소프트처럼 성공하는 기업은 매우 드물다는 것을 보여준다고 얘기한다.

리스크는 커도 잠재적으로 큰 수익을 남겨줄 것 같은 새로운 회사에 투자하려는 흥분을 억누를 수 없다면, 그 회사에 대한 공부부터 시작하라. 수익 기록도 없는 미지의 회사에 투자하려면 그것은 필수적이다. 당신 자신을 보호하기 위해, 사업 개요를 꼼꼼히 읽어보고, 대차대조표를 분석하고, 그 회사의 경영진에 대해 능력이 닿는 데까지 알아보아야만 한다. 무엇보다도 중요한 점은, 주식 트레이더나 신참 증권 중개인의 전화 추천만 믿고 공모주식을 매수해서는 안 된다는 것이다.

가장 중요한 의문은 공모주 투자가 좋은 투자인가, 하는 점이다. 전문가들에 의하면, 개인 투자가들이 공모주로 돈을 버는 것은 극히 어렵다고 한다. 뜨거운 새 물건은 일반적으로 긴밀한 고객 혹은 지식으로 무장된 이론가 등에게 배정되어 있다. 그들은 가끔 첫째날이 지나면, 상당한 수익을 의식하며 그들의 주식을 매도한다. 전문가들로부터의 결론은 이렇다. 당신이 개인 투자가라면, 당신은 돈을 투자할 다른 곳을 찾아보는 것이 좋다.

87

경고 신호를 무시하지 말라

개인 투자가들이 저지르는 실수들 중 한 가지는 가격이 떨어지는 주식을 나쁜 주식이라고 판단하는 것이다. 노련한 투자가들은 떨어지는 주가를 보는 대신, 장래의 문제로 연결될 수 있는 경고 신호가 있는지 회사 내부를 들여다본다. 전문가들이 경영진과 대화하고, 기본 자료를 분석하는데 그토록 많은 시간을 소비하는 이유 중의 하나가, 회계 부정이나 비정상적인 집행이 있는지를 밝혀내기 위해서이다.

주식 탐정으로 알려진 www.stockdetective.com의 온라인 회보에서도 지적한 다음에 소개하는 의심 사항을 보게 되면, 전문가들은 바짝 긴장한다.

▲**약한 펀더멘탈**: 전문가들은 기본적 분석과 대차대조표 분석을 이용해, 부채 비율, 부풀려진 영업 실적과 수익, 과도한 경비, 그리고 고평가 여부를 밝혀낸다.

▲**의심스러운 배경**: 사업 개요, 특히 회사 경영진의 경력을 꼼꼼히 살

펴볼 것을 제안한다. CEO는 어느 정도의 경험을 갖춘 사람인가? 그 사람은 급변하는 상황에 대처할 능력이 있는가? CEO의 가족들이 그 회사 요직을 차지하고 있는가?

▲**경영진에 대한 과도한 보상**: 전문가들은 경영진의 보수가 실적 인센티브가 있는지를 살펴본다. 경영진이 지나치게 보수를 많이 받는다면 일단 경계해야 된다. 다시 말해, 회사의 영업 활동이 시작되기도 전부터 연봉은 백만 달러에 달하고, 옵션까지 받도록 되어 있지는 않은지 살펴보아야만 된다.

▲**주식병합**: 주식병합은 회사의 인지도를 높이기 위해 사용된다. 예를 들어 1대 5 주식병합이라면, 1달러에 매도되던 주식이 5달러에 매도되게 된다. 이 주식병합은 주식 가격을 올려놓기는 하지만 당신이 1000주를 가지고 있었다면 200주만을 갖게 된다. 한 회사에서 모든 것이 잘될 때 사용하는 일반적인 주식분할과는 달리, 주식병합은 취약하거나 마케팅 술책의 일환으로 행해진다.

여기에 소개한 것은 전문가들이 한 회사를 평가할 때 유념해야 할 경고 신호들 중의 일부이다. 전문가들은 월가가 간과한 심각한 문제를 찾아내면, 주가의 하락을 기대하는 주식 공매도에 나설지도 모른다고 말한다. 그러나 대부분의 투자가들에게는 주가의 하락으로 이어질 수도 있는 경고 신호가 나타나는지 주의를 기울이라는 것이 최선의 조언이 되어줄 것이다.

88

옵션을 매수하지 말라

나는 돈을 잃게 될 것 같은 분위기를 느낄 때마다 옵션을 매수한다. 공정을 기하기 위해, 나로서는 약간 확대 해석되었다고 생각하지만, 전문가들이 '보수적'이라고 부르는 몇 가지 옵션이 있다. 선물 거래를 하는 것과 흥분된다는 점에서는 마찬가지이지만, 옵션 매매에는 선물과 같은 수준의 리스크는 없다. 선물 계약에서는 당신이 투자한 돈보다 더 많은 돈을 잃을 수 있지만, 옵션에서는 투자한 금액 내에서 모두를 잃을 수 있을 뿐이다.

가장 일반적인 두 가지 옵션 전략은 콜 옵션과 풋 옵션이다. 콜 옵션은 당신에게 정해진 가격에 한 주식을 매수할 권리를 준다. 풋 옵션은 정해진 가격에 한 주식을 매도할 권리를 준다. 당신은 주식을 매수 매도할 권리를 갖지만, 그러나 대부분의 사람들은 그들의 권리를 실습하지 않는다. 그들은 단순히 옵션을 매입 매각할 따름이다. 이 옵션 거래의 매력은, 주식을 매매하기 위해 주식을 보유하고 있어야만 할 필요가 없다는 점이다.

예를 들어, 시스코 시스템즈의 주식이 주당 70달러에 매도된다고 가정하자. 당신은 시스코를 좋아하며, 그 주가는 주당 75달러로 상승하리라 생각한다. 그래서 권리 행사 가격 75달러로 콜 옵션을 매입하기로 한다. 만약 시스코의 주식이 75달러 이상으로 상승하게 되면, 당신은 돈을 벌게 된다. 만약에 80달러, 90달러, 혹은 그 이상으로 오르게 되면, 당신은 큰돈을 벌게 된다.

그러나 유의해야 될 사항이 있다. 옵션을 매입할 때면, 기한도 구체화해야 된다. 그 기간은 일반적으로 매입한 날로부터 3개월 혹은 4개월이다. 그것은 기간 내에 시스코의 주가가 상승해야지, 그렇지 못하면 당신의 투자액 전액을 잃게 된다는 의미이다.

당신이 증권 중개인에게 전화해 "나는 권리 행사 가격 주당 75달러로 5월 다섯 계약을 매입하고 싶다." 라고 말했다. 계약 하나는 100주를 의미한다. 그러면 시스코의 주식이 5월의 셋째주 정도에 75달러로 상승한다면, 당신은 수익을 남기게 된다. 당신에게 부과되는 비용은 얼마나 될까? 목표 날짜가 늦을수록 비용은 증가한다. 예를 들어, 시스코의 5월물이 주당 4달러라고, 만약 당신이 다섯 계약을 매입했다면, 그 비용은 2000달러가 된다. 6월물이라면, 비용이 더 높아 주당 6달러일 것이다.

그러면 당신은 주당 4달러씩 총 2000달러에 경비를 더하여 주고, 다섯 계약을 매입한다. 시스코의 주식이 곧바로 75달러로 상승했다고 가정하자. 이제 당신은 본전 상태이다. 행운이 함께 해, 시스코의 주가가 주당 80달러로 상승했다고 가정하자. 그러면 당신의 돈은 거의 두 배로 불어난다. 당신은 의무는 없이, 주당 75달러에 시스코 주식을 매수할 권리만을 가진다. 2000달러만으로, 3만5000달러의 가치가 있는 주식을 손에 넣을 수 있게 된 것이다.

당신이 돈을 벌기 위해서는 많은 것들이 순조롭게 진행되어야만 한다는 것이 불리한 점이기는 하다. 첫째, 만약 5월의 셋째 금요일까지 시스코의 주가가 주당 75달러 이상으로 상승하지 못한다면, 당신은 2000달러 전액을 잃게 된다. 기한이 만료된 옵션은 아무런 가치도 가지지 못한다. 그리고 조사 결과에 의하면, 90% 이상의 옵션이 기한 만료와 함께 가치를 잃게 된다는 점을 명심해야 한다. 수수료와 세금을 제하고 나면, 대부분의 개인 투자가는 옵션 거래로 단 한푼도 벌지 못한다.

옵션에 대해 내가 처음으로 알게 된 것은 고등학교 때였다. 친구 하나가 큰돈을 버는 합법적인 방법으로 옵션 매매를 소개해주었던 것이다. "시작할 때는 얼마나 필요한데?" 내가 물었다. "5000달러!" 그의 대답이었다.

나는 그만한 돈은 절대로 긁어모을 수가 없었기에, 그의 제안을 받아들이지 못했다. 그러나 나는 그 대화를 절대로 잊지 않았다. 그로부터 2년 후, 나는 그 친구가 실제로 옵션 시장에서 백만 달러를 벌었음을 알게 되었다. 그는 분명히 그 업계에서는 가장 영리한 트레이더였으며, 친구들에게 그의 전설적인 기술을 이용하는 방법을 가르쳐주기도 했다.

불행하게도, 많은 월가의 스토리처럼, 그 친구 역시 해피엔딩으로 끝나지는 못했다. 수백만 달러를 번 몇 년 후, 몇 차례의 옵션 거래가 실패로 돌아가자, 그는 파산 상태가 되어버리고 말았던 것이다. 옵션 거래란 그런 것이다.

일반적으로 얘기해, 대부분의 전문가들은 옵션 거래에서 이기기에는 너무도 어려운 게임이라고 믿고 있다. 옵션 거래로 돈을 벌기 위해서라면, 당신은 타이밍과 주가의 진행 방향 두 가지 모두를 정확히 예측해야만 된다. 두 가지 중 하나만 틀려도, 당신은 투자액 전액을 날려버리게 되는 것이다.

어쨌든, 그래도 당신은 옵션에 매력을 느끼고, 그것에 대해 좀 더 알고 싶어한다면, 시중에 나와 있는 여러 가지 옵션 전략에 관한 책을 읽어보라. 당신의 중개인에게 팸플릿을 요청하는 것도 한 방법이다.

89

주식시장에서 돈을 버는데 **너무 늦은** 때는 없다

나의 매우 현명한 친지 한 사람이 들려준 이 얘기는 아마도 가장 중요한 교훈일 것이다. 당신이 과거에 얼마나 많은 실수를 저질렀는지, 또 얼마나 많은 돈을 잃었는지에 관계없이, 당신이 이 책과 다른 책에서 배운 지식을 이용해 주식시장에서 돈을 벌려는 것을 막을 수 없다.

적절한 도구, 긍정적인 태도, 그리고 좋은 정보를 가졌다면 당신은 성공적인 투자가가 될 수 있다. 당신이 젊었거나, 나이가 들었거나 관계없다. 주식시장은 당신의 돈을 투자하기에 가장 매력적이고, 또 많은 이익이 잠재되어 있는 곳이다.

돈을 버는 것 외에도 당신은 주식시장에서 경제, 심리학, 역사, 수학, 그리고 재정 설계를 배울 수도 있다. 누구에게도 쉬운 길이라고 할 수는 없다. 그러나 재정적인 면에서, 또 교육적인 면에서의 보답은 놀랍기만 하다. 다음에 어떤 행동을 취할지는 당신이 결정할 문제이다. 지금까지 배운 정보와 함께 한다면, 당신은 성공적인 투자가가 될 수 있다. 주식시장은 당신이 준비될 때까지 기다려줄 것이다.

내가 주식시장에서 배운 교훈들

당신은 내가 월가에서 가장 샤프한 전문가들과 얘기하며 무엇을 배웠는지 궁금해할 것이다. 솔직히 내가 배운 것을 모두 얘기하자면, 나는 또 다른 책 한 권을 더 써야만 한다. 그러므로 나는 나에게 가장 큰 도움을 주었던 교훈들에만 집중하려 했다.

전략을 세우고, 일정한 규칙을 정하고, 그 규칙을 따르는 자율성을 익히라는, 이 세 가지 교훈이 가장 중요함을 깨닫게 되었다. 많은 사람들과 마찬가지로, 나 역시 귀로 듣고 내 직감과 경험에 의지하는 것만으로도 주식시장에서 승리할 수 있다고 믿었다. 어떤 사람들은 그런 식으로도 돈을 벌었는지 모른다. 그러나 나는 그럴 수 없었다. 나는 내 자신으로부터 스스로를 보호하는 것이 필수적임을 깨닫게 되었고, 또 그렇게 하는 가장 좋은 방법은 예외 규정 없이, 위의 세 가지 교훈에 따르는 것임도 깨닫게 되었다.

전문가들과 만나본 결과, 나는 장기적으로, 좀더 진지하게 시장에 접근할 수 있게 되었다. 아직도 나는 돈을 잃는 것은 싫지만, 이제 내가 배수한 주식은 시간의 흐름과 함께 결국에는 시장의 실적을 상회하게 되리라는 점을 더욱 확신하게 되었다. 전문가들로부터 일상적인 시장의 동요에는 그리 신경 쓰지 말고, 내가 투자한 회사의 질적인 면에 더욱 집중해야 됨을 배웠다. 나는 최고의 회사라고 여겨지는 회사에 투자했기에, 시장의 요동은 예전처럼 나를 괴롭히지 못한다.

그럼에도 불구하고, 내가 따르기에 가장 어려움을 느끼는 교훈은 손절매하라 것이다. 많은 투자가들과 마찬가지로, 나는 비록 가격이 떨어지기 시작할지라도, 보유중인 주식을 매도하는 것을 좋아하지 않는다. 많은 시간을 들여 그 회사를 조사하고 분석했기에, 내가 잘못했다는 점을 믿기 어려워서이다. 나는 숙제도 철저히 했기에, 이제 그 보답을 기대한다. 그렇지만 전문가들도 항상 올바른 판단을 하는 것은 아니다. 기껏해야 그들이 선택한 주식 중 65~75%만이 올바를 것을 기대할 뿐이다. 그 점을 염두에 두자, 나는 지는 주식은 매도하고 이기는 주식을 추가해야만 됨을 알게 되었다. 간단한 얘기처럼 들리지만 따르기에는 너무도 어려운 얘기이다.

조사를 하며, 누구에게나 심리적 평안을 갖는 수준, 혹은 전문가들이 말하는 리스크 허용치가 있다는 점을 알게 되었다. 나의 경우에는, 포트폴리오의 한 부분을 금융 계좌로 할당하는 것을 의미했다. 그것은 나에게 편안함을 안겨줄 뿐만 아니라, 모든 사람이 매도할 때, 나에게는 매수 기회를 주기도 했다.

리스크 허용치를 얘기하자니, 월가에서 오래 전부터 떠도는 "큰 리스크를 받아들일수록, 그 보답도 크다"는 격언이 생각난다. 당신이 빠른 시간 내에 큰돈을 벌기를 원한다면, 그 말이 맞을 수도 있다. 그러나 나는 큰 리스크를 떠안지 안고서도 주식시장에서 돈을 버는 것은 지금도 가능하다고 믿는다. 만약 나도 기회를 잡게 된다면, 더 적은 액수로 그렇게 할 것이다.

나를 위한 놀라울 정도로 중요한 교훈 한가지는 내 포트폴리오에서 감정에 휩쓸리는 것이 얼마나 쉬운가라는 점이었다. 주식 투자에서 너무도 많은 사람들이 심리학의 중요성을 과소평가하고 있음도 깨닫게 되었다. 내가 배운 것은, 내가 아무리 많은 것을 알고 있을지라도, 만약 내 감정을 다루지 못한다면 시장은 나에게 일격을 가할 것이라는 점이었다. 한 푼의 돈이라도 시장에 밀어넣기 전에, 내 강점과 약점을 냉정하게 파악해야 한다는 점도 배웠다. 이러한 자기분석의 결과, 나는 싸구려 주식, 데이 트레이딩, 증거금 제도 이용, 특급 정보, 그리고 공모주 등과 같은 가장 보편적인 투자 함정을 피할 수 있었다. 그 전까지 나는 시장을 카지노로 생각하며, 주식에 배팅을 거는 도박꾼이었다. 그러나 이제 나는 인내심을 가지고 장기적인 전망이 뛰어난 질 좋은 주식을 매수하는 진정한 투자가가 되었다.

밝혀진 바에 의하면, 인내심은 최고의 투자가들에게서 공통적으로 찾을 수 있는 가장 중요한 기질이었다. 전문가들이 인내심을 얘기할 때면, 그것은 일반적으로 당신의 투자에 나름대로 연구할 수 있는 시간을 주어야만 한다는 의미였다. 나에게는, 인내심을 가져야만 한다는 것은 적절한 기회가 찾아올 때까지, 관망하며 기다려야만 한다는 것을 의미하기도 했다. 예전에는, 특히 강세장이 진행중일 때는, 나는 상승할 것처럼 보이는 것이라면 무조건 매수했다. 하지만 지금은 그렇지 않다. 전문가들에게서 투자할 주식에 대해 신중할 것을 배운 것이다.

많은 투자가들과 마찬가지로, 나 역시 연구에 대한 중요성을 소홀히 했었다. 지금은, 나는 한 회사를 철저히 연구해볼 시간이 없다면, 그 회사의 주식을 매수하지 않는다. 다행스럽게도, 인터넷은 중요한 자료에 대한 접근을 쉽게 해주었다. 그것은, 무엇을 사야 할지를 결정할 때, 근본적으로 증권회사나 친지에게 의존해야 될 필요가 없다는 의미이다.

그리고 연구를 한다는 것은 투자 회사를 찾아가 어떻게 운영되고 있는지를 살펴보아야만 한다는 의미도 포함됨을 깨달았다.

많은 전문가들이 어렸을 때부터 주식시장에 관심을 두고 있었다는 사실은 놀랍기만 했다. 시장의 운영에 대해 설명해주는 부모의 도움, 그것만으로 충분했다. 만약 당신도 자녀가 성공적인 투자가가 되기를 원한다면, 아이들이 저축한 돈을 이용해 주식 몇 주를, 혹은 뮤추얼 펀드에 투자하도록 이끄는 것도 바람직한 태도이다. 당신은 그러한 태도가 아이들의 인생에 어떤 영향을 끼칠지 절대로 알 수 없다.

어렸을 때, 내 아버지는 주식시장에 관해 자신이 알고 있는 것을 가르쳐주셨다. 그리고 특별히, 자신이 근무하시던 시카고의 한 증권회사로 데려가 구경시켜주기도 했다. 내가 인터뷰했던 많은 전문가들과 마찬가지로, 어렸을 때의 그러한 경험은, 나에게서 영원히 지워지지 않는 투자에 대한 강렬한 인상과 열정을 심어주었다.

이제 우리가 함께 하는 여정은 거의 끝나가기에, 내가 배운 것을 여러분과 함께 나누며 나 역시 커다란 즐거움을 누렸다는 점을 알려주고 싶다. 이 책을 읽은 다음, 당신의 인생이 어느 면에서이든, 조금이라도 풍요로워졌다면, 내 노력은 소중한 보답을 받은 것이라 생각한다.

저자